PHILIPPE ELIAKIM

Philippe Eliakim a été journaliste à *Libération* et l'*Événement*. Il est actuellement le rédacteur en chef adjoint du magazine *Capital*.

Mensonges ! : politique, économie, médias est paru en 2004 aux éditions Robert Laffont.

PHILIPPE ELIAKIM

Philippe Eliakim a été journaliste à *Libération* et *L'Événement*. Il est actuellement le rédacteur en chef adjoint du magazine *Capital*.
Mensonges! [illegible] médias est paru en 2005 aux éditions Robert Laffont.

MENSONGES !

PHILIPPE ELIAKIM

MENSONGES !

Politique, économie, médias : ils nous prennent tous pour des billes

ROBERT LAFFONT

ISBN 2-266-15715-9

À mes parents, à qui je n'ai jamais menti.

À mes enfants, qui ne m'ont jamais menti.

À Véronique, sans commentaire.

« Il faudrait quand même, de temps en temps,être un peu honnête... »

Laurent FABIUS, 13 mai 2004

« ... et si je le dis, croyez-moi,c'est parce que je le pense... »

Nicolas SARKOZY, 8 mai 2004

Introduction

Nous sommes cernés par la carabistouille.

Le mercredi 7 avril 2004, jour ordinaire dans un monde ordinaire, Charles Pieri a juré à ses juges n'avoir jamais été le chef du FLNC, Silvio Berlusconi promis qu'il baisserait les impôts en Italie juste après les élections, la Russie inventé de toutes pièces des accusations d'espionnage contre un ingénieur rebelle, Michèle Alliot-Marie nié toute implication de la France dans le génocide rwandais, l'Iran certifié que sa future centrale nucléaire ne servirait qu'à des fins civiles, Alain Madelin indiqué qu'il n'aurait pas accepté Bercy si Jean-Pierre Raffarin le lui avait proposé, les autorités soudanaises fermement condamné les massacres du Darfour qu'elles fomentent en sous-main depuis des mois, le baron Seillière assuré sans rire que le Medef ne faisait jamais de politique, un porte-parole de l'armée américaine raconté que quarante terroristes se cachaient dans la mosquée démolie la veille par ses hélicoptères (en réalité déserte), et les petits actionnaires d'Eurotunnel chassé la direction de leur entreprise au cri de « dehors les menteurs ! ». Ayant pris pas mal d'avance dans les semaines précédentes, George Bush, Jacques Chirac, Laurent Fabius, Jean-Marie Messier, Bernard Thibault, Tony Blair et Myriam Badaoui n'ont, ce jour-là, pas ajouté leur grain de sel à ce panier à salades. Nicolas

Sarkozy s'y est en revanche laissé aller, en servant dans l'après-midi à l'Assemblée nationale des chiffres travaillés au pipeau sur les finances publiques de la France. « La dette de l'État, a-t-il asséné le ton cassant, a bondi de douze points lorsque les socialistes étaient aux affaires entre 1988 et 1992, et le déficit budgétaire fait son apparition avec le mitterrandisme, en 1981. » Estomaqués, plusieurs économistes ont illico brandi les vraies données – c'est sous Sarko (entre 1993 et 1996) que la dette publique a grimpé de douze points, et sous Chirac (en 1974) que le déficit est apparu – mais personne n'a prêté attention à leur babillage. Le lendemain, *Libération* n'y consacrait pas une ligne, et *Le Figaro* titrait sobrement sur six colonnes : « Le langage de vérité de Sarkozy ».

Nous sommes cernés par la carabistouille.

Plus tôt dans la saison, et sans remonter aux armes de destruction massive, Jean-Pierre Raffarin, homme de parole et de transparence, avait annoncé au pays que 2004 serait « une année de baisse forte et régulière du chômage », José Maria Aznar martelé qu'il n'avait nullement trompé l'opinion dans l'affaire des attentats de Madrid (ayant lui-même été égaré par ses services secrets, un peu à la manière de George Bush), et les producteurs de pesticides clamé dans de pleines pages de pub que leur objectif sacré était, on cite à la lettre, « le respect de l'environnement, la protection des utilisateurs et la santé des consommateurs », triple priorité pour laquelle ils étaient prêts à se battre comme des abeilles traquées par l'insecticide Régent. La révélation quelques jours plus tard par l'ONU du désastre écologique provoqué par le déversement de leurs saletés dans la nature, et notamment de la multiplication de « zones de la mort » dans les océans, ne les a cependant pas fait s'émouvoir plus qu'un bloc de ciment.

Nous sommes cernés par la carabistouille.

On objectera que ce n'est pas nouveau. Que, de la trahison de Brutus au bidonnage des vraies raisons des croisades, en passant par les mascarades électorales de Louis Napoléon Bonaparte et les boniments de Raspoutine, les siècles passés sont remplis à ras bord de faux-semblants et de politiques à double fond. Que l'histoire du mouvement communiste, farcie à la baisse tendancielle du taux de profit et aux bilans globalement positifs, n'est qu'une succession de mystifications grossières, et celle de la colonisation un amoncellement d'hypocrisies nauséeuses. Qu'en somme, les pouvoirs ont toujours été plus souvent assis sur la dissimulation que sur la franchise angélique, on le sait depuis Nabuchodonosor.

Jamais, cependant, le monde n'avait semblé autant patauger dans le mensonge que depuis quelques mois. S'en souvient-on ? Voilà seulement deux ans, les Français considéraient encore avec humour leur président de la République comme un Supermenteur sans égal planétaire. N'avait-il pas promis à peu près tout et son contraire ? De revigorer la France d'en bas et de baisser l'impôt des riches ? De réduire les prélèvements obligatoires et d'augmenter les dépenses de l'État ? De relever le nombre de fonctionnaires et de le diminuer concomitamment ? N'avait-il pas éhontément baratiné la terre entière sur les HLM de Paris, le financement du RPR, les fonds secrets de l'Élysée, et cloué le bec aux trop curieux avec un Pshiiiitttt !... d'anthologie, à propos de ses billets d'avion payés en liquide ? Pour sûr il ne se trouvait pas un chef d'État plus dissimulateur dans le monde démocratique. Nous le regrettions sans doute, mais nous en étions fiers, car nous avions la palme. Les Français sont toujours fiers lorsqu'ils détiennent une palme.

Qu'on ne se méprenne pas : loin de nous l'idée de diminuer les mérites de l'hôte de l'Élysée, pas plus que ceux de tous les bobardeurs tricolores. Quoi qu'on en pense, Jacques Chirac reste un baratineur de génie, et nos classes politique, syndicale, culturelle, sportive et économique recèlent encore pas mal d'oiseaux capables de l'égaler sur ce terrain glissant : le mensonge made in France se porte bien, nous l'allons voir tout à l'heure. Mais que pèsent des petites simagrées sur la fracture sociale face à un lot d'armes de destruction massive forgé de toutes pièces par une superpuissance ? Que vaut un baratin sur un Sonotone « à l'essai » en comparaison d'un attentat madrilène d'Al-Qaïda perpétré « de façon certaine » par l'ETA ? Et la brassée de fonds secrets élyséens, dépouillée en douce par on ne sait qui au profit d'on ne sait quoi ? Au regard des centaines de milliards de dollars escamotés par des prestidigitateurs financiers dans les scandales Enron, World Com et Parmalat, avec la complicité des plus grands cabinets d'audit internationaux, que représente-t-elle au juste ? Peu de chose, il faut le reconnaître. La vérité, même si elle fait mal au cœur, c'est que Jacques Chirac a perdu sa couronne de roi des menteurs, car il y a plus fort que lui.

Et même beaucoup plus fort, comme le démontrent les tartufferies phénoménales de l'affaire irakienne. Non que leurs conséquences – la guerre, la déstabilisation d'une région-clé, l'approfondissement de la fracture entre l'Occident et le monde musulman, pour ne pas parler des tortures et du prix du pétrole – aient été désastreuses. Lorsqu'en 1939 l'Allemagne nazie et l'Union soviétique stalinienne se sont entendues en secret pour se partager la Pologne, les suites ont été plus terribles encore. Ce n'était pourtant qu'un mensonge basique, élaboré entre deux hommes sous les lambris d'un cabinet, et servi – ou plus exactement non servi – à la population d'un trait de phrase – ou plus exactement d'un non-trait de non-phrase. L'intox de George Bush est autrement grandiose : il s'agit d'une manipulation complexe, menée sur une longue période avec quantité de comparses, militaires de haut rang, conseillers, diplomates ou responsables des services secrets, appuyée sur toute une série de documents bidons, photos aériennes retravaillées, témoignages fabriqués, vieux rapports prétendument tout frais, et agrémentée d'une luxuriante arborescence de sous-mensonges sur des propos aussi divers que le nombre et l'emplacement de supposés terroristes, le succès des forces US dans une bataille inexistante à Samara, ou le prétendu calvaire imposé à une glorieuse prisonnière de l'armée des États-Unis d'Amérique, en réalité parfaitement bien traitée par ses geôliers irakiens comme elle l'a elle-même reconnu par la suite, l'ensemble de ces fables étant étayé par d'innombrables déclarations officielles prononcées avec componction dans toutes les enceintes, y compris les plus solennelles.

Ajoutons, et c'est sans doute ceci le plus grave, que cette fiction hollywoodienne a été montée et jouée avec la complicité agressive de quasiment toute la presse yankee, les « rats d'égout français » que nous sommes sont bien placés pour le savoir. Depuis la magnifique affaire du Watergate, les journaux américains étaient pourtant présentés partout comme un modèle d'indépendance et d'esprit investigateur, au regard duquel la production de nos propres Rouletabille s'apparentait au mieux à du pipi de chat. Et, de fait, lorsqu'il s'est agi de démontrer qu'un de leurs présidents tentait d'enfumer l'opinion à propos d'une histoire de cigare très privée, ce qui est un péché mortel, les investigateurs de Fox TV et du *New York Times* n'ont pas hésité à payer de leur personne. Mais quel journaliste américain est allé au charbon pour démonter l'imposture irakienne ? Aucun ou presque, si l'on excepte Michael Moore. Il ne fallait pourtant pas creuser bien profond pour mettre au jour les manigances de la Maison Blanche et du Pentagone. Sans doute la presse d'outre-Atlantique n'en avait-elle pas la volonté, pas plus d'ailleurs que la plupart de ses lecteurs : au moment de la deuxième guerre du Golfe, la popularité de George Bush atteignait le chiffre albanais de 75 %, et les rares opposants à cette folle aventure avaient plutôt intérêt à raser les murs, s'ils ne voulaient qu'on les y colle. En somme, loin d'être le seul fait de l'équipe Bush, ces montagnes d'affabulations semblent avoir été fabriquées avec la complicité de la société américaine tout entière, au moins de façon passive. Voilà sans doute pourquoi elle peine encore à les reconnaître.

Nous sommes cernés par la carabistouille.

Mais bon sang de bonsoir, le pipeautage devrait pourtant céder du terrain dans nos nations développées ! Que la fragile démocratie russe reste gangrenée par ce mal, passe encore : soixante-dix ans de communisme y ont banalisé la désinformation, et le bobard a toujours fait partie intégrante de la tradition cosaque. Que le Zimbabwe, la Syrie ou la Birmanie aient eux aussi du mal à s'en extirper, on peut le comprendre : le niveau de formation de leur population y est très faible, et ce sont des dictatures odieuses. Mais comment nos contrées libres et cultivées peuvent-elles encore tomber dans ces panneaux-là ! À ce que l'on sache, les États-Unis comptent désormais quarante millions de diplômés de l'enseignement supérieur, l'illettrisme a pratiquement disparu d'Occident et l'Europe grouille d'étudiants surinformés, d'ingénieurs pointilleux, de profs rebelles, d'avocats suspicieux, de médecins passionnés par l'actualité et, plus généralement, de millions d'habitants éduqués et pétris d'esprit critique. A priori, ce n'est pas là le genre de dupes à qui l'on peut faire gober des sornettes grosses comme soi. Voilà beau temps, par exemple, que plus personne n'accorde chez nous le moindre crédit aux promesses de baisse d'impôts ressassées avant chaque élection, pas plus qu'aux chiffres du chômage étêtés par les stages parking et les radiations forcées de l'ANPE.

« Mentir ou biaiser ne sert à rien, car les Français anticipent tout », philosophe Nicolas Sarkozy. « Ils nous prennent pour des billes mais on n'est pas si cons qu'ils croient », simplifie la boulangère de la rue Caulaincourt.

Elle aurait pu ajouter que nous avons le mensonge en horreur, du moins en apparence. Est-ce une conséquence de la progression de notre niveau culturel ? Un effet mécanique de l'approfondissement de nos démocraties ? Ou une simple réaction de rejet face à l'avalanche de tartufferies qui menace de nous ensevelir ? En tout cas les sociétés occidentales semblent faire désormais de la transparence l'une de leurs valeurs cardinales. Il suffit d'observer l'évolution du discours sur le dopage pour s'en convaincre : les aficionados de la sueur, qui se sont satisfaits pendant des décennies de performances boostées à la chimie lourde, veulent désormais des cols grimpés à l'eau claire et des lancers du poids sans coups de main extérieurs. Partout on exige la clarté, sur les financements politiques, sur les comptes des entreprises, sur les dessous des plans Sécu et de la diplomatie secrète ; on veut connaître au centime près le patrimoine de Gerhard Schröder, la taille du joint jadis fumé (mais non aspiré) par Bill Clinton, la teneur en glucose des cornets de pop-corn servis dans les cinémas, et, bien entendu, tous les détails sur les amours ministérielles de telle présentatrice de journal télévisé, car c'est une question posée à la démocratie. Et lorsqu'on ne parvient pas à obtenir ces informations, on jure de faire payer les coupables au prix fort, en pestant contre cette société bananière dans laquelle on a eu la malchance de naître. « Un discours franc et transparent, voilà ce que réclament les électeurs de tous les horizons », observe Benjamin Barber, ancien conseiller de Bill Clinton qui a jadis senti passer le vent du boulet. Le succès renouvelé d'un livre comme *L'Omerta française*[1] semble confirmer cette impression.

Rien d'étonnant dans ces conditions que nos sociétés aient renforcé ces derniers temps leurs dispositifs de chasse aux bonimenteurs. D'Athènes à Canberra, une théorie de corps de contrôle, gendarmes de la Bourse, services de répression des fraudes, commissaires aux comptes, offices de lutte contre la corruption, bureaux de vérification de la publicité, hautes autorités audiovisuelles, inspections générales militaires, vérificateurs alimentaires et autres Cour des comptes cherchent des poux dans la tignasse des hypocrites, et ils en ramènent parfois de bien dodus. Se doute-t-on qu'après avoir examiné leurs livres, la SEC, l'organisme chargé de contrôler la loyauté des échanges à Wall Street, a annoncé début 2004 qu'elle suspectait pas moins de 199 grandes entreprises de faire joujou avec leurs bilans pour tromper les petits actionnaires ? Se figure-t-on de la moisson de fausses truffes, de coquilles Saint-Jacques alourdies à l'eau de mer et d'appellations d'origine incontrôlées que notre Direction de la concurrence, de la consommation et de la répression des fraudes (DGCCRF) trouve régulièrement dans ses filets ? Encore ses limiers en laissent-ils échapper de belles. Il y a quelques années, le mensuel *Capital* a fait analyser au hasard une barquette de raviolis « à la viande de porc et au bœuf braisé » distribuée en hypermarché sous la marque Leader Price. En fait de bœuf braisé, ces succulents chaussons étaient fourrés avec de la « viande de volaille séparée mécaniquement » (VVSM), autrement dit des résidus de carcasses de dinde broyées, agrémentés de bouts de glandes salivaires et de tissus cartilagineux. Voilà ce qu'on appelle une bonne farce !

1. Sophie Coignard et Alexandre Wickham, *L'Omerta française*, Albin Michel, Paris, 2002.

On l'a compris, ce que les polices du mensonge ne dénichent pas, les journaux se chargent de le traquer, car le contrôle médiatique est devenu dans nos sociétés démocratiques presque aussi strict qu'une maîtresse de pensionnat anglais. C'est bien simple, impossible de faire un pas de côté sans avoir une meute de journalistes aux basques ! Un pipeau de travers, une petite craque bien tournée pour faire passer une pilule, et les voilà dressés sur leurs ergots, dénonçant, décryptant, ricanant, gratouillant même des livres entiers sur les bobards, je vous demande un peu, et ne lâchant pas leur proie qu'ils ne lui aient fait rendre gorge et perdre les élections. Harcelé pendant des semaines pour un petit mensonge de rien du tout au profit d'un ami, Jacques Mellick, le maire de Béthune, a payé cher pour le savoir : sa prétendue rencontre avec Bernard Tapie évoquée dans le scandale OM-VA lui a valu la une de toutes les gazettes pendant un été entier.

*

Traqués de toutes parts, diabolisés par la presse, en butte à une population de moins en moins manipulable et à la nouvelle tyrannie de la transparence, les menteurs auraient dû depuis longtemps rentrer sous terre avec leur baratin. Pourquoi sont-ils encore si vaillants ? Tout simplement parce qu'à rebours des apparences, tout ou presque les encourage à bonimenter, la démocratie, les médias, la formation des populations, la culture économique, et jusqu'à nos valeurs morales à fleur de peau. Parce que, loin de travailler à leur éradication comme on pourrait le penser à première vue, le monde occidental est devenu une sorte d'usine à fabriquer des bobards, et nous-mêmes des machines à en gober en nous frottant le ventre.

On exagère ? Voyons ce qu'en pense Bill Clinton.

Personne n'a oublié que, pour avoir tenté de cacher ses amours avec Mlle Monica Lewinsky, puis de les maquiller en une relation « inappropriée » mais, à ce qu'on a compris, non totalement pénétrante, l'ex-président américain a failli être destitué. À les en croire, ses détracteurs lui reprochaient non pas ses frasques adultérines, mais simplement d'avoir menti à leur sujet au peuple américain, ce qui leur paraissait beaucoup plus grave. Or, pourquoi Bill Clinton a-t-il raconté des craques sur ses galipettes du matin ? Parce qu'une bonne partie de la presse et de l'opinion avait exigé de lui qu'il en publie les bans, injonction impudique et grossière à laquelle aucun homme (ou femme) libre ne peut décemment être forcé(e) de répondre. En somme, Bill Clinton a menti parce qu'on le forçait à mentir.

Voilà sur quoi débouche l'exigence de vérité lorsqu'on la pousse jusqu'à l'absurde ! Menteur, ce pauvre passager français, accusé d'avoir menacé de faire sauter un avion américain pour être resté trop longtemps dans ses toilettes et incarcéré illico dans une prison new-yorkaise : il a été contraint d'« avouer » ce forfait imaginaire devant les juges afin de pouvoir être libéré. Menteur, François Mitterrand– un orfèvre en la matière, il est vrai –, sommé de dire s'il conservait ou non son amitié de quarante ans à un Roger-Patrice Pelat suspect d'indélicatesses, et qui a bredouillé un misérable « non » devant les caméras, ce qui est assez terrifiant. Mais avait-il le choix ? Menteur encore, Jean-Pierre Raffarin, qui, pour éviter d'affoler la France entière, avait choisi de ne pas l'informer en temps réel des menaces ferroviaires du mystérieux groupe AZF, au printemps dernier. Après avoir accepté de jouer un moment avec lui le jeu du silence, une partie de la presse, emmenée par *La Dépêche du Midi*, lui a reproché vertement cette stratégie du secret, au nom « de la démocratie[1] ». Quant à l'ex-conseiller de Matignon Dominique Ambiel, alpagué en flagrant délit de dévergondage avec une fille de joie trop jeune de quelques mois, pouvait-il faire autre chose que de servir un roman aux policiers et à la presse pour se justifier ? Il est vrai que sa version – il a ouvert la porte de sa voiture en voulant la verrouiller et embarqué la demoiselle en essayant de la repousser – avait le mérite d'être rigolote.

Ce totalitarisme de la transparence est d'autant plus redoutable qu'il s'applique dans une société lave-plus-blanc, empoissée jusqu'à la garde dans le miel des bons sentiments. Résumons. En plus d'être propre et honnête, de ne pas tromper sa femme avec une stagiaire ni offrir son amitié à un homme indélicat, un responsable politique du XXIe siècle se doit d'être : respectueux de l'environnement, économe en finances publiques, prudent sur l'autoroute, implacable avec l'effet de serre, à jour de ses cotisations retraite, attentif aux sort des exclus, non-fumeur, généreux avec le Tiers-Monde, ami de la cause des nains, hostile aux privilèges indus, sensible à la souffrance animale, opposé aux réformes qui fâchent et défenseur du droit des chauves à disposer d'eux-mêmes. À quelques nuances près, ce programme rigide de pensée molle vaut aussi pour les acteurs, les sportifs, les top-modèles, les chanteuses de variétés, les philosophes à la mode et, plus généralement, pour tous les personnages en vue qui souhaitent conserver la sympathie de l'opinion et l'amour du public.

Or, les hommes ne sont pas des anges, et le monde pas vraiment un pot de miel. On s'y tue. On y meurt de faim. On y bataille à la chaîne de mobylette pour une

1. Cela n'empêchera pas les journaux de lui faire grief de l'inverse, un mois plus tard, en l'accusant d'avoir fait état d'une lettre de menaces de la part de terroristes islamistes, pas assez étayée à leur gré pour être livrée aux Français.

place au soleil et aux bilans falsifiés pour quelques dollars de plus. Sans doute tombe-t-on de temps à autre sur des initiatives merveilleuses qui font vraiment chaud au cœur, comme ce récent arrêt de la Cour suprême américaine accordant le droit aux condamnés à mort de contester leur peine « s'ils la trouvent cruelle », ou cette décision du zoo de Detroit de ne plus exposer d'éléphants « pour des raisons éthiques » (ils avaient froid aux pieds). Mais pendant ce temps, sur la ligne de fracture entre les terres islamiques et le reste du monde, des milliers d'hommes et de femmes tombent, voilées ou non, des centaines de milliers d'esclaves enchaînés triment pour du beurre comme au temps des Romains en Inde ou au Pakistan, et des millions d'Africains sont décimés par le sida parce que les nations riches leur refusent encore l'accès aux médicaments. Partout l'égoïsme est roi et la vengeance un plat qui se mange chaud.

Et n'allons faire croire à personne que nous subissons ce monde-là de l'extérieur ! Exigences iréniques en bandoulière ou pas, nous sommes, nous aussi, acteurs de sa violence et de ses injustices. Au point de nous complaire du matin au soir dans la schizophrénie la plus caricaturale. L'hémisphère gauche de notre cerveau exige-t-il des sanctions exemplaires contre les pollueurs de l'*Erika*, l'interdiction absolue du travail des enfants, et des mesures rapides pour sortir le Tiers-Monde du sous-développement ? Au même instant, le droit refuse toute augmentation du prix de l'essence, rêve de fringues asiatiques moins chères encore, et combat avec l'énergie du désespoir le plus infime projet de délocalisation. Demandons-nous séance tenante l'envoi de médicaments en Afrique, une lutte efficace contre l'effet de serre et la résorption des injustices fiscales ? Cela ne nous empêche pas de faire une jaunisse à la moindre augmentation d'impôt, de refuser toute restriction de la circulation automobile et de barricader nos privilèges de contribuables lorsque nous avons la chance d'en posséder. Voilà pourquoi, bien que nous fassions mine de le piétiner, nous avons un besoin vital de mensonge.

Imaginons un instant notre existence sans lui ! Plus de fausses excuses pour justifier notre incapacité à partager nos richesses ! Plus d'explications vaseuses sur le trou de la Sécu creusé par les autres ! Plus d'escroqueries intellectuelles sur les impôts qui écrasent les riches – notre système fiscal est le moins progressif des nations développées –, sur les Rmistes qui « profitent du système » – mais qu'on n'envie pas cependant – ou sur les ménages à 4 500 euros par mois qui font partie de la classe moyenne – en réalité, ils figurent parmi les 5 % des foyers les plus aisés. Si l'on ne mentait plus ? Les promesses électorales seraient toutes les mêmes et toutes tristes à mourir, les marchands de soupe sur la paille, certains journalistes bien embêtés et les publicitaires au poteau. Et puis il faudrait sans attendre dire les non-dits, raconter tout haut la face obscure de notre société, les immigrés clandestins en dialyse qu'on renvoie au Burkina Faso avec quarante-huit heures d'espérance de vie parce qu'on ne veut pas payer leur traitement, l'euthanasie pratiquée à grande échelle dans les hôpitaux avec ou sans le consentement des familles, et les présentateurs télé qu'on n'embauchera jamais parce qu'ils sont trop noirs ou trop arabes ou les deux à la fois (il y a bien des Falashas). Si l'on ne mentait plus ? Nous serions perdus dans un univers glacial et translucide, tranchant comme le cristal, sans la moindre aspérité où accrocher nos faiblesses ni aucun voile sous lequel cacher nos hontes.

Et nous voudrions n'élire que des séraphins ! Des agneaux très doux et pas du tout baratineurs ! Cessons de rigoler. Situés au centre géométrique de nos contradictions, sommés de penser ceci et de faire cela, nos hommes politiques ne disposent en réalité que d'une solution pour s'en sortir : nous servir tous les matins au petit déjeuner de pleines tartines de tartufferie. Combien de temps Pierre Mendès France, qui a toujours refusé de mettre les doigts dans cette confiture, a-t-il gouverné le pays ? Pas même un an, à la suite de quoi il a définitivement été remballé dans la naphtaline par les électeurs et par ses camarades de parti : trop franc pour être honnête, à moins que ce ne soit l'inverse. Raymond Barre et Philippe Séguin, apôtres eux aussi du parler-vrai (c'était en tout cas l'image qu'ils s'étaient forgée), ont connu des destins similaires, bien qu'à un moindre degré. Mais quelle disgrâce a frappé Charles Pasqua, après qu'il a assuré à la télévision : « Les promesses n'engagent que ceux qui veulent y croire » ? Pas la moindre. Quelques années plus tard ce bienfaiteur de la démocratie, devenu ministre de l'Intérieur, a été réélu dans son département, ce qui démontre avec éclat que les veaux ne sont pas vaches.

Oui, nous voulons du mensonge. Faut-il évoquer pour le confirmer la réélection de Jacques Mellick après l'affaire OM-VA ? Ou celle de Patrick Balkany, autre célèbre franc du collier, à la mairie de Levallois-Perret ? Quelques semaines avant la présidentielle de 2002, l'hebdomadaire *L'Express* a recueilli l'opinion des Français sur les deux principaux candidats en lice. Résultat : 56 % des personnes interrogées estimaient que Lionel Jospin était un homme « honnête », Jacques Chirac ne recueillant que 27 % de réponses positives sur cette question cruciale. En revanche, le président sortant était jugé plus sympathique (59 %) que son challenger socialiste (34 %). La conclusion tombe sous le sens : en France, pour devenir chef de l'État, mieux vaut être chaleureux et supermenteur, que droit comme un I mais pas drôle. Cela laisse des espoirs à beaucoup.

Afin de satisfaire nos oreilles délicates, les comédies

des politiques sont en général orientées sur le thème des bons sentiments. Elles font appel à une phraséologie typique, articulée autour de valeurs douces et de concepts sucrés, ce qui les rend assez identifiables pour peu qu'on y prête attention. Ainsi, c'est pour « faire progresser la démocratie » (valeur douce) que George Bush a attaqué l'Irak, pour « assurer la protection (valeur douce) d'Israël » qu'Ariel Sharon a fait bâtir une muraille au-delà de la ligne de 1967, en pleine Cisjordanie occupée, et pour « restaurer l'espoir » (valeur super-douce) que Bill Clinton a envoyé ses marines régler leur compte aux islamistes somaliens, une opération qui s'est néanmoins terminée dans un bain de sang (valeur pas douce). De même, si Jacques Chirac a concédé au printemps dernier des fortunes en allègements fiscaux aux hôteliers-restaurateurs, ce n'est nullement par clientélisme, mais pour relancer « l'emploi » (valeur douce), et François Bayrou uniquement pour assurer « l'avenir de la France » qu'il lacère depuis des mois le dos de ses propres alliés. Il va de soi que cette langue de bois peut elle-même être couverte par un mensonge, afin de la rendre plus crédible. Martine Aubry le sait bien, qui passe son temps à répéter dans les micros sur l'air des lampions : « Il faut dire la vérité aux Français ! » Cela ne l'empêche pas de demeurer l'une des plus émouvantes tragédiennes de notre classe dirigeante.

À noter que ces guignolades éthiques sont très pratiques, car elles servent indifféremment à masquer l'immobilisme, à justifier la procrastination, ou à dissimuler les pires excès. Sait-on que le ministère du Droit des victimes n'a pas de budget ? Se doute-t-on que 193 lois votées depuis 1981 ne l'ont été que pour la galerie, car leurs décrets d'application n'ont jamais été publiés ? Le mal est tellement développé qu'un député UMP rebelle, Jean-Luc Warsman, a fait récemment adopter, c'est très sérieux, une loi instaurant une procédure de contrôle de la mise en application des lois. C'est dire si la Charte de l'environnement, empilement de beaux principes utopiques voté cette année par l'Assemblée nationale, a des chances de jamais se concrétiser !

Le carnaval des bonnes intentions se joue aussi là où on ne l'attend pas. Ainsi, pour inciter les médecins à s'installer dans les zones rurales à la couverture sanitaire insuffisante, et non à s'agglutiner dans les grandes villes où les actes sont déjà trop nombreux, le gouvernement Raffarin a-t-il mis en place un système de subventions alléchantes. Mais les conditions imposées pour pouvoir en bénéficier sont tellement abracadabrantes qu'à l'heure où nous écrivons ces mots, pas un seul praticien – nous disons bien pas un seul – n'a pu les réunir, en sorte que cette mesure de générosité a coûté zéro centime au budget de l'État et que les ruraux restent, si l'on ose dire, sevrés de cabinets. Pour donner sans donner tout en donnant, voilà une astuce encore plus efficace que la classique procédure du « gel des crédits », pratiquée de façon incessante et escagassante par tous les gouvernements dès lors qu'ils sont à la peine financière. Les chercheurs en ont à raconter sur ce point.

*

Et lorsque ces salades politiciennes ne nous suffisent pas, nous allons nous abreuver de mensonges à d'autres sources, tout aussi délectables. Lorsqu'on les interroge sur les émissions de téléréalité, entre 75 % et 80 % des Français répondent par exemple que c'est à leur avis un vaste chiqué préscénarisé et totalement pipeauté, ce qui est probablement exact. Cela ne les empêche pas de n'en point perdre une miette. Idem avec le Tour de France, dont les audiences n'ont nullement dégringolé depuis l'affaire Festina : non seulement les menteries du peloton à propos du dopage n'ont refroidi personne mais, par-delà notre agacement de façade, elles semblent avoir accru notre tendresse collective pour les forçats de la pédale. À croire que nous aimons les piqûres...

Encore les explications sur le col de l'Aubisque et les jérémiades de bébés chanteurs staracadémiciens peuvent-elles paraître excitantes à certains spectateurs. Mais les pubs des opérateurs de téléphonie mobile ! Mais les affiches des fournisseurs de haut débit ! Nous les gobons pourtant elles aussi sans rechigner, alors qu'elles sont souvent tout autant mensongères. Enfin quand on dit mensongères... Bien sûr, elles sont juridiquement inattaquables. Mais à quoi rime de vanter en caractères de un mètre de haut ses abonnements Internet à 14,99 euros par mois pour rectifier avec des pattes de mouche que cette promotion est uniquement offerte aux abonnés à jambe de bois ayant souscrit leur forfait entre minuit une et minuit deux le jour de Noël ? « Nous essayons d'inciter les annonceurs à ne pas abuser de ces mentions rectificatives », se défend sans grande conviction Joseph Besnainou, du Bureau de vérification de la publicité (BVP). Le jour où il y parviendra, on saignera de l'oreille car les portables auront des dents. Au reste, les commerciaux et les publicitaires ne se cachent pas de tirer un peu sur la corde de la vérité. Ils précisent simplement que de toute façon personne n'est dupe, et que les consommateurs sont adultes. Dans ce cas, pourquoi tenter de les prendre pour des billes ?

Parce que tout le monde le fait. Parce que, dans la jungle économique libérale, il est implicitement convenu que la triche est inévitable, et la menterie une loi d'airain. Bidonne ou crève, telle est la règle de New York à Hong Kong, car il n'y a pas de place pour les lapins au pays des loups-cerviers. Distillée par certaines écoles de commerce [1], reprise par un peuple entier de

1. Les plus prestigieuses d'entre elles parviennent à échapper à cetravers.

vendeurs et de cadres à dents de sabre, cette bouillie culturelle s'est peu à peu diffusée par capillarité dans tout le reste de l'opinion, au point de devenir un substrat commun à l'ensembles des sociétés développées. Si bien que le mensonge, jadis diabolisé, s'y est transmuté sans qu'on y prenne garde en une valeur positive – en pleine contradiction avec notre culte affiché de la transparence –, la manipulation, le coup bas et le faux-semblant devenant en quelque sorte des alliés, des armes décisives dans l'affrontement économique mondialisé, et par là même un bouclier contre le chômage qui nous guette tous. Ainsi légitimés, assurés d'avance de notre indulgence, les bonimenteurs du business peuvent manœuvrer tout à leur aise, et ils ne s'en privent pas.

Doit-on évoquer ici l'affaire Executive Life ? Les détournements incroyables de la multinationale italienne Parmalat ? Le bal des illusions mené pendant des mois par Jean-Marie Messier chez Vivendi ? Faut-il dévoiler les petites astuces de la grande distribution pour rouler les consommateurs dans la farine, les attrape-nigauds de la vente par correspondance, les techniques contestables de certains voyagistes ? Chez Darty, qui le sait ? les étiquettes des produits comportent des mentions secrètes, codées comme pendant la guerre, indiquant aux vendeurs la commission qui leur revient sur chacun des articles proposés. Vingt euros sur ce modèle de télé un peu dépassé et dont on veut liquider les stocks, seulement dix sur celui-là, et pas un sou sur ce troisième, un poste dernier cri au rapport qualité-prix inégalé. À votre avis, lequel des trois les vendeurs à veste rouge tenteront-ils de nous faire acheter, à coups d'arguments techniques et très objectifs ? Le premier évidemment, même si ce n'est pas du tout notre intérêt. Bien entendu, afin de tromper l'ennemi et d'éviter les indiscrétions, les codes secrets varient d'un magasin à l'autre, et sont régulièrement modifiés. Rien n'est en revanche indiqué à leur sujet dans le « contrat de confiance »...

Énervant ? Bof ! Certains commerciaux du cuisiniste Vogica – « des cas isolés », se défend le directeur[1] – font beaucoup mieux encore. Pour convaincre les acheteurs hésitants, ils ont longtemps organisé de véritables pièces de théâtre, se faisant passer tantôt pour le directeur de l'usine des Vosges, tantôt pour le patron du marketing international ou le grand chef de la communication de passage à la boutique, et acceptant d'offrir exceptionnellement une promotion exceptionnelle sur un modèle exceptionnel sorti d'usine sous forme de prototype, ou, selon les jours et les scénarios, resté en rade après une vaste opération d'équipement immobilier, exposé la semaine précédente au salon machin, voire, mieux encore, ayant tourné dans une pub télé – une cuisine vedette, en somme, et pour vous toute seule, madame. « On ne manquait jamais d'imagination pour faire craquer les gens », confesse Till Kratz, l'ancien patron de la maison, que ces bonnes blagues, appelées « passages de mains », ont fini par lasser[2]. Mais c'est à ce prix qu'on évite les fours... Allez, encore une petite et après on arrête. Afin de montrer sa fibre morale (car il a la fibre morale), le Starbucks Coffee récemment installé à Paris n'hésite pas à faire valoir dans ses campagnes de communication que, chez lui, et c'est loin d'être le cas partout, on boit du café « commerce équitable », autrement dit des graines plantées et récoltées dans le respect de l'environnement par des travailleurs correctement traités. Très bien ! Mais ce serait mieux encore s'il n'omettait pas de préciser que ledit café écolo représente seulement 1 % des petits noirs servis à ses comptoirs, ce qui n'est quand même pas énorme.

Évidemment, même si elles sont un peu fort de café, ces menteries ne sont rien en comparaison des grandes

1. Entretien avec l'auteur.
2. Entretien avec l'auteur.

intox de la steppe économique libérale. « La désinformation est devenue l'une des armes économiques les plus tranchantes de notre début de siècle », résume Christian Harbulot, le directeur de l'« École de guerre économique » (sic), une formation de pointe pour futurs cadres de pointe installée à l'ombre de la tour Eiffel. Et, de fait, ça bidouille dur dans la boîte crânienne de certains dirigeants d'entreprise. À la suite du scandale Enron, Eliot Spitzer, le procureur de l'État de New York, est allé fourrer son nez dans les arrière-cuisines des grandes banques américaines. Il en a ramené un brouet peu ragoûtant de comptes truqués, de rapports bidonnés et de faux « conseils » d'analystes, uniquement destinés à mystifier la clientèle et à enrichir leurs auteurs. Acculés dans leurs retranchements, les dix plus grands établissements d'investissement de Wall Street, parmi lesquels Morgan Stanley, Merrill Lynch ou encore JP Morgan, en ont été quittes pour payer une amende de 1,4 milliard de dollars (deux fois le prix du paquebot *Queen Mary II*) afin d'éviter un procès retentissant.

Plus original mais tout aussi terrible, la chaîne de fast-food Kentucky Fried Chicken (KFC) a essuyé de son côté ces dernières années un pilonnage de rumeurs digne de Picsou Parade, probablement orchestré par l'un de ses concurrents. Dans un e-mail envoyé à des dizaines de milliers d'exemplaires, les consommateurs potentiels ont pu découvrir avec effroi que cette chaîne alimentaire ne proposait pas de vrais poulets à sa clientèle, comme elle cherchait à le faire croire, mais des espèces de gallinacés génétiquement trafiquées et parfaitement effrayantes. « Ces choses, indiquait le mail, sont gardées en vie à l'aide de tubes insérés dans leur corps. Elles n'ont ni bec, ni plumes, ni pattes, et leur masse osseuse est réduite au minimum pour donner plus de viande. » Bien que l'auteur de ce délire n'ait pas jugé utile de le préciser, nous pouvons en outre assurer ici que lesdites choses hurlent à la mort lorsqu'on attaque le sandwich, en sorte que les âmes sensibles ont grand intérêt à aller plutôt déjeuner chez McDo (ou Burger King ou Pizza Hut) si elles ne veulent pas se taper un infarctus. Et voilà le travail.

Est-ce sa cause ou bien son effet ? En tout cas, notre indulgence collective pour la sornette – sans elle, trouverait-on de pareilles salades parmi nos e-mails ? – s'épanouit parfaitement dans la société du paraître. Chaque jour un peu plus, nous vivons dans un univers de carton-pâte, poudré, fardé, truqué, travesti, où même les yaourts au « goût authentique » sont artificiels. La quintessence de cette « ère du vide » niche sans doute en Californie, contrée gouvernée par un bellâtre, où la dictature de l'apparence tient désormais de la foi religieuse et le faux-semblant de principe vital. Entre Los Angeles et San Francisco, la chirurgie esthétique est d'ailleurs devenue presque aussi banale que les agressions de rue, certaines blouses blanches, allant jusqu'à proposer de redessiner artistiquement le sexe des femmes – « la majorité des femmes détestent la forme de leur sexe », a remarqué le Dr David Matlock [1] de Berverley Hills, qui pratique ces interventions à la chaîne (et aussi au bistouri). Nous n'en sommes pas encore là chez nous, mais nous approchons.

Ainsi, presque tous nos grands décideurs, et parfois même de simples patrons de PME vaniteux, disposent désormais de « conseillers en image », sortes de charlatans de la communication grassement payés et en général très pénétrés, dont l'unique tâche consiste à faire croire à l'opinion que leur client n'est pas ce qu'il est en réalité. En plus de manipulations discrètes et de coups tordus soigneusement dosés, cette stratégie du travestissement passe par des téléphonages amicaux aux

1. Cité par *Capital*.

journalistes amicaux, par des rédactions de communiqués complaisants, et un travail à l'estomac des principaux relais d'opinion via de plantureux déjeuners en ville. À elle seule, une cité comme Paris abrite plusieurs dizaines d'« agences d'images » de cette espèce, dont certaines, dotées de nombreux conseillers, affichent des chiffres d'affaires ventrus et des ambitions quasi industrielles. En d'autres temps, des bidonneurs aussi avérés, ayant de surcroît pignon sur rue, auraient été chassés à coups de balai de la cité par la vindicte populaire, et peut-être même ramenés à des sentiments plus chrétiens par un bref passage à la roue. Aujourd'hui, ces princes de la mascarade font partie du paysage et la liste des jeunes diplômés qui rêvent d'entamer une carrière dans leur secteur d'activité est longue comme le nez de Pinocchio. Nous vivons dans le carton-pâte et nous nous y sentons très bien.

Reste une dernière raison pour expliquer le succès mondial du bobard : la presse fait ce qu'il faut pour l'encourager. Certes, on l'a dit et on le répète, journaux, radios et télés mènent une traque efficace contre le mensonge. Sans le travail de fourmi des journalistes d'investigation et le courage de leurs rédactions en chef, notre classe politique passerait encore ses journées à truquer les marchés publics – elle opère désormais la nuit –, on n'aurait jamais rien su du scandale de l'Iran Gate, et l'Espagne serait toujours dirigée par un arracheur de dents à moustaches. Mais, pour un faux-semblant démasqué, pour une manipulation déjouée, combien de falsifications ou de contrevérités véhiculées les yeux fermés et la certitude au stylo ? Combien de petits aménagements avec la vérité pour orienter l'opinion ? Combien d'Édith Cresson traînées dans la boue pour des malversations imaginaires, combien de Patrick Dils ou de Richard Roman enfermés dans l'infamie du crime, et qui se sont révélés innocents ? La presse a une relation névrotique avec le mensonge : elle rêve de le terrasser, mais elle en produit des tombereaux.

Ainsi lorsque Ariel Sharon a dépêché ses régiments de chars pour nettoyer le centre de la ville palestinienne de Jénine. S'en souvient-on ? Pendant plusieurs jours, les reporters du monde entier, cantonnés *manu militari* à l'écart du théâtre des opérations, ont crié au massacre, les journaux les plus sérieux accompagnant leurs dires de récits inouïs d'assassinats collectifs, de ratissages ignobles et de charniers incroyables, sur la base de témoignages invérifiés et d'ailleurs invérifiables. Avant de se rendre compte qu'ils s'étaient laissé berner, et qu'en fait de massacre, le seul qui ait jamais frappé Jénine était celui de l'information. « Complot antisionniste ! » ont tout de suite braillé les uns. « Calomnie antisémite ! » ont appuyé les autres, en ajoutant parfois un éternel« comme d'habitude... ». Fort heureusement, il ne s'agissait nullement de cela : juste d'un mensonge par légèreté, de l'une des milliers d'inventions produites et reproduites chaque année par le journalisme en folie, sans penser à mal la plupart du temps, mais qui viennent malgré tout grossir l'Amazone des couillonnades.

En voici donc quelques-unes, pêchées au hasard de la canne et du moulinet. Nous prions la sacrée bande de baratineurs, d'hypocrites, de cyniques, d'imposteurs et de marchands d'illusions dont les menteries n'ont pas été reprises dans cette sélection de ne point nous en vouloir. Il ne s'agit pas d'un complot contre leurs craques. Juste d'un manque de place.

Le bal des faux derches

Le problème avec l'hypocrisie, c'est de parvenir à s'arrêter à temps. Ce n'est pas facile. Cette forme insidieuse de mensonge est tellement simple à mettre en œuvre, tellement discrète, efficace, répandue, admise et jubilatoire, qu'on a souvent tendance à en abuser. Ainsi les dirigeants socialistes ont-ils critiqué l'année dernière avec tellement de virulence la réforme des retraites de François Fillon que l'un des leurs – Michel Rocard – a été obligé de leur coller une pichenette sur le bout du nez afin de les ramener à la réalité. « Eh ! Ho ! Arrêtez un peu, nous aurions fait exactement la même chose si nous avions été au gouvernement », leur a-t-il lancé en substance et en colère. Renseignements pris, il s'avère qu'ils le savaient, mais qu'ils s'en fichaient.

Allez, ne les accablons pas ! Au grand bal des faux derches, les hommes politiques ne sont pas les seuls à valser : une foule endimanchée de champions cyclistes, de patrons, de diplomates, de syndicalistes, de téléspectateurs ou de starlettes en goguette se trémousse à leur côté. Et l'orchestre ne s'arrête jamais !

Masochisme télévisuel

Au train où vont les choses, personne ne regardera bientôt plus la télé. Dans les cercles parisiens, croiser quelqu'un qui a passé sa soirée devant « Star Academy » est déjà devenu extrêmement rare, et le mal gagne dans les provinces à la vitesse d'une onde hertzienne au galop. Les émissions telles que « La ferme des célébrités », « Les colocataires », « Kho-Lanta », ou « La recherche de la nouvelle star » sont particulièrement frappées. Quoiqu'un peu moins marquée, la désertion touche aussi les séries américaines crétinisées, les jeux idiots, le journal de Claire Chazal et les talk-shows sans complaisance sur l'adolescence des orphelins microcéphales ou la vie étrange des couples qui s'aiment d'amour.

Par un curieux effet de vases communicants, la proportion de ceux qui « tombent par hasard » sur ces émissions connaît en revanche une forte progression. Les occasions de se tromper de programme sont, il est vrai, fort nombreuses dans le monde moderne, fausse manœuvre de zapping, gosses qui changent de chaîne sans prévenir, télécommandes capricieuses, erreur de programmation dans *Télérama*, sans parler des coups de sonde sur TF1 pour contrôler si l'émission littéraire de cinquième partie de soirée n'a pas déjà commencé. Bien entendu, la population ainsi prise par surprise dans les rets de la télé poubelle en sort en général fissa fissa afin de ne pas vomir sur le tapis. Il arrive cependant qu'elle trouve le temps d'en mesurer l'indigence, comme on peut s'en rendre compte tous les matins en arrivant au boulot. « Oh dis donc, hier soir, je suis tombé par hasard sur "La ferme des célébrités". Quelle merde ! – Ah toi aussi ? » Il est implicitement entendu qu'avant de trébucher dans ces trappes immondes, les malheureux buvaient de conserve la thématique d'Arte sur l'abstraction picturale, au demeurant remarquable de finesse et de sensibilité.

Bizarrement, les instituts chargés de mesurer l'audience cathodique n'ont pas encore pris la mesure de ces changements structurels : enfermés dans leur logique binaire, ces ânes bâtés continuent de diviser le monde entre 1/ ceux qui ont regardé TF1 hier soir, et 2 / ceux qui n'ont pas regardé TF1 hier soir, omettant complètement la catégorie de ceux qui ont regardé par hasard TF1 hier soir. Selon un sondage réalisé avec un doigt mouillé par l'auteur de ces lignes, cette dernière est pourtant devenue leader en termes de parts de marché normalisées sur le prime time au moins deux soirs par semaine. Les annonceurs, à qui l'on demande des fortunes pour diffuser leurs spots, feraient bien de s'intéresser de près à la question, car des pubs saucissonnant un programme regardé par hasard sont évidemment gobées avec moins d'empressement que des pubs saucissonnant un programme regardé de façon classique. Ajoutons qu'une émission lamentable donne lieu à moins de bavardages le lendemain avec les copains quand elle a été regardée par hasard, en sorte que la diffusion des messages commerciaux dans le pays par capillarité se fait à un rythme moins soutenu.

En dehors de ce recadrage économique, la prise en compte statistique de cette nouvelle catégorie permettrait de mettre enfin un terme aux contradictions habituelles des livraisons sondagières. Dans le dernier baromètre Ipsos-Médias, par exemple, 60 % des Français se disent mécontents de l'offre télévisuelle alors même qu'ils avouent regarder la télé plus longtemps que jamais (3 h 22 par jour). France 3 y apparaît comme la chaîne la plus aimée du public, juste devant Arte, mais très loin devant TF1 (6e), qui reste pourtant le numéro un incontesté de l'audimat. Cette incohérence apparente, qui fait gamberger les sociologues depuis des lustres autour de l'idée de masochisme télévisuel et autres concepts fumeux, est en réalité une énigme enfantine : si les millions de gens qui adorent Arte passent leur vie devant la Une, c'est tout simplement qu'ils la regardent par hasard. On en a mal pour eux.

Bronchite aviaire

Raconter des craques aux gens, c'est bien. Traiter de menteurs avec un air offusqué ceux qui ont le front de les contester, c'est mieux. Non seulement cette tactique contribue à affaiblir le camp des sceptiques, mais elle permet au bidonneur de se poser lui-même en victime, catégorie bien sympathique dont on suppose a priori qu'elle ment moins que celle des bourreaux (ce qui, par parenthèse, est une ânerie). En dépit de cela, rares sont aujourd'hui les baratineurs qui se donnent le mal d'appliquer ce truc du retour à l'envoyeur : l'amour du travail bien fait n'est plus ce qu'il était... Aussi saluera-t-on ici avec respect le gouvernement thaïlandais qui, sur le délicat dossier de la grippe du poulet, a offert au monde en janvier dernier une superbe démonstration de pipeautage à double détente.

Comme de bien entendu, compte tenu des enjeux économiques considérables pour leur pays – quatrième exportateur de volaille du monde avec 540 000 tonnes vendues par an –, les autorités de Bangkok ont commencé par nier l'existence de toute forme de grippe aviaire à l'intérieur de leurs frontières afin de ne pas pénaliser leurs élevages. Alors que les États voisins se déclaraient les uns après les autres victimes de l'épizootie, et que les cas de contamination humaine mortelle commençaient à se multiplier dans la région, Thaksin Shinawatra, le Premier ministre thaïlandais a tenu ferme la barre du bobard pendant plus de deux mois. Des milliers de volatiles crevaient-ils comme des mouches dans les poulaillers de son pays ? Rien à voir avec la terrible maladie, jurait-il, c'était juste l'effet du choléra (non transmissible à l'homme) et d'une déferlante de bronchites (non transmissibles à l'homme) causées par une vague de froid. Aucune raison par conséquent d'interrompre les exportations de son pays.

Le monde ayant de plus en plus de mal à avaler ce roman, les Thaïlandais ont dû très vite passer à la deuxième étape de la supercherie : faire croire que ceux qui ne les croyaient pas mentaient comme des arracheurs de becs. C'est le vice-ministre de l'Agriculture, Newin Chidchob, qui a été chargé de cette tâche délicate, et il s'en est acquitté, ma foi, avec une certaine maestria. « Les rumeurs (selon lesquelles la grippe aviaire infesterait la Thaïlande en dépit des dénégations du gouvernement) peuvent avoir été propagées par nos concurrents pour détruire nos exportations de poulets », a-t-il perfidement laissé entendre. En précisant que la jalousie desdits concurrents était compréhensible, puisque les ventes de volaille thaïes avaient « un brillant avenir du fait du développement de la grippe aviaire partout ailleurs en Asie ». Du brodé main.

Hélas ! Il ne suffit pas de bien mentir pour avoir raison. Quelques jours plus tard, les autorités de Bangkok, coincées par l'évidence, ont dû se résoudre à avouer la vérité. Et à interrompre les exportations de leurs gallinacés, touchés eux aussi par la grippe mortelle. « C'est vrai que nous avons un peu cafouillé au départ, mais nous allons désormais assurer toute la transparence », s'est excusé le Premier ministre, face à la colère de l'Organisation mondiale de la santé. Pas de problème, on lui fait confiance.

Ombre chinoise

Un peu agacé ce mardi-là, Laurent Fabius. Quoi ? ? Que venait-il d'apprendre ? À peine si l'on ose l'écrire : que certains députés socialistes envisageaient d'assister à la réception du président chinois Hu Jintao à l'Assemblée nationale. Et pourquoi pas de l'applaudir tant qu'ils y étaient ! Ou de lui baiser la main comme à Sa Sainteté de Rome ! Ignoraient-ils, ces étourneaux, que ledit Hu Jintao, fils spirituel du boucher de Tien An Men, massacreur en chef du peuple tibétain, emprisonneur de milliers d'opposants politiques et grand décapiteur de liberté, représente à lui seul une insulte à la démocratie ? Et que le simple fait de l'approcher à moins de deux cents mètres équivaut à pactiser avec la bête immonde ? On peut le craindre. L'ancien Premier ministre de François Mitterrand, qui décidément doit tout faire au PS, s'est donc chargé de le leur rappeler.

N'assistez pas à cette séance-piège, leur a-t-il dit en substance, en tout cas pas tous ensemble, laissez ce Chinois discourir devant un hémicycle à moitié vide ou, mieux encore, devant les seuls députés de droite, ça fera mauvais effet pour eux et très bon effet pour nous. Les enjeux diplomatiques ? Les grands contrats ? L'immense potentiel économique de ce marché de 1,2 milliard d'habitants ? Abandonnez cela aux cyniques et tournez la tête ailleurs : en politique, il faut savoir être courageux. Moi-même, Laurent Fabius, ai-je hésité un seul instant à publier mes états d'âme, lorsque, en 1985, le général Jaruzelski, alors dictateur de la Pologne communiste, est venu nous visiter en grande pompe ? Point du tout. J'ai envoyé sans attendre cette baderne stalinienne aux pelotes et ses lunettes noires avec. Bien sûr, François Mitterrand n'était pas content, ouh, pas content du tout, mais, que voulez-vous, moi c'était moi et lui c'était lui.

Sans doute l'ex-plus jeune Premier ministre de la Francea-t-il su être convaincant car, l'après-midi venu, les travées de gauche de l'Assemblée nationale sont apparues très clairsemées pendant l'intervention de Hu Jintao. Fabius, au premier rang des absents, plastronnait ostensiblement à l'extérieur, démontrant une fois de plus son indéfectible volonté de défendre les droits de l'homme. Sans doute le peuple aimerait-il cela. Le peuple aime que l'on défende les droits de l'homme.

Il se le disait encore la veille en découpant sa viande, au cours du dîner de gala offert par l'Élysée au président chinois.

Mascarades japonaises

L'essentiel, dans la pub, c'est d'être convaincant, lui avait-on fait savoir. Makiko Esumi n'avait pas mangé la consigne. Pendant les trente secondes du spot, cette geisha au regard troublant fixait les millions de téléspectateurs japonais avec tellement d'intensité qu'elle réussissait à leur coller des frissons à travers la vitre de l'écran. Et quand ils étaient à point, frits comme des yakitoris, elle leur assénait dans les oreilles le message de l'annonceur à la manière d'une dominatrice sadomaso esclavagisant un ver de terre : « Payez maintenant ou pleurez plus tard ! »

Elle savait être convaincante, la jolie Makiko Esumi.

Le gouvernement nippon, qui l'avait choisie parmi cent autres pour cette tache délicate et impériale, était, du reste, très satisfait de sa prestation. Sûr qu'avec un numéro pareil, les masses de mauvais sujets qui omettaient d'acquitter leurs cotisations retraite obligatoires allaient rentrer dans le rang, et plus vite que ça. Les indignes ! Les éhontés ! C'était à cause de ces vermisseaux qu'il manquait un tiers des ressources au système de pensions publiques du pays, à cause de ces écornifleurs que l'on était aujourd'hui obligé de voter une loi drastique, imposant à tous les citoyens honnêtes un coup de bambou sur leurs cotisations. Sans cela, prévoyaient les experts, l'assurance vieillesse de l'Archipel risquait ni plus ni moins de s'effondrer, voilà la réalité.

Enfin, avec son regard qui tue, Makiko Esumi allait remettre ces moins que rien dans le droit chemin. Car Makiko Esumi n'était pas seulement une actrice célèbre et une maîtresse femme. C'était aussi un modèle de civisme. Le symbole du Japon honnête, longanime et travailleur. La représentation féminine de l'idéal samouraï.

Lorsqu'il a découvert qu'en fait de modèle samouraï, la demoiselle Esumi était elle-même une petite vermine de la pire espèce, qu'elle non plus n'avait jamais acquitté le moindre yen de cotisation retraite, et qu'elle se fichait comme de l'an 41 de l'équilibre financier de l'assurance vieillesse de son pays, le ministre des Affaires sociales a failli s'étrangler avec son sushi. Oh ! la menteuse ! Oh ! l'erreur de casting ! Mais à qui donc se fier dans le Japon moderne ?

Naturellement, compte tenu des enjeux politiques et financiers considérables de cette affaire, plusieurs membres du gouvernement, ainsi que des responsables du Parti démocrate d'opposition, se sont émus de cette mascarade, n'hésitant pas à massacrer au vitriol (verbal) la petite écervelée. Leur légitime colère aurait cependant eu plus de poids si le pays n'avait découvert, quelques semaines plus tard, qu'eux-mêmes, ainsi d'ailleurs que la moitié des élites de l'Archipel, omettaient de payer depuis des années leurs propres cotisations retraite. Au stade extrême de la contrition – les plus atteints paraissant carrément prêts à se perforer l'estomac au sabre de samouraï –, les ministres des Finances, de l'Industrie, du Commerce et de l'Économie, qui travaillaient le pays au corps depuis des mois pour lui faire accepter la hausse des prélèvements vieillesse, ont dû reconnaître qu'ils étaient du nombre, ainsi que le principal conseiller du chef du gouvernement et que l'ancien ministre des Affaires sociales, Naoto Kan. Ce dernier, devenu patron de l'opposition a été contraint de laver son affreux déshonneur en offrant sa démission à genoux, l'échine courbée jusqu'à terre.

Quant au Premier ministre, Junichiro Koizumi, repéré lui aussi comme resquilleur, il n'a point été touché par la vague de repentir général : il s'est contenté de mentir éhontément à l'opinion pour tenter de masquer son forfait, lui baratinant les yeux dans les yeux, au mépris des évidences, que sa situation n'avait jamais posé « aucun problème légal ».

Enfin un type normal.

Comédie new-yorkaise

Comment faire croire qu'on est généreux quand on a une bourriche d'oursins dans la poche ? En fait, les moyens ne manquent pas. On peut débloquer bruyamment des crédits et les geler en douce le lendemain, comme Jean-Pierre Raffarin, organiser des opérations Pièces jaunes en montrant l'exemple avec sa propre tirelire, comme, suivez mon regard, donner un concert pour les Restos du cœur dans une MJC du neuf-trois et le faire savoir à toute la presse pendant cinq ans, comme on ne dira pas qui, faire de l'affichage social pour soigner son image et gagner des millions au passage, comme Benetton, ou tout simplement annoncer qu'on va passer à la caisse du Téléthon et oublier son portefeuille à la maison le moment venu, comme des milliers de mauvais coucheurs de la média-charité. Tout cela est bel et bon, mais Michael Bloomberg a trouvé mieux.

Michael Bloomberg est maire de New York, milliardaire,et il a envie qu'on l'aime. Pour réaliser cette prouesse, il a commencé par faire l'acteur en guest-star dans une série télé baptisée *Law and Order* (La Loi et l'Ordre), assez idiote au demeurant, et regardée, paraît-il, par plusieurs millions d'amateurs de séries-télé assez idiotes au demeurant. Puis il a annoncé à ses concitoyens-électeurs-téléspectateurs qu'il avait décidé de refiler non pas le tiers, non pas la moitié, non pas les trois quarts, mais la totalité, mesdames et messieurs, nous disons bien la *totalité* de son cachet à une association caritative en charge de la lutte contre la pauvreté. C'est pas de la générosité, ça ? C'est pas un super-geste de solidarité en faveur des super-plus démunis ?

Bloomberg aurait pu s'en tenir là, cela aurait été déjà une excellente opération pour sa réputation et sa carrière politique. Mais le super-héros de la Grosse Pomme a fait mieux : il a *réellement* fait don de la totalité de son cachet à une association caritative en charge de la lutte contre la pauvreté. Alors là, chapeaux bas ! Standing ovation, top respect et un grand merci, parce qu'on ne voit pas ça tous les jours, surtout dans la corporation des maires-milliardaires.

Quelques semaines plus tard, les heureux responsables de l'association caritative en charge de la lutte contre la pauvreté désignée par Bloomberg ont reçu le chèque en question. Comme promis par le milliardaire prodigue, il correspondait bien à la totalité de son cachet pour l'épisode tourné. En allant le porter à la banque, pourtant, ces ingrats ne souriaient pas. Il paraît qu'ils s'attendaient à plus. Tssss... Enfin, 575 euros, c'est tout de même déjà pas mal, non ? Si c'est pour être remercié comme ça, la prochaine fois, Bloomberg gardera sa fortune pour lui.

Craques à la Banque de France !

On dira ce qu'on voudra, les camarades de FO ont toujours le mot pour rire. Lorsqu'ils ne bloquent pas les trains les jours de grands départs, ces petits malicieux courent les micros pour expliquer au pays que les conducteurs de TGV sont atrocement mal payés, l'administration fiscale en sous-effectif chronique, les profs surchargés, la Sécu au bord du démantèlement (et parfois même déjà démantelée), les fonctionnaires en voie de paupérisation, les agents d'Air France sacrifiés sur l'autel de la déréglementation sauvage, la RATP antisociale, les services publics en danger mortel, la durée du travail beaucoup trop longue et les retraités de la Fonction publique condamnés à une mort rapide par inanition, ayant été presque entièrement dépouillés de leurs pensions par la clique chiraco-fillonienne dans des conditions absolument scandaleuses et sans aucune espèce d'ébauche de dialogue social. Une partie de la population (non directement concernée) croyant dur comme fer à ces fadaises, le syndicat blondélien, très pince-sans-rire, prend garde de les distiller avec un grand sérieux, y compris lorsqu'elles sont à se tordre.

Ainsi à propos de la Banque de France, citadelle historique du syndicalisme corporatiste et joyau des joyaux du service public. Pour faire simple, on pourrait dire que cette noble institution financière est au droit social ce que le Ritz est à l'hôtellerie : la crème du haut du panier.

Non seulement ses 14 500 salariés statutaires disposent de traitements supérieurs de 40 % à ceux de la Fonction publique (plus de 3 100 euros mensuels en moyenne), mais ils ont amassé au fil des bras de fer une collection de privilèges à faire baver d'envie même un aiguilleur du ciel. Prêts immobiliers à taux avantageux, logements à loyer très modéré, comité d'entreprise employant une centaine de salariés, centres de vacances en pagaille, primes plein les fiches de paie, garantie de l'emploi à vie, dix jours de congés pour les salariés qui se marient, autant pour ceux dont les « proches parents » sont souffrants, une charge de travail moyennement harassante et, pour couronner le tout, un régime de retraite unique en France, issu d'un décret impérial de 1808 et farci d'avantages horriblement dispendieux. En plus de leur pension de base, équivalente à celle des fonctionnaires, les anciens de la maison perçoivent en effet un bonus financier d'environ 12 % appelé « bénévolence », des majorations pour enfants élevés, et une série d'« allocations spéciales », parmi lesquelles une« allocation voyage », d'un montant variable, mais toujours appréciable. Servi après seulement quinze années de maison aux femmes qui ont élevé trois enfants, ce pont d'or est en grande partie financé par l'entreprise, les salariés se contentant de verser une cotisation croupion de 7,5 %, nettement inférieure à celle des manants du privé.

Bien entendu, soucieux de ne pas faire trop d'envieux, la direction et les syndicats de la banque se donnent beaucoup de mal pour tenter de masquer ces privilèges à la vue de l'opinion publique. Ainsi ont-ils finaudement escamoté il y a quelques années la rémunération sur seize mois, qui pouvait choquer les pauvres, en la ramenant à treize mois d'un coup de règle de trois – les salaires mensuels ont été regonflés d'autant. Ainsi les détails de l'incroyable régime de retraite maison relèvent-ils toujours du « confidentiel-Banque de France » et la contribution versée par l'entreprise pour en financer les surcoûts, carrément du secret d'État : les contrôleurs de la Cour des comptes eux-mêmes ne sont pas parvenus à en cerner le montant avec précision.

Inutile d'ajouter que la vieille maison croule sous les sureffectifs pire que les musées soviétiques d'antan. Lorsqu'elle gérait la monnaie, fixait les taux d'intérêt, changeait les devises, assurait la compensation quotidienne des chèques, recrutait de nouveaux clients et garantissait la stabilité économique du pays, son armée d'employés trouvait à peu près à s'occuper. Mais la conduite de la politique monétaire est désormais assurée à Francfort par la Banque centrale européenne, la compensation des chèques a été entièrement informatisée, le change des devises transféré aux banques privées et la clientèle priée d'aller voir ailleurs, la fermeture de tous les comptes domiciliés en ses livres ayant été imposée par la loi. Pour compenser ce manque à travailler, le gouvernement a certes confié à l'ancien institut d'émission la responsabilité du traitement des dossiers de surendettement. Mais cet apport ne suffit pas, loin s'en faut, à rattraper les pertes de charge. Si bien qu'avec ses 14 500 salariés et ses deux cent onze succursales, notre chère Banque de France tient de la caricature à brodequins. Son homologue britannique, dont la responsabilité est autrement lourde puisqu'elle émet et contrôle la livre sterling, ne s'en sort-elle pas sans problème avec 2 660 personnes et douze succursales ? Et la Banque du Canada, elle aussi institut d'émission, avec seulement 1 700 personnes et cinq succursales ? Quant à la fabrication des billets dans l'usine de Chamalières, prétendument compétitive, elle revient en réalité au moins deux fois plus cher que dans les manufactures anglaises. C'est dire s'il y a de la marge.

Mais au fait, pourquoi notre Banque centrale, qui fonctionne avec de l'argent public, n'a-t-elle pas adapté au fil des ans ses effectifs à la réalité de sa charge de travail, en en transférant par exemple une partie au sein du ministère des Finances ? Pourquoi n'a-t-elle pas fait évoluer le statut de ses employés, et notamment leur régime de retraite exorbitant, pour le faire concorder avec les réalités économiques et les exigences de l'équité sociale ? À cause de la pression syndicale, bien sûr. Et notamment de celle des camarades de FO, vifs à dégainer les couteaux dès que l'on fait mine d'évoquer ces sujets tabous. Touchez seulement à un cheveu blanc de nos retraites et nous interromprons immédiatement la production de billets, ont-ils implicitement fait savoir à leur direction. C'est aussi efficace que de bloquer les gares.

Corsetée par les syndicats, alourdie par des coûts de personnel délirants, privée de la moitié de ses tâches traditionnelles, la vénérable maison, c'était couru, a fini par sombrer dans le rouge : pour la première fois de son histoire, elle a été contrainte d'annoncer l'année dernière un déficit d'exploitation de cent soixante-quatre millions d'euros. Le comble de l'humiliation pour une institution censée veiller à la solidité de notre système bancaire, et qui, lorsqu'elle en avait encore l'autorité, ne se privait pas de rappeler l'État à l'exigence de résorption des déficits. C'est elle, désormais, qui contribue à les creuser, puisque son propre trou sera comblé, d'une manière ou d'une autre, avec l'argent des contribuables.

Cette nouvelle calamiteuse n'a pas empêché les responsables de FO de s'endormir sur leurs deux oreilles. Une fois réveillés, ces grands comiques ont expliqué à l'opinion sans se démonter que le désastre était dû, non pas au coût faramineux du statut du personnel, mais, dans l'ordre, au niveau des taux d'intérêt (trop faible), à la parité euro-dollar (trop forte), au déficit de la Banque centrale européenne (en partie renfloué par la Banque de France), ainsi, bien sûr, qu'au « manque de crédits de l'État » (il faut toujours clamer cela, même si ça n'a aucun sens). À ces facteurs extérieurs, s'est ajouté, toujours selon FO, le coût du plan de réduction progressive des filiales et des effectifs enfin programmé par la direction après des années d'atermoiement pour essayer de rééquilibrer les comptes.

Le plus amusant, c'est que la presse a repris cet argumentaire sans en changer une virgule, ni même en discuter les termes. En lisant les articles, les stratèges de FO ont dû bien s'amuser.

Opération « Planquage du désert »

Le problème avec la purification ethnique, c'est que ça fait mauvais genre : jamais personne ne se vante de s'en être payé une bonne tranche. Cela est également vrai pour le génocide, le plus souvent mal perçu dans la communauté internationale, et médiatiquement peu porteur. Aussi, depuis la controverse de Valladolid – la question était alors de savoir si les Indiens d'Amérique possédaient ou non une âme et, conséquemment, si les conquistadors espagnols pouvaient continuer de les massacrer à l'escopette sans aucun scrupule moral –, depuis ces temps obscurs, donc, la plupart des gouvernements pratiquant de telles horreurs ont pris l'habitude de masquer leurs exactions sous le paravent de l'imposture et de la négation. On sait qu'Hitler exigeait le secret absolu sur la Solution finale. Des années après les faits, les Turcs nient toujours avoir commis dans les années 1920 un génocide contre les Arméniens, les ex-dirigeants rwandais jurent n'être pour rien dans l'entrelardage de huit cent mille Tutsies au printemps 1994, ce qu'il reste des lieutenants de Pol Pot n'a jamais entendu parler des massacres cambodgiens et Slobodan Milosevic plaide encore devant le Tribunal international de La Haye sa parfaite innocence dans les opérations de purification ethnique qui ont dévasté la Bosnie-Herzégovine au cours des années 1990. Au-delà d'un certain tonnage, les massacreurs ont la pudeur du sang.

Le grand cinéma orchestré depuis plusieurs mois par les autorités soudanaises pour cacher les atrocités commises dans la province du Darfour s'inscrit dans cette continuité historique. Sa mise en scène est cependant de bien meilleure qualité que celle des épisodes précédents, preuve que, dans l'art de la dissimulation, on n'arrête pas non plus le progrès. Mais n'anticipons pas. Le Darfour, on le sait aujourd'hui, est une région semi-désertique de l'Est sahélien, à peu près vaste comme la France, et peuplée d'environ 3,5 millions d'âmes (il a été prouvé que les habitants du Darfour possèdent une âme). Il occupe tout l'ouest du Soudan, dont il constitue approximativement 20 % de la surface et borde la frontière avec le Tchad. L'essentiel de sa population est constitué de paysans sédentaires appartenant à différentes tribus africaines islamisées : les Fors, les Massalites et les Zaghawas, ces derniers étant pour la plupart installés au sud du territoire. Ces ethnies noires y voisinent avec une minorité arabe, musulmane elle aussi, mais nomade et blanche. Entre ces deux groupes de religion semblable, la haine couvait depuis longtemps.

Elle a fini par exploser le 26 février 2003. Ce jour-là, deux organisations rebelles noires, le MLS (Mouvement de libération du Soudan) et le MJE (Mouvement justice égalité), lassées que leurs frères de couleur soient dominés par le pouvoir arabo-musulman installé à Khartoum, annoncent qu'elles prennent les armes. Leur objectif : renverser Omar El Béchir, le dictateur sanguinaire qui préside aux destinées du plus grand pays d'Afrique depuis 1989, ou, à défaut, obtenir de lui un statut de semi-autonomie pour leur province et 17 % de la rente pétrolière soudanaise afin de pouvoir la développer. El Béchir va répondre à cette sédition par la poudre. À peine connue la nouvelle, il dépêche sur place ses automitrailleuses et ses avions de chasse, tout juste libérés par le récent règlement de la guerre menée depuis vingt et un ans contre la minorité chrétienne animiste du sud du pays. Et, non content de bombarder les villes insurgées et de pourchasser les rebelles, ce qui constitue, si l'on ose dire, une guerre normale, il profite de l'occasion pour entreprendre un vrai beau nettoyage ethnique, la javellisation en profondeur de cette région ingérable dont il rêvait depuis des lustres sans oser l'avouer. Il y a beau temps en effet que ces nègres-là lui courent sur le haricot avec leur irrédentisme incessant et leurs demandes de démocratie ! Qu'on en finisse avec eux une fois pour toutes, voilà tout ! Et qu'on le fasse dans la discrétion, s'il vous plaît, autrement le pays se retrouvera de nouveau au banc des nations, une infamante position dont il vient à peine de sortir et qu'il n'a nulle envie de retrouver... Les Américains, avec qui El Béchir souhaite renouer après des années de brouille, ne doivent en particulier jamais être informés de ce plan-là.

Le président soudanais ouvre alors le premier acte de son opération « dissimulation » : il arme en douce une milice paramilitaire arabo-musulmane d'une extrême violence et la jette à l'assaut du Darfour, en lieu et place de sa propre armée. Sans doute l'utilisation de forces supplétives pour l'accomplissement des basses œuvres n'est-elle pas nouvelle : des « escadrons de la mort » prétendument incontrôlés lancés par le président ivoirien Laurent Gbagbo (ou, plus exactement, par sa femme) contre son opposition, aux bandes armées indonésiennes nettoyant le Timor occidental avec la bénédiction de Djakarta, en passant par les milices chrétiennes libanaises semant la terreur dans les camps de Sabra et Chatila pour le compte d'Israël, l'histoire est remplie de coups tordus de ce tonneau. Mais El Béchir n'a pas d'autre solution s'il veut agir vite. À pied, en land rover, et surtout à cheval, ses spadassins des sables, biberonnés à la haine, encerclent un à un tous les villages africains de la province, pillent les récoltes, mettent le feu aux champs, détruisent les maisons, terrorisent les enfants, violent les femmes, tuent, pourchassent, torturent, et contraignent à l'exil sans distinction toutes les peaux noires qui passent à leur portée. Plus un seul For vivant dans le Darfour ! Plus un seul Massalite ni aucun Zaghawa ! Tel est leur cri de guerre et leur credo vengeur.

Ils obtiennent tout de suite un succès du tonnerre. Selon Mukaesh Kapila, le coordinateur des activités humanitaires de l'ONU au Soudan, leur action va déboucher en quelques mois sur « la plus grande catastrophe mondiale actuelle au plan humanitaire et pour les droits de l'homme ». Début avril 2004, selon les chiffres de l'ONU, un million d'habitants du Darfour avaient été déportés à l'intérieur du Soudan, et cent dix mille autres s'étaient enfuis au Tchad, où ils pourrissaient à la lisière des villages dans un dénuement extrême. Beaucoup d'entre eux portaient les traces de cruelles blessures, des centaines de femmes avaient été violées, un bon nombre avaient vu leur village en flammes, et aucun de ces malheureux ne doutait d'avoir tout perdu. Quant au nombre de tués, très difficile établir, il pourrait avoisiner les cent mille selon les témoignages parcellaires recueillis par les rares associations humanitaires présentes sur place.

Car, c'est le deuxième volet de l'opération « Planquage du désert », l'armée régulière n'est évidemment pas restée inactive pendant tout ce temps. En plus de donner un discret– mais très efficace – appui logistique aux milices, elle a bouclé le territoire afin d'y éviter toute incursion extérieure. Pas de journaliste. Pas de caméra. Pas d'observateurs internationaux. Et, si possible, pas d'ONG. Le Darfour devait être scellé comme une boîte à sardines, afin que la purification ethnique puisse y être menée en paix. Cela fut fait, et cela fut bien fait : au printemps 2004, plus de un an après le début de cette boucherie, pratiquement aucune image n'était encore parvenue sur les téléviseurs, en sorte qu'une bonne partie de l'opinion ignorait son existence, ou n'en avait que brièvement entendu parler. En termes médiatiques, « la plus grande catastrophe mondiale actuelle au plan humanitaire et pour les droits de l'homme » n'existait pas.

Restait à parachever l'ouvrage en entamant le chœur des pleureuses. Venant d'une âme aussi tendre que celle d'Omar El Béchir – sa guerre contre les chrétiens du sud du pays a fait au bas mot un million de morts, de nombreux terroristes, parmi lesquels Carlos, ont longtemps trouvé un douillet refuge dans sa capitale, et ses rares opposants croupissent en prison dans des conditions effroyables –, ce volet du programme était évidemment moyennement crédible. Mais c'était le plan prévu. Et, après tout, il s'agissait d'une fiction ! En sanglotant comme un crocodile du Nil, le président soudanais a donc expliqué qu'il n'était absolument pour rien dans cette horreur, que les massacres, d'ailleurs très exagérés, étaient le fait de bandes de « hors-la-loi » avec lesquelles son gouvernement n'entretenait « aucun lien », et qu'il condamnait tout cela en bloc. La preuve : il était prêt à faire cesser ces atrocités, tout du moins à essayer, en « encerclant et contrôlant tout groupe ou force ne relevant pas des forces armées et qui tenterait de porter atteinte aux civils ou d'entraver les opérations d'aide humanitaire ». Superbe !

Voilà comment son propre ministre de l'Investissement, Nadjib El Kheir Abdoul Wahab, s'est retrouvé en avril 2004 à N'Djamena, la capitale du Tchad, à tailler le bout de gras d'agneau avec les rebelles de l'Armée de libération du Soudan (ALS) et du Mouvement justice égalité (MJE), ce qui ne mange pas de couscous, mais aussi avec ses propres milices-paravents, afin d'essayer d'obtenir d'elles un cessez-le-feu, ce qui est nettement plus comique. Histoire de bien marquer les différences, Wahab a évidemment refusé que lesdites milices soient présentées comme un pseudopode de l'armée de Khartoum, ce que tout le monde proposait, et exigé que le document final fasse état à la place de « troupes irrégulières ». L'affaire a d'ailleurs failli capoter sur ce bidonnage crucial, avant que les responsables de l'ALS et du MJE ne se décident à céder sur la sémantique.

Hélas ! Comme au Cambodge, au Rwanda, en Yougoslavie ou en Turquie, cette mystification, aussi bien menée soit-elle, n'a pas porté tous les fruits espérés. Après avoir pu se faufiler sur le théâtre – c'est le mot – des opérations, des délégués de l'association américaine Human Rights Watch ont dénoncé dans un rapport « la stratégie ethnique de meurtres, viols et déplacements forcés des civils du Darfour menée par le gouvernement de Khartoum », et exhorté Washington à refuser toute levée des sanctions économiques contre le pays. Folles de rage d'être démasquées, les autorités soudanaises ont illico répliqué que ce document n'était qu'un ramassis « de falsifications et de mensonges ».

Triche autrichienne

Question honnêteté politique, les socialistes bleu-blanc-rouge ne sont pas blanc-bleu. Sûr que si on épluchait leurs quinze années de pouvoir, on finirait par dénicher çà et là un léger artifice de présentation, une décimale un peu arrangée, peut-être même une ou deux promesses non tenues – encore que sur ce dernier point il faille regarder de près, parce que François Mitterrand a toujours été implacable sur le respect des engagements électoraux et Lionel Jospin, comme on sait, au-dessus de tout soupçon sur ce sujet sensible. Enfin, dans l'ensemble, nos socialos ne sont pas des anges. Pourtant, comparés à leurs camarades de Carinthie, ils pourraient défiler sans honte au panthéon de la vertu. Car leurs camarades de Carinthie, eux, sont de vrais faux derches.

Dans cette région du sud de l'Autriche (capitale : Klagenfurt), où l'on yodèle la bouche en cul de poule et les fesses en culotte de peau, le balancier politique, il est vrai, ne penche pas tellement vers la gauche. Après l'Anschluss, en 1938, Adolf Hitler y fut accueilli en héros par une large partie de la population, et il n'est pas rare d'y croiser encore aujourd'hui des nostalgiques de ce grand leader germanique. La victoire du FPÖ (parti libéral) aux élections régionales du 7 mars 2004 n'est donc pas vraiment une surprise. Située légèrement à droite de notre Front national et emmenée par le sympathique Jörg Haider, l'homme qui vante « la politique de plein emploi du IIIe Reich » et rêve de chasser tous les étrangers de son pays à coups d'alpenstock, cette formation est implantée depuis des années en ces montagnes riantes. Naturellement, les socialistes du SPÖ (parti social-démocrate) n'apprécient guère cette vermine nazillonne, et ils n'hésitent pas à le faire savoir à leurs électeurs. Ainsi lorsque la droite classique accepta d'accueillir certains membres du parti fascisant dans sa coalition gouvernementale à Vienne, entre 2000 et 2002, et que l'Europe décida, en réponse, de condamner l'Autriche à l'isolement diplomatique, les socialistes du SPÖ (parti social-démocrate) soutinrent ces sanctions contre la bête immonde.

L'hiver dernier en Carinthie, ils redoublèrent de vigueur pendant la campagne des régionales, appelant les électeurs de tous bords à faire barrage au parti d'extrême droite. Sur cette ligne dure, ils obtinrent finalement la deuxième place derrière le FPÖ avec 38,4 % des voix, un résultat honorable bien qu'insuffisant pour espérer gouverner la province. S'installer dans l'opposition en regardant passer les trains ? Les socialistes du SPÖ (parti social-démocrate) n'en avaient vraiment pas envie. D'autant que, cela ne faisait pas de doute, les hypocrites de la droite classique finiraient par passer un accord avec Jörg Haider, et à grappiller au passage quelques strapontins dans son gouvernement local : qui a trahi une fois, trahira une autre fois, c'est bien connu.

Pour éviter cette nouvelle vilenie, les socialistes du SPÖ (parti social-démocrate) ont donc décidé de couper l'herbe sous le pied aux faux derches de droite en signant eux-mêmes un accord avec la formation extrémiste, ce qui est une habile façon d'occuper le terrain. Comme il ne leur était pas possible de voter ouvertement pour elle lors de la constitution du gouvernement local (il ne faut rien exagérer), ils ont discrètement quitté la salle du parlement de Klagenfurt afin de lui permettre d'atteindre le quorum sans eux. En échange de quoi, les socialistes du SPÖ (parti social-démocrate) ont obtenu début avril plusieurs postes dans le gouvernement local crypto-nazi, ce qui constitue une première mondiale dans l'histoire de la contorsion politique. « Sur les questions concrètes, notre ligne ne s'est jamais beaucoup démarquée de celle du FPÖ », a pagayé Peter Ambrozy, le leader du SPÖ de Carinthie (parti social-démocrate), à l'adresse de ses électeurs stupéfaits. Il s'est cependant gardé de faire devant eux le salut hitlérien, ce qui témoigne de son respect à leur égard.

Charité bien ordonnée

Sincèrement préoccupée du sort des pays pauvres, la France, par la voix de Jacques Chirac, ne se prive jamais de faire la leçon au monde des égoïstes. Entre autres initiatives généreuses, notre président a, par exemple, écrit en mai dernier à une soixantaine de ses collègues de travail, parmi lesquels George Bush, Vladimir Poutine, TonyBlair, Gerhard Schröder, ou encore le Japonais Junichiro Koizumi, pour leur proposer de « réfléchir conjointement à la possibilité et à la faisabilité d'une fiscalité inter-nationale pour financer le développement humain ». Le chef de l'État a appuyé sa demande en observant que « dans l'état actuel des choses, la réalisation de nombreux objectifs de développement était compromise, principalement en Afrique subsaharienne », et qu'il convenait par conséquent d'entreprendre sans délai « des efforts supplémentaires » pour venir en aide aux pays déshérités. C'était très beau.

Ça l'eût été plus encore si son gouvernement n'avait passé quelques jours plus tôt un savon carabiné à Pascal Lamy, commissaire européen chargé du commerce, à propos des subventions agricoles à l'exportation. Figurez-vous que ce freluquet s'était permis d'évoquer leur possible suppression dans le cadre du futur accord de l'OMC, une initiative malheureuse, qui constituerait, selon Paris, ni plus ni moins qu'une « faute tactique grave », voire une « trahison ». Fichtre !

Pour comprendre les enjeux de ce dossier à peu près

aussi aride que le Sahel, il faut s'arrêter un instant sur la signification de ces subventions [1]. Versées aux agriculteurs européens, elles sont a priori utiles et généreuses, puisqu'elles leur permettent d'exporter leur production dans toute la planète à bas prix, Bruxelles se chargeant de leur rembourser la différence entre ces tarifs d'ami et les cours européens, nettement plus élevés. En réalité, ce financement public, qui s'apparente à du dumping, est d'une redoutable perversité, puisqu'il contribue à maintenir le Tiers-Monde dans le sous-développement. Inondés par les cargaisons de denrées européennes à prix cassés, les petits paysans africains, sud-américains ou asiatiques ont en effet les pires difficultés à écouler leurs propres productions. Ils sont donc contraints soit d'abaisser leurs tarifs au niveau imposé par l'Europe et de crever la misère – eux ne disposent pas de subventions compensatrices ! –, soit de mettre leurs terres en jachère et de crever aussi la misère. La peste ou le choléra. Inutile de dire que, dans ces conditions, les États concernés n'ont pas la moindre chance de s'en sortir, le développement industriel ne pouvant pousser que sur un terreau agricole fertile.

Voilà pourquoi les pays les plus pauvres, regroupés dans le « G90 », exigent depuis des années la suppression de ces subventions assassines [2]. En plus des ONG, ils sont soutenus par tous les grands pays du Sud (Chine, Inde, Brésil, Indonésie, Afrique du Sud, Pakistan etc.) ainsi que par une poignée de nations riches, unies autour de l'Australie dans le « groupe de Cairns », et qui, elles-mêmes grosses exportatrices de denrées agricoles,

1. Jadis extrêmement importantes, elles ont été réduites par la réforme de la politique agricole commune. Elles représentent aujourd'hui environ trois milliards d'euros par an, une somme encore considérable.

2. Les États-Unis et le Japon en versent aussi, sous une forme différente, à leurs agriculteurs.

dénoncent cet avantage compétitif déloyal. C'est l'opposition inébranlable de tous ces États qui a provoqué le retentissant échec du sommet de l'OMC à Cancún, en septembre 2003.

Or voici qu'au beau milieu du mois de mai 2004, après des années d'atermoiements, Pascal Lamy et Franz Fichler, le commissaire européen aux Questions agricoles, annoncent subitement qu'ils sont prêts à tirer un trait sur ces fameuses subventions, « à condition que les États-Unis et le Japon fassent de même ». Miracle ! Joie mondiale ! Passé l'effet de surprise, presque tous les États membres de l'Union font savoir avec le sourire qu'ils soutiennent cette initiative fracassante et très généreuse. Les nations déshéritées vont-elles enfin pouvoir cultiver tranquillement leur jardin ?

Non, car un pays s'y oppose avec virulence : la France. La France, qui abrite l'agriculture la plus puissante du Vieux Continent, et qui n'a nulle envie de l'affaiblir avec des cadeaux intempestifs aux peuples prolétaires ; la France, dont le lobby paysan, poing serré et fourche en l'air, a prévenu qu'il ne laisserait jamais passer une telle réforme sans réagir ; la France, dont le président « souhaite vivement améliorer la situation des pays les plus pauvres en adaptant les règles du commerce international », mais n'a cependant nulle envie de se fâcher pour si peu avec son électorat agricole – question de priorité. Comme l'a résumé avec beaucoup de tact Hervé Gaymard, le ministre de l'Agriculture, « il n'y a pas de tyrannie de calendrier ». En clair, les misérables peuvent attendre.

Le 1er août dernier, après cinq jours de tractations, les États membres de l'OMC sont parvenus à conclure un accord dans le cadre du « cycle de Doha ». La suppression des subventions agricoles a été remise aux calendes grecques grâce, en grande partie, à la fermeté de la France.

Le tartuffe des polders

M. Gerrit Zalm, le ministre des Finances des Pays-Bas, qui est un homme sérieux, et compétent, et conscient de ses responsabilités européennes, ne l'avait pas envoyé dire à MM. Chirac et Schröder. Leur décision de laisser filer leurs déficits publics au-delà des 3 % du produit intérieur brut (PIB) était tout simplement inacceptable, pour ne pas dire indigne. Primo, cette flagrante violation des critères de Maastricht était d'une inélégance incroyable ; deuxio, elle rendait par avance caducs tous les futurs engagements des partenaires de l'Union, puisqu'à n'importe quel moment n'importe quel gouvernement pourrait désormais s'asseoir sur sa propre parole en invoquant le précédent franco-allemand ; et surtout, troisio, elle mettait en cause la stabilité économique de la zone euro et, par-delà, la bonne tenue de sa monnaie commune, ce qui est extrêmement grave. Voilà pourquoi lui-même, Gerrit Zalm, ministre des Finances du royaume des Pays-Bas, bien que son économie ait autant besoin d'oxygène que la nôtre, bien qu'il brûle de relancer la consommation dans les polders et qu'il soit lui aussi assailli de sollicitations catégorielles, voilà pourquoi lui, Gerrit Zalm, ne laisserait jamais dériver ses déficits publics au-delà du seuil fatidique des 3 %. Les paniers percés allemands et français pouvaient se le ficher une fois pour toute dans la tête, il existait encore des gens loyaux sur le vieux continent, s'ils ne l'étaient pas eux-mêmes. Ce cours magistral de civisme européen a été donné en octobre 2003.

Le 1er avril suivant, le ministère des Finances des Pays-Bas a annoncé que les déficits publics hollandais avaient finalement atteint 3,2 % du PIB en 2003. Renseignements pris, il ne s'agissait pas d'un poisson.

Droit comme un socialiste

Les électeurs qui, par négligence ou aveuglement, continuent de voter à droite feraient bien de se tourner sans délai vers le Parti socialiste. En effet, non seulement les dirigeants du PS sont plus sympathiques que les dirigeants de l'UMP et de l'UDF, mais ils possèdent la particularité de ne jamais mentir. Cela n'a du reste rien d'étonnant, car leur père fondateur, le grand Jaurès en personne, haïssait la tartufferie plus encore que les capitalistes, en sorte que le parler-vrai est pour ainsi dire une tradition historique du côté de la rue de Solferino, et la transparence une règle de vie quasi ontologique.

Mmmm... Sans doute certains lecteurs trouveront-ils cette façon de présenter les choses un peu singulière. On les entend déjà grognasser dans leur barbe, le PS serait une organisation de fieffés hypocrites, un ramassis d'éléphants trompeurs et démagogues, multipliant les promesses lorsqu'ils sont dans l'opposition et les piétinant chaque fois qu'ils reviennent aux affaires, et patati et patata... Soyons sérieux. En réalité, si les hiérarques socialistes peuvent parfois donner l'impression d'être un peu faux jetons, c'est simplement qu'il leur arrive de *changer d'avis*. Or, quoi de plus naturel dans une société mouvante et évolutive que de *changer d'avis* ? À ce qu'on sache, il n'y a que les imbéciles qui ne s'y résolvent pas, et le PS n'est tout de même pas un parti d'imbéciles, il serait temps de le crier très fort et de faire rendre gorge aux dénigrements dont cette organisation sincère fait l'objet depuis si longtemps.

Que n'a-t-on pas entendu par exemple à propos de l'usine Renault de Vilvoorde, en 1997 ! Sous prétexte que Lionel Jospin, qui s'était formellement engagé pendant la campagne législative à interdire sa fermeture, l'avait finalement autorisée une fois arrivé à Matignon, ses détracteurs ont cru devoir l'accuser de renier ses promesses. Tsss... En réalité, le Premier ministre avait simplement *changé d'avis* entre-temps, ayant enfin trouvé un moment pour réfléchir à la question. Idem avec les 35 heures, clouées au pilori par une certaine Martine Aubry en 1993 – « une réforme inapplicable et dangereuse », braillait alors la dame avec ferveur, à la grande satisfaction de son chef, François Mitterrand, qui était contre – et mises en application cinq ans plus tard par la même dame avec la même ferveur – à la grande satisfaction de son nouveau chef, Lionel Jospin, qui était pour. Laquelle des fois la ministresse a-t-elle baratiné l'opinion pour complaire à son supérieur hiérarchique ? se sont demandé certains mauvais esprits. La réponse est : aucune des deux. Elle aussi a simplement *changé d'avis*, après avoir longuement soupesé le pour et le contre. La récente volte-face du parti de François Hollande à propos de la réforme des retraites s'explique pareillement par un *changement d'avis* de dernière minute, les socialistes ayant subitement pris conscience de l'inanité des remèdes qu'ils proposaient eux-mêmes deux ans plus tôt, et que Jean-Pierre Raffarin, décidément à côté de la plaque, avait décidé de reprendre à son compte.

Mais c'est sur la question des privatisations que les malheureux camarades à la rose ont été frappés des plus injustes reproches. C'est pitié, car ils ont toujours fait preuve, en cette affaire, d'une franchise éclatante. Ainsi, pendant la campagne législative de 1997, où ils tentaient de « rassembler le peuple de gauche », se sont-ils dressés avec sincérité contre les projets d'ouverture du capital des sociétés publiques concoctés par la droite, en particulier celui de France Telecom, à leurs yeux « scandaleux et inadmissible » : l'avant-garde combattante du parti est même allée jusqu'à défiler alors dans les rues de Paris pour le clamer sans faux-semblant. Lorsque, une fois revenus au pouvoir, ces mêmes socialistes ont brutalement *changé d'avis* sur la question, ce qui est bien leur droit, se sont-ils cachés derrière leur petit doigt ? Point du tout : ils ont entrepris sans atermoiement une politique effrénée de privatisations, mettant successivement en Bourse tout ou partie du capital de France Telecom, du Crédit Lyonnais, d'Air France, de Thales, de Thomson Multimedia, de Renault, d'Usinor, d'Autoroutes du Sud de la France, et ficelant le passage au privé de la Snecma – cette dernière opération sera finalement repoussée *in extremis* pour cause d'atonie des marchés financiers après la catastrophe du 11 Septembre. Y a-t-il du mal à tout cela ?

De retour dans l'opposition, et ayant de nouveau *changé d'avis*, c'est encore avec une grande loyauté que les hauts dirigeants du PS expriment aujourd'hui leurs convictions, condamnant fermement la privatisation de la Snecma engagée par le gouvernement Raffarin, une opération à leurs yeux aventureuse et antisociale qui « ne répond à aucune logique industrielle (...) ni ne permet de garantir la pérennité et l'indépendance de l'industrie aéronautique spatiale et de défense de l'Europe [1] ». De même l'ouverture au privé du capital d'EDF-GDF, que Dominique Strauss-Kahn et Laurent Fabius considéraient tous les deux comme inéluctable et à laquelle ils avaient commencé de préparer l'opinion

1. Déclaration de Marie-Noëlle Lienemann, secrétaire nationale aux entreprises du PS.

en 2001, apparaît désormais au PS comme une « provocation [1] » dangereuse et malséante, entreprise « par pur dogmatisme et dans l'unique but de combler les déficits publics dont (l'actuel gouvernement) porte la lourde responsabilité [2] ». Tout cela est clair et honnête. Laurent Fabius a d'ailleurs confirmé en avril dernier qu'il avait simplement « *changé d'avis* » sur le sujet et son parti itou, ce qui n'est tout de même pas un crime.

Alors, de grâce ! arrêtons d'aller chercher des poux dans la nuque de ces francs du collier. Et souhaitons à l'UMP qu'elle adopte un jour la même droiture dans son approche des choses : à ce qu'on assure au PS, ce n'est pas demain la veille !

1. Déclaration de Jean-Marc Ayrault, président du groupe socialiste àl'Assemblée nationale.
2. Communiqué du Bureau national du PS, 6 avril 2004.

Pas comme le baron !

Certes, le mensonge n'est pas un péché mortel. Mais c'est tout de même un péché, les frères de la CFTC (Confédération française des travailleurs chrétiens) feraient bien de s'en aviser s'ils veulent franchir un jour la porte étroite. Pour le moment, ils sont bien mal partis, comme le démontre la désolante affaire du « contrat de mission ». Voici les faits dans leur brutalité, tels que nous avons pu les établir.

Le 15 janvier 2003, vers 12 heures, Michel de Virville, ancien directeur des relations humaines du groupe Renault, traverse d'un pas vif la cour du ministère des Affaires sociales et remet à François Fillon son rapport sur la modernisation du droit du travail.

Commandée par le gouvernement, cette étude propose, entre autres, la création d'un contrat de travail d'un nouveau genre, situé à mi-chemin entre le contrat à durée déterminée (CDD) et le contrat à durée indéterminée (CDI). Il s'adresserait à « des cadres ou des personnels qualifiés, notamment des experts », qui seraient recrutés par une entreprise pour « participer à la mise en œuvre d'un projet déterminé ». Sa durée varierait en fonction des nécessités de la mission, et pourrait, dans la pratique, se situer entre dix-huit mois et cinq ans. Les grands principes de ce nouvel outil censé participer à la résorption du chômage seraient fixés par la loi, et ses modalités d'application déterminées par des négociations de branche entre les syndicats et le patronat. Jusque-là, pas de mensonge.

Le 15 janvier 2003 vers 15 heures, les responsables de la CFTC font connaître leur réaction à cette proposition dans un communiqué dont voici quelques extraits : « Le rapport Virville n'est rien d'autre qu'une resucée des revendications du Medef (...). Ainsi le contrat de mission, qui peut paraître séduisant pour certains salariés à la recherche d'un emploi alors que le taux de chômage frôle les 10 %, annonce-t-il la disparition à plus ou moins brève échéance des CDI, et pérennise-t-il la pratique du salarié jetable. Sans compter que ces contrats risquent de bloquer la mobilité salariale. » Le 29 janvier, Jacky Dintinger, le secrétaire général de la CFTC, qui vient d'être reçu par le ministre des Affaires sociales, confirme ce diagnostic devant les journalistes : « Nous avons dit au ministre tout le mal que nous pensions du contrat de mission (...). Étant donné l'état d'esprit du patronat, cette mesure sera détournée aux dépens des contrats à durée indéterminée. Nous voulons des emplois durables, et non des ersatz d'emploi ! »

À la lecture de ces propos, nous pouvons résumer ainsi la position de la CFTC : 1/ le contrat de mission est une mesure antisociale ; 2/ s'il était appliqué, il accroîtrait la précarité et rendrait encore plus difficile la vie des salariés ; 3/ il convient par conséquent de le combattre.

Bien. Toujours pas de mensonge.

Nous allons maintenant vous donner lecture d'un extrait du « protocole d'accord du 14 juin 2000 sur les voies et moyens favorisant le retour à l'emploi » négocié entre les syndicats et le patronat dans le cadre de la convention UNEDIC. Ce document n'ayant pas reçu l'agrément du gouvernement Jospin, il n'est jamais entré en application. Il a néanmoins été paraphé par plusieurs organisations.

« Considérant la nécessité de réduire le taux de chômage en France au-delà de ce que permettent les dispositifs actuels (...). Considérant l'urgence de lutter efficacement contre la précarité et les difficultés d'insertion de certaines catégories de demandeurs d'emploi (...). Considérant la nécessité de disposer de formules permettant de pourvoir des emplois qui ne peuvent l'être dans le cadre des dispositifs en vigueur (...), les signataires décident que :

— des contrats de travail peuvent être mis en place par accord de branche, pour la réalisation d'un projet ou d'une mission ;

— les branches s'engageant dans la négociation de tels accords devront faire à cette occasion un bilan préalable des contrats à durée déterminée et fournir les analyses économiques et technologiques justifiant le recours à ces nouveaux types de contrats ;

— dans tous les cas, ces contrats seront conclus pour une durée comprise entre dix-huit mois et cinq ans.

Un bilan d'application du présent article sera dressé une fois par an par chaque branche professionnelle, et communiqué aux partenaires sociaux interprofessionnels. »

Ce texte a été paraphé le 14 juin 2000 par les responsables des organisations suivantes : Medef, CGPME, Union professionnelle artisanale (UPA), CFDT et CFTC.

Il apparaît donc sans aucune ambiguïté que, le 15 janvier 2003 à 15 heures, la CFTC a exigé d'un ton sans réplique le retrait immédiat de la propre mesure dont elle appelait la création quelques mois plus tôt, en dézinguant au passage au mortier de campagne les laquais du patronat qui osaient proposer de la mettre en place, ce qui revient à se tirer soi-même une charge de crapouillot en plein dans le buffet. Dès lors trois options sont envisageables : 1/ les dirigeants de la CFTC n'ont plus toute leur tête ; 2/ ils ont voulu nous faire une bonne blague ; 3/ ils se fichent de notre pomme. Ne souhaitant pas porter atteinte à l'honneur et à la considération de la Confédération française des travailleurs chrétiens, syndicat octogénaire d'excellente tenue et peuplé de militants sympathiques, nous préférons ne pas dévoiler ici la réponse. Nous nous contenterons d'indiquer, en guise d'indice, qu'il y est question d'un fruit rond comme une golden.

Mais enfin, cornes de diable ! pourquoi donc les hiérarques céeftécistes se sont-ils amusés à jouer un double jeu aussi grotesque ? Pour le comprendre, il faut se mettre un instant à leur place. Avant même que Michel de Virville n'expose officiellement son contrat de mission, le patronat, en la personne du baron Ernest-Antoine Seillière, avait bruyamment fait part de son enthousiasme à l'égard de cette mesure qu'il « attendait depuis longtemps », et qui « répondait aux besoins des entreprises ». Simultanément, les copains de FO, de la CGT et même de la CGC, travaillaient déjà à la barre à mine cet épouvantable contrat, porteur à leurs yeux de la pire régression sociale depuis la Libération, et peut-être même depuis le Moyen Âge. Entre ces forces telluriques contradictoires, que pouvait faire notre petit poucet syndi-cal ? Confesser qu'il était d'accord avec le MEDEF ? Avouer qu'il avait signé, quelques années plus tôt dans l'indifférence générale, un accord appelant à la création d'un semblable contrat de mission, ce dont personne ne se souvenait ? Et qu'aujourd'hui, ben, il soutenait toujours ce truc-là, comme Seillière, Fillon, Raffarin, Chirac et la droite entière réunie ? Autant demander à son bureau confédéral de venir siéger en haut-de-forme avec *Le Figaro* sous le bras ! Tétanisés par cette perspective, les dirigeants chrétiens ont préféré raconter le contraire de ce qu'ils pensaient. C'était un très gros mensonge, évidemment. Mais franchement, ils ne pouvaient pas faire autrement.

D'ailleurs ils ne sont pas les seuls à être tombés dans cette ornière. La CFDT, autre signataire de l'accord de juin 2000, a pris elle aussi des distances diplomatiques avec le contrat de mission, tout comme les dirigeants de l'UNSA, l'Union nationale des syndicats autonomes. « Bien sûr qu'on est favorables à cette réforme, reconnaît Jacques Mairé, l'un de ses dirigeants. Mais après le cinéma qu'a fait le patronat, on a été obligés de dire qu'on était contre [1]. »

Compliquée la vie sociale, hein ?

1. Entretien avec l'auteur.

Les trésors cachés de la langue de bois

Sur l'échelle de Richter de la tromperie, elle n'occupe qu'une modeste position. Cette forme larvaire de mensonge en est pourtant aussi l'une des plus redoutables. À la manière de ces hypnotiseurs qui vous retournent peu à peu une salle récalcitrante jusqu'à la faire ronfler d'aise, la langue de bois distille en effet son poison insensiblement, comme une amie qui vous veut du bien. Elle finit par anesthésier nos neurones sans même que nous y prenions garde.

Cette discrète lobotomie de la société pourrait cependant gagner en efficacité si nous y mettions du nôtre. Comme le conseillait l'autre jour Laurent Fabius : « On a tort de toujours chercher des arrière-pensées dans le discours des politiques : il vaudrait mieux leur faire confiance... »

Comme au serpent Kaa ?

Démentons, démentons...

C'est presque aussi inexorable qu'un coucou suisse : lorsqu'un homme politique « dément » avoir dit quelque chose, on peut être à peu près certain qu'il nous joue de la flûte. Dans les régimes démocratiques à fort contrôle médiatique, comme le nôtre, le démenti est en effet l'une des techniques de pipeautage les plus prisées par les responsables gouvernementaux, et par ceux qui piaffent de leur succéder. Son utilisation demande cependant un certain doigté, des trésors de cautèle et un sens inné de la comédie, qualités qui ne s'acquièrent pas à l'ENA, mais se façonnent au fil des années et des coups fourrés d'arrière-salon. Aussi nous permettons-nous de déconseiller à tous les perdreaux de l'année électorale et autres blancs-becs de l'hémicycle de jouer à ce jeu-là, le moindre faux pas pouvant s'avérer catastrophique. Bien pratiqué, en revanche, le démenti bidon peut rendre, comme nous allons le voir, de grands services aux vieux briscards.

L'affaire se pratique en deux temps. Il faut d'abord – c'est essentiel pour le succès de l'opération – réunir autour de soi un petit comité habilement dosé, assez pourvu en plumes pour pouvoir faire caisse de résonance et suffisamment restreint pour limiter le nombre de témoins gênants. L'idéal est d'avoir sous la main une poignée de journalistes (éviter de se limiter à un seul, son témoignage ne serait pas crédible), un ou deux conseillers de confiance et personne d'autre. Cependant, à défaut de plumitifs, le (dé)menteur pourra se contenter de quelques pipelettes, amis qui lui veulent du bien et qui, après avoir juré le secret absolu, s'empresseront de tout déballer au *Canard enchaîné*. Dans tous les cas, on choisira de préférence un endroit discret et supposé propice aux confidences, bar de grand hôtel, avion privé ou compartiment de TGV. Reste à balancer tout haut ce qu'on pense tout bas, en oubliant de préciser aux journalistes que c'est « *off* » (autrement dit non répétable, selon la déontologie du métier) ou en le précisant de façon suffisamment ambiguë pour que les stylos ne se sentent pas liés par cet engagement. Bien entendu, les propos tenus devront être provocateurs, agressifs, incongrus, ignobles et politiquement incorrects, et donc a priori imprononçables par celui qui les prononce. Dans le cas contraire, le jeu n'a pas d'intérêt et il vaut mieux rester chez soi.

La deuxième étape commence une fois que le scandale a éclaté. À cet instant, d'après le plan programmé, la cohorte d'opposants politiques, ou, selon les cas et les circonstances, de cégétistes, profs, grands patrons, cheminots, femmes voilées, camarades de parti, présidents de la république, altermondialistes, handicapés moteurs, diésélistes ou abonnés au gaz mis en cause, s'étouffe dans un concert d'éructations, vouant aux gémonies l'auteur irresponsable d'une provocation aussi grossière. Et pof ! c'est là qu'intervient le démenti. Afin d'obtenir le maximum d'effet, le fauteur de troubles devra le prononcer d'une voix crépitante de colère, agrémentée des mimiques d'usage, sourcils froncés, regard offusqué, crispation des lèvres scandalisée, le tout assorti d'un léger haut-le-corps, et emballé dans une adresse vengeresse à l'égard des journalistes, engeance décidément irrécupérable qui vous prête des propos inventés de toutes pièces ou « sortis de leur contexte », ce qui est pire encore.

Grâce à quoi le démenteur pourra : 1/ faire passer dans l'opinion le message impassable qu'il souhaitait faire passer ; 2/ faire croire qu'il ne l'a jamais fait passer ; 3/ en profiter pour délivrer officiellement le message inverse, ce qui peut contribuer à rallier à lui ceux qui pensent le contraire de lui. Ajoutons qu'en s'autoproclamant la victime de ragots et de calomnies sans nom, le filouteur attirera la compassion sincère du public naïf et les rigolades complices du public averti. Démentons, démentons, il en restera toujours quelque chose.

Et maintenant, travaux pratiques ! L'hiver dernier, la droite nous a offert en une seule semaine quatre superbes opérations mensongères de cette espèce, menées, avec des fortunes diverses, par rien moins que trois ministres et un président d'Assemblée nationale. À tout seigneur tout honneur, c'est Nicolas Sarkozy qui s'en est le mieux tiré. Sa petite sortie sur la vacuité intellectuelle totale des sumotori et, par voie de conséquence, des amateurs de sumo (suivez mon regard) a été un modèle du genre. Prononcée autour de quelques journalistes dans un restaurant huppé de Hong Kong, dosée au millimètre pour mettre Jacques Chirac aux cent coups et les rieurs de l'autre côté, démentie pile-poil au bon moment avec la consternation convenue, cette chinoiserie sarkozienne mériterait de figurer dans les manuels de menterie professionnelle. Nous lui mettrons vingt sur vingt. À peine moins performant, Dominique de Villepin a lui aussi très bien réussi son coup. Soucieux de préserver les atouts diplomatiques de notre pays – ce qui, après tout, était son boulot –, l'alors impétueux patron du Quai d'Orsay a commencé par dire tout le mal qu'il pensait de la future loi sur le voile au cours du séminaire ministériel de la rentrée 2003. À savoir qu'elle risquait de nous mettre « en porte-à-faux » avec le monde arabe, et de compliquer salement notre politique étrangère. Un ministre bon camarade ayant, comme on pouvait s'y attendre, pris soin de cafter cette énormité à la presse, la France entière a pu être informée de la façon de penser de son ministre des Affaires étrangères. À la suite de quoi, Villepin a publié par la voie de son ministère un « démenti formel » claquant comme un drapeau tricolore, malheureusement suivi de propos faussement embarrassés évoquant un « malentendu » et une « incompréhension », concepts trop mous à notre avis. Nous mettrons seize sur vingt à ce demi-sel.

Ficelé à la va-comme-j'te-pousse avec un amateurisme confondant, le bidonnage de Jean-Louis Debré ne vaut pour sa part pas plus de cinq sur vingt. Comment le renard du perchoir a-t-il pu se laisser ainsi aller à pareille erreur, on se le demande encore ! Tout avait pourtant bien commencé. Un peu à la manière de saint Vincent de Paul, notre généreux président de l'Assemblée nationale s'en était allé, un jour glacial de janvier 2003, tailler un costard triple fil à son compagnon de parti Jean-Pierre Raffarin devant le journaliste Jean-Marie Rouard, l'accusant, entre autres bontés, de« gérer la France comme un boutiquier ». Reproduits comme prévu dans *Paris Match*, ces propos assassins avaient valu à leur auteur, on s'en souvient peut-être, une cinglante riposte du Premier ministre, à juste titre stupéfait de cette« déclaration déloyale ». Toujours comme prévu, Debré s'était ensuite fendu d'un démenti virulent, accusant *Paris Match* d'avoir tout inventé, et gratifiant le sieur Raffarin de son indéfectible amitié et de sa confiance renouvelée. Hélas ! Ordinairement, les journalistes, habitués à ce genre de coups de canif dans le dos, laissent filer sans réagir. Pas Jean-Marie Rouard. Outré qu'on puisse mettre sa parole en doute, l'orgueilleux académicien s'est empressé de confirmer formellement les propos tenus et d'assurer à qui voulait l'entendre que Debré était un épouvantable menteur. Bilan pour ledit Debré : une brouille avec Raffarin, un froid avec *Paris Match*, et une solide réputation de Judas.

Mais le plus humiliant en ces matières mensongères est sans doute de se voir contraint par ses supérieurs hiérarchiques de démentir des propos qu'on n'a jamais tenus. Ce n'est pas Luc Ferry qui le démentira. Le pauvre ex-ministre de l'Éducation, qui était déjà la risée de toute la majorité pour ses gaffes à répétition, s'était fait accuser par *Le Monde*, on s'en souvient sans doute, d'avoir évoqué l'interdiction « des barbes et des bandanas » à l'école, au même titre que celle des foulards. Cette idée démentielle aurait été formulée par le ministre lors de son audition par la commission des lois de l'Assemblée nationale. En réalité, le philosophe, qui n'est tout de même pas benêt, s'était contenté d'expliquer que « si jamais des élèves inventaient de nouveaux signes extérieurs ostensibles d'appartenance religieuse, et on peut en inventer à partir d'une simple pilosité (...), ils tomberaient sous le coup de la loi », ce qui, en fait d'énormité, est une simple position de bon sens. Emporté dans la tourmente des lazzis, cloué au pilori par ses propres compagnons, le pauvre Ferry a donc tenté de rétablir la vérité afin de laver l'affront. Au cours d'un séminaire gouvernemental, il s'est démené pour convaincre ses collègues qu'on avait déformé le sens de ses paroles, et même ses paroles tout court. Hélas, le malheureux était tellement mal à l'aise, tellement hésitant, que tout le monde a pris son démenti sincère pour un faux démenti, ce qui est tout de même le comble.

Loin de nous l'idée de vouloir tirer sur une ambulance, mais cette affaire est tout de même lamentable, et ce ministre aussi. Nous sommes dans l'obligation de lui mettre zéro, histoire de marquer le coup. Avec des loustics pareils, le mensonge finira par être complètement décrédibilisé dans l'opinion. Et ça c'est grave.

Distinctions chiraquiennes

Rendons-lui cet hommage : Jacques Chirac, qui est profondément convaincu du rôle messianique de la France, suit avec une attention particulière les progrès des nations en matière de liberté et de démocratie. Lorsque ceux-ci sont marquants, il n'hésite pas à décerner des satisfecits appuyés aux autorités des pays concernés. Cette sortede rosette droit-de-l'hommiste et la martinienne permet ensuite auxdites autorités de se faire valoir auprès de leurs populations ou sur la scène internationale, un peu à la manière des poulets label rouge face aux consommateurs suspicieux. Il va de soi que la sélection est sévère, la boutonnière tricolore ne pouvant être servie qu'avec parcimonie, sans quoi elle perdrait rapidement toute sa valeur. Jacques Chirac la réserve donc aux plus brillants éléments de la classe démocratique.

C'est le cas du roi du Maroc. Vu de Paris, le royaume chérifien est en effet un pays admirable, pétri de pluralisme et de liberté, qui pourrait servir de modèle à bien des États rétrogrades. Cette observation objective de notre ancien protectorat est d'ailleurs une constante dans la diplomatie française, le général de Gaulle, Georges Pompidou, Valéry Giscard d'Estaing et François Mitterrand ayant tour à tour sanctifié les efforts de son souverain (Hassan II à l'époque) pour faire reculer les ténèbres. La découverte, au début des années 1990, des cadavres vivants d'une quinzaine d'opposants supposés, emmurés depuis dix-sept ans dans le bagne innommable de Tazmamart, n'a pas interrompu le concert d'éloges.

En visite sur place l'hiver dernier, Jacques Chirac, ne pouvait faire moins que ses prédécesseurs. Il a donc salué avec gourmandise « le processus de modernisation économique et d'approfondissement de la vie démocratique mis en œuvre avec courage et détermination sous la conduite de Sa Majesté Mohammed VI », et indiqué que « cette voie de la sagesse permettra de promouvoir le développement économique et le progrès social ». Le jeune souverain progressiste en était tout rosissant. Bien entendu, Mohammed VI, qui gouverne son pays avec l'appui de sa police secrète, laisse se multiplier les arrestations arbitraires, ferme les yeux sur les fraudes électorales de grande ampleur, interdit sous peine des pires châtiments d'aborder la question de l'ex-Sahara espagnol (occupé depuis des décennies par ses troupes au mépris du droit international), encourage l'accroissement des inégalités sociales déjà terrifiantes par une politique ultralibérale, et fait peser sur la presse de son pays une censure qui ne dit pas son nom, le jeune Mohammed VI, donc, possède une certaine marge de progression sur le chemin de la démocratie. Mais ses efforts sont réels : il n'a, par exemple, pas réouvert le bagne de Tazmamart, et il n'envisage pas d'appliquer la peine de mort à ceux qui osent critiquer la gestion de son pays. Ajoutons que le roi du Maroc est un séraphin au regard de Ben Ali, son collègue dictateur de Tunisie.

Or Jacques Chirac, qui possède un sens infaillible pour débusquer l'âme progressiste sous les habits du tyran, a aussi décerné une médaille à cet autre grand leader du Maghreb. Les tortures et les emprisonnements arbitraires de journalistes étant beaucoup trop visibles pour être niés entre Tunis et Gafsa, le président a dû cependant en rabattre sur le concept. En préalable à son épinglage de décoration, il a donc assuré en substance, on s'en souvient peut-être, que les droits de l'homme « c'est d'abord de manger et d'avoir un toit », ce qui n'est du reste pas complètement faux, un homme ne mangeant jamais pouvant, au mieux, revendiquer pour les droits du squelette. La casuistique présidentielle paraît cependant un peu osée. À ce compte-là, Idi Amin Dada, l'ex-dictateur de l'Ouganda, qui, lorsqu'il n'en faisait pas le dîner de ses crocodiles, logeait ses opposants politiques dans des prisons couvertes et leur faisait passer malgré tout une pitance quotidienne, était, au même titre que Ben Ali, un parangon de respect démocratique. Ce Jean-Jacques Rousseau du lac Victoria est malheureusement décédé avant d'avoir reçu l'onction chiraquienne, et par conséquent d'en avoir pris conscience.

Autre grand décoré de la Chiraquie, Vladimir Poutine sait, en revanche, parfaitement à quoi s'en tenir sur lui-même. Aussi a-t-il dû être surpris en entendant l'éloge de ses vertus prononcé avec componction par le président français, d'autant que Jacques Chirac n'avait, à notre connaissance, descendu aucun carafon de vodka dans les heures précédentes. Reprenant presque mot pour mot son panégyrique du roi du Maroc, l'hôte de l'Élysée, qui venait de visiter une base scientifique ultra-secrète au sud de Moscou, a estimé que « la Russie a fait délibérément le choix de la démocratie, et (qu')elle progresse avec beaucoup de courage dans cette voie ». De fait, pour être assuré de remporter les élections présidentielles de 2004, Vladimir Poutine n'a jeté au mitard sans jugement qu'un seul de ses adversaires, son plus dangereux rival, le milliardaire Mikhaïl Khodorkovsky, alors qu'il aurait pu ficher tous les prétendants au violon, comme aux beaux jours de la dictature communiste. C'est incontestablement un progrès. De plus, réglant à l'automitrailleuse et à la balle dans la nuque la question de l'irrédentisme tchétchène, Vladimir Poutine a aussi fait œuvre démocratique, puisque, comme on le sait, les Tchétchènes sont tous des terroristes assoiffés de sang chrétien.

Mohammed VI, Ben Ali, Poutine. On l'a compris, à défaut d'être des champions de la liberté, les honorés du chiraquisme entretiennent tous des relations politiques privilégiées avec la France, ou représentent des débouchés économiques juteux. On ne bidonne pas pour du beurre, dans notre république. Aussi convient-il d'attribuer dans ce palmarès une mention spéciale à Robert Mugabe, dictateur sanguinaire du Zimbabwe, et probablement l'un des plus abominables tyrans qu'ait jamais porté la face de la terre. Bien que n'ayant aucune relation d'amitié particulière avec notre pays, aucune proximité économique à faire valoir, ni même aucun lien culturel ou linguistique solide, ce criminel est parvenu à obtenir une sorte d'onction du président français. Jacques Chirac ne lui a, certes, tissé aucun laurier verbal. Mais il a accepté de le recevoir à Paris au cours d'un sommet africain et n'a point refusé de lui serrer la main en dépit des protestations venues du monde entier, ce qui, compte tenu des états de service du camarade, équivaut à une reconnaissance implicite. Les Anglais et les Américains, qui ne veulent rien avoir à faire avec Mugabe, ont été extrêmement choqués par cet adoubement élyséen. Tant mieux ! Car c'était précisément pour les faire bicher – et, accessoirement, tenter d'asseoir la position française en Afrique australe – que Chirac a salué à sa manière cet assassin notoire.

C'était notre page « diplomatie et amour de la vérité ».

(Gas)conneries bayraldiennes

Que fait un sportif de premier plan ? Un sportif de premier plan se prépare pour les prochains championnats du monde. À ceux qui l'interrogent sur son « mental » du moment, il répond qu'il travaille dur, que pas une seconde il ne perd de vue cet objectif, et qu'il concentre toute son énergie pour être « au top le jour J ». Mais on sait déjà tout cela.

Que fait un homme politique de premier plan ? Un homme politique de premier plan ne se prépare pas pour la prochaine élection présidentielle. À ceux qui l'interrogent sur son état d'esprit du moment, il répond qu'il travaille dur pour la France, qu'il concentre toute son énergie pour la faire gagner, mais que lui-même ne compte pas dans cette histoire. S'il est vraiment de tout premier plan, il ajoutera que la politique n'est pas une affaire d'ambition personnelle, avant d'exiger d'un air excédé qu'on cesse de l'ennuyer avec ces questions qui n'intéressent pas les Français.

Maintenant, juste pour rire, imaginons un peu que ce soit le contraire :

« Alors, Marie-Jo, vous êtes en forme sur quatre cents mètres, vous l'avez prouvé au dernier meeting de Hambourg, pensez-vous pouvoir décrocher une médaille aux prochains championnats du monde ?

— Écoutez, je l'ai dit et répété, je n'ai aucune ambition personnelle dans la course à pied. La seule question qui compte c'est de savoir combien la France va ramener de médailles des prochains championnats du monde. Alors que ce soit moi qui coure ou Chantal, ou Muriel, franchement, cela n'a aucune importance, je n'y pense pas en me rasant les jambes le matin.

— Vous voulez dire que vous n'êtes pas candidate à un podium ?

— Ce n'est pas ma préoccupation première, non. Ce qui compte, je le répète, c'est le succès de la France, avec ou sans Marie-Jo. »

Inutile d'aller plus loin : si les sportifs étaient comme ça, on rêverait de les voir perdre. Essayons maintenant avec les hommes politiques :

« Alors, Dominique Strauss-Kahn, la succession de Lionel Jospin à la tête du PS n'est toujours pas réglée. Personnellement, souhaiteriez-vous représenter les socialistes à la prochaine présidentielle ?

— Mais je ne pense qu'à ça ! Je puis même vous annoncer que je m'y prépare tous les jours. Le succès, voyez-vous, c'est d'abord une question de volonté. Dans quatre ans, vous viendrez m'interviewer à l'Élysée.

— Mais, et Laurent Fabius ?

— Si vous me permettez une rime facile, Laurent Fabius est un minus. Toutes les nuits je rêve de l'écraser comme un moucheron et, soyez sans crainte, je finirai par y parvenir. D'ailleurs, vous l'avez peut-être remarqué, j'ai programmé une stratégie qui devrait conduire à sa marginalisation au sein du PS. Je cherche aussi à le déconsidérer par tous les moyens auprès de l'opinion.

— En somme, Dominique Strauss-Kahn, la présidentielle, pour vous, c'est d'abord une question d'ambition personnelle ?

— Vous sortez d'où, vous ? »

Ah ça, quel bonheur ! Quelle jouvence ! Et quelle

nature, ce Strauss-Kahn ! Si la politique était comme ça, les« 100 minutes pour convaincre » de Raymond Barre feraient exploser l'audimat et les soirées « cantonales » imploser les téléviseurs : au moins, il y aurait du vrai sang sur les murs. Au lieu de quoi...

De cette implacable démonstration, les esprits rapides concluront que la langue de bois est comme les choux de Bruxelles : où qu'on la serve, elle gâche toujours tout le plaisir. Eh bien, ce n'est pas si simple. Joliment présentée, chantournée avec amour au ciseau à mots ou poussée jusqu'à l'absurde, l'hypocrisie du verbe peut devenir aussi délectable que de l'Edmond Rostand dans le texte. Ainsi lorsque François Bayrou s'y met. Est-ce parce qu'il est fin lettré ? Qu'il entend faire de la politique autrement ? Ou que, derrière sa sombre façade de Béarnais austère, se cache une âme de comique troupier ? En tout cas le patron de l'UDF, seul homme politique vivant à s'être fait traiter de « faux cul » par la moitié de l'Assemblée nationale, dont la posture politique bifide – contre la majorité le matin, avec elle l'après-midi – représente en quelque sorte le point ultime du double jeu républicain, mais qui assure cependant vouloir « considérer les Français comme des adultes responsables », le président de l'UDF, disions-nous, manie la tartufferie présidentielle avec une telle maestria qu'on en redemanderait. Voici quelques-unes de ses (gas)conneries, distillées au fil des interviews, sur des registres différents, car il ne faut pas lasser le public :

Dramatique (*Le Monde*, 4 novembre 2003)

« Q. : Vos adversaires vous reprochent de ne penser qu'à votre destin personnel, autrement dit à la présidentielle de 2007. Êtes-vous d'ores et déjà candidat à cette échéance ?

François Bayrou : Quand les choses ne prennent pas le bon chemin et que quelqu'un ose le dire, c'est un grand classique que de l'accuser d'avoir des arrière-pensées, des ambitions cachées ! Mais qui voit la gravité des questions qui se posent ? Qui voit que quelque chose ne va pas dans le gouvernement et sa politique ? ! »

Paternel (*Le Figaro Magazine*, 31 janvier 2004)

« Mes adversaires ne comprennent pas que ce combat n'est que secondairement celui de François Bayrou. Il est d'abord celui des Français, y compris de droite, qui n'ont pas envie que tous les pouvoirs soient entre les mêmes mains. »

Distancié (Radio J, 7 mars 2004)

« J'ai l'impression qu'avec l'UDF nous allons jouer pendant ces élections régionales une partie de l'avenir de la France, en offrant un autre choix que celui de l'UMP et du PS. Ceci est plus important que mon avenir personnel. »

Arracheur de dents (Grand jury RTL-*Le Monde* du mardi 27 février 2004)

« Q. : Vous songez bien à la succession et à 2007...

F. B. : Nullement.

Q. : Vraiment ? ? ?

F. B. : À cet instant, nullement.

Q. : Ce n'est pas le moteur de votre stratégie ?

F. B. : En rien ! La question qui se pose est celle de la manière dont la démocratie est organisée en France. »

Cet « en rien », tout simplement superbe, est une perle rare. Partant du principe qu'il est inutile de raconter des craques si personne ne vous croit, les hommes politiques manient en effet le mensonge avec une certaine précaution : la plupart du temps ils en polissent les contours, en arrondissent les angles, en gomment les invraisemblances les plus criantes pour les rendre à peu près crédibles. L'« en rien » de Bayrou ne répond pas à ce cahier des charges : il laisse entendre, de la façon la plus nette, que l'aigle du Béarn ne nourrit pas une once d'ambition personnelle, qu'il n'a aucunement envie de devenir président, qu'il ne roule pas même minusculement pour lui-même, ce qui est à peu près aussi crédible que le poisson d'avril sur la tour Eiffel déplacée par le vent, ou la bonne entente entre Jacques Chirac et Nicolas Sarkozy. Or, au-delà d'une certaine limite, le mensonge cesse d'être un mensonge pour devenir une énormité, catégorie moins gracieuse et, on ose le dire, moins intéressante. Le président de l'UDF a-t-il proféré celle-ci par erreur ? L'a-t-il au contraire laissé échapper volontairement, par lassitude, amusement, ou provocation calculée ? On ne le saura jamais.

Ce dont on est sûr en revanche, c'est que le patron de l'UDF déteste le faux-semblant, et qu'il ne pratique lui-même jamais les discours hypocrites. Il n'a d'ailleurs aucun mérite à cela car, a-t-il expliqué sur France Info le 17 mars dernier, « cela ne sert à rien de biaiser avec la vérité ».

Déjantage à la Réunion

En visite à la Réunion, et ayant quelques difficultés à mobiliser les habitants de cette île de l'océan Indien sur les enjeux des élections européennes, Michel Barnier leur a assuré sans rire en mai dernier que « le rôle du député européen à Strasbourg est au moins aussi important que celui du député français à Paris ». Ben voyons. Tant qu'il y était, notre ministre des Affaires étrangères aurait pu leur raconter que leur caillou était aussi essentiel à notre vieux continent que la Grande-Bretagne, et lui-même nettement plus puissant que Colin Powell. Ils l'auraient sûrement cru, car ce ne sont que des Réunionnais.

« Une forme de traite... »

Un jeune Marocain, qui, comme des milliers d'autres, rêvait de venir étudier en France, a gentiment apostrophé Jacques Chirac lors de son voyage dans le Royaume chérifien en janvier dernier. « Monsieur le Président, lui a-t-il demandé avec courtoisie, pourquoi votre pays n'accorde-t-il pas plus facilement des bourses et des visas aux étudiants étrangers afin de leur permettre de se former dans vos excellentes universités ? »

Hum hum... L'ambiance était sympathique, le soleil brillait sur Tanger, un bon couscous attendait la délégation française. Fallait-il tout gâcher en avouant la vérité à ce charmant garçon ? Lui dire qu'en dépit des beaux discours et des traditions républicaines, notre pays n'est plus vraiment une terre d'accueil ? Que l'on s'y écharpe sur les taux d'étrangers et les « seuils de tolérance » dans les banlieues ? Que la construction de la moindre salle de prière musulmane donne lieu à des affrontements épiques dans les conseils municipaux, que le Front national y gangrène la vie politique autant que la montée de l'islam radical, que la pression du chômage n'y a pas diminué et le racisme antimaghrébin point non plus, qu'en somme, cher Marocain sympathique, il serait électoralement suicidaire pour lui, Jacques Chirac, d'encourager ici tout haut l'immigration, que Le Pen en ferait ses choux gras et François Bayrou son dimanche, et qu'on a perdu des élections pour moins que ça ? Le président de la République pouvait-il confesser cela ? Tout à fait entre nous ?

Jacques Chirac n'a pas hésité une seconde. Il a pris sa respiration, s'est forgé un sourire d'hôtelier et, d'une voix sucrée comme la pastilla, il a répondu : « Certains pays comme le Canada et l'Australie accordent de nombreuses bourses à des étrangers. Mais ensuite ces étudiants ne rentrent pas chez eux. Or il est dangereux que les pays riches aspirent l'intelligence des pays pauvres. C'est une forme de traite. Les bourses devraient donc être assorties de l'obligation de retour dans le pays, ou de remboursement si ce n'est pas le cas. »

Une forme de traite...

Ils sont quand même très forts.

Ces chiffres qui ne mentent jamais

Un jour que nous l'interrogions sur sa fortune personnelle, un élu de gauche, propriétaire en tout et pour tout d'une petite maison, et dont nous tairons ici le nom par charité, nous répondit qu'il possédait un patrimoine de cent millions d'euros. Cent millions d'euros ? ! Après un assez long instant de réflexion, le distrait corrigea ce chiffre à cent millions de francs, puis, devant notre incrédulité persistante, à cent millions de centimes, sans toujours être tout à fait sûr de lui. « Je suis fâché avec les chiffres », s'excusa-t-il un peu gêné.

Il était membre de la commission des Finances de l'Assemblée nationale.

C'est dire si les soixante millions d'autres citoyens, qui ne sont membres d'aucune commission, sont faciles à rouler dans la farine des virgules et des pourcentages. Le chômage s'est-il vraiment résorbé ? La délinquance est-elle réellement en chute libre, et les bénéfices de Vivendi campés sur des sommets alpestres ? Prudence... Car si les chiffres ne mentent jamais, ceux qui les brandissent bidonnent presque toujours.

Manifs voilées

Il existe deux manières de décompter les manifs. La première consiste à y défiler au premier rang, le regard farouche et la parka dépenaillée, et à clamer avec détermination dès que se présente un micro : « Nous sommes un million ! » (ou cent mille ou quinze mille, selon les besoins de la cause et la longueur vaguement supposée du cortège qui se traîne derrière). Bien que relativement rustique, le produit de cette arithmétique militante sera publié le lendemain dans la presse assorti de la mention « selon les organisateurs », et pris pour argent comptant par une bonne partie de l'opinion, qui n'a pas toujours le temps de vérifier par elle-même parce qu'elle a du boulot.

La deuxième façon de procéder est beaucoup moins crédible. Il s'agit de répartir le long du défilé un commando de policiers appointés par les Renseignements généraux (RG), et de leur faire estimer avec précision le nombre d'emmerdeurs qui battent le pavé entre Nation et Bastille cet après-midi-là. Formée à toutes les ficelles du comptage (c'est un métier), cette flicaille en civil se poste à un endroit stratégique, si possible en hauteur, et s'use les yeux à dénombrer les défilants en les groupant par paquets de cent, en calculant leur densité et en estimant leur vitesse de passage – dans les grandes occasions, il arrive qu'on mette à leur disposition un hélicoptère et une paire de jumelles, ce qui, paraît-il, facilite pas mal les choses. Ce boulot ingrat, mais indispensable à la bonne information des autorités républicaines, peut prendre plusieurs heures. À la suite de quoi, après avoir confronté leur résultat avec celui des collègues, les compteurs professionnels l'annoncent par téléphone à l'état-major des RG ou, lorsqu'il y en a, aux galonnés de garde qui se font voiturer à l'avant du cortège. Dans 90 % des cas, c'est ce chiffre qui sera communiqué sans tricherie à la presse, repris le lendemain dans les journaux sous l'étiquette « selon la police » et considéré avec dédain par l'opinion, à qui on ne la fait pas, et qui n'a pas de temps à perdre avec les sornettes.

Les journalistes spécialistes des questions sociales, dont nous fûmes, savent bien tout cela : du temps qu'ils se risquaient à les publier, leurs propres estimations collaient souvent avec celles de la police, et presque jamais avec les inventions des « organisateurs ». Hélas ! Confrontés à d'incessants procès en sorcellerie, accusés par les syndicats de trafiquer éhontément les chiffres, voire, cela s'est entendu, d'être des agents stipendiés par le ministère de l'Intérieur, les confrères ont préféré balancer leur calculette au caniveau et laisser les uns et les autres se débrouiller avec leurs additions.

En somme, et contrairement à ce que pense le commun des citoyens, la police a souvent raison. Mais pas toujours. Il arrive en effet de temps à autre qu'elle rectifie à la serpette l'affluence calculée par ses propres hommes, quand la démonstration dérange trop le pouvoir. Ou, à l'inverse, qu'elle silicone un peu l'importance d'un cortège lorsque les chefs politiques y ont intérêt et qu'ils le lui ont demandé gentiment. C'est ce qui s'est passé le 15 janvier dernier.

Rappelons-nous. Ce jour-là, une grosse poignée de partisans du voile islamique se rassemblent place de la République pour torpiller au mégaphone la future loi sur la laïcité. Slogans virulents, dérapages antisémites, menaces, non voilées celles-là, contre le gouvernement et la démocratie : l'ambiance n'est pas à la franche rigolade, et le climat plus chargé d'électricité que dans les défilés de la CGT-EDF. Mais les poulets-recenseurs font leur boulot dans des conditions normales. Selon Serge Rabineau, l'un des responsables du syndicat Sud-Police, ils dénombrent environ 4 500 manifestants, et téléphonent ce chiffre à l'état-major des RG. « Je peux vous garantir qu'il n'y avait pas plus de monde que cela », insiste Rabineau[1]. Il se trouve qu'au même moment, lui-même suit pour les RG une manif d'antinucléaires, qui part elle aussi de la place de la République. Les deux cortèges sont côte à côte, il est facile de les comparer, et Rabineau note tout de suite que le sien (cinq mille écolos estimés) est plus fourni que celui des intégristes.

Quelques heures plus tard, la préfecture de police informera les Français que, selon ses comptages, cinq mille tapés de l'éolienne (dont tout le monde se fiche) et dix mille accrocs au voile islamique (devant qui tout le monde tremble) ont défilé à Paris, déclenchant mécaniquement des coulées de sueur glaciales sur les nuques de la classe politique et des organisations musulmanes modérées. Les journaux ne seront pas en reste, tous estomaqués par le « surprenant succès » de cette démonstration de force religieuse, qui « risque de changer la donne du combat pour la laïcité ». Et voilà le travail...

Précisons que cette bouffée d'inquiétude, fabriquée de toutes pièces par la Place Beauvau, a bénéficié à plein de l'effet de levier du pipeautage policier. En effet, lorsqu'ils doublent les chiffres, les flics contribuent en réalité à les quadrupler, puisque l'opinion publique leur applique inconsciemment un facteur 2. Vous suivez ? C'est pourtant simple : il y a, pour de vrai, 4 500 marcheurs à foulard, la préfecture en annonce dix mille, et les Français,

1. Entretien avec l'auteur.

convaincus que les flics divisent les résultats par deux, rectifient illico le score des islamistes à vingt mille (le chiffre, par parenthèse, donné ce jour-là au pifomètre par les organisateurs). Et bon dieu de bon dieu, vingt mille fous du foulard dans les rues de Paris, c'est énorme, non ? Afin d'éviter les quiproquos de cette espèce, nous ne saurions trop recommander ici aux pontes de la préfecture de police de tenir compte, à l'avenir, de cet invisible coefficient multiplicateur dans l'établissement de leurs bidonnages. La France ne pourra que les en remercier.

Reste une question non élucidée : pourquoi les autorités ont-elles sciemment doublé la voilure des voilées qui défilaient ce jour-là à Paris ? S'agissait-il de dramatiser la menace intégriste afin d'ouvrir un boulevard à la loi sur la laïcité à l'école, comme l'ont pensé certains ? D'un coup fourré des chiraquiens visant à démontrer l'incapacité du Conseil français du culte musulman (CFCM), créé par l'infâme Nicolas Sarkozy, à contrôler la montée de l'islam de combat ? Ou, à l'inverse, d'un coup de pied de l'âne du ministre de l'Intérieur d'alors contre le vieillard de l'Élysée et sa loi sur le voile ? « Ce texte est une connerie qui peut avoir de graves conséquences », déclarait-il (prémonitoirement) à ses partisans quelques jours après le fameux défilé, en précisant qu'il pourrait très bien susciter « d'autres manifs, des contremanifs et des menaces terroristes », et que tout cela était « très dangereux ». En somme, Sarko avait tout intérêt au gonflement du nombre des opposants à la loi antivoile. L'a-t-il organisé pour autant ? Sans doute ne connaîtra-t-on jamais le fin mot de l'histoire.

Alors nous disons : « Zut ! » Que les flics truquent de temps à autre les chiffres des manifs, passe encore : c'est le destin des citoyens de se faire rouler dans la farine par les autorités. Mais ils pourraient au moins avoir l'élégance de nous expliquer pourquoi ils le font, et qui le leur a demandé. La prochaine fois peut-être ?

Barils bidon

Un pays sans pétrole, passe encore : il pourra toujours s'en tirer avec quelques idées. Mais une compagnie pétrolière sans pétrole, franchement, ça la fiche mal. D'ailleurs, nous ne sommes pas les seuls à le penser : les hauts dirigeants de Shell se le disent eux aussi, et, croyez-moi, ça leur gâche plusieurs nuits par semaine.

Bon, ne noircissons pas le tableau, leur société, actuelle numéro deux mondial du secteur, conserve quand même un peu d'or noir au fond de sa coquille. Des déserts d'Arabie aux eaux glacées de la mer du Nord en passant par les îles indonésiennes, elle possède des gisements sur tous les continents, dont certains vastes comme le lac Léman. Mais pour combien de temps encore ? Ces dernières années, ses explorateurs sont en effet plus souvent tombés sur un os que sur une nappe d'or noir, quand ils ne se sont pas fait carrément damer le pion par les collègues d'Exxon et de Total pour le contrôle des puits existants. Résultat : le groupe anglo-hollandais extrait désormais plus de pétrole qu'il n'en découvre, en sorte que ses réserves diminuent lentement mais sûrement. Et son espérance de vie avec elles, puisque, dans ce secteur très particulier, c'est l'essence qui précède l'existence.

Les dirigeants de Shell ont donc hydrocarburé comme des fous afin de trouver une solution à ce problème quasi métaphysique. Que faire ? Tenter de rattraper le coup avec des avions renifleurs ? Pomper en douce les réserves de ces salopards de British Petroleum ? Se reconvertir sans délai dans les moulins à eau ? En désespoir de cause, ces malheureux ont opté pour la voie la plus facile : faire croire à leurs actionnaires que tout allait bien. Au moins cela leur donnerait-il le temps de se retourner et, qui sait, de mettre la main sur un océan de brut souterrain.

Pendant des années, ces businessmen dans la gêne ont donc servi au monde des bilans comptables faux comme des pièces en chocolat, faisant état de réserves surdimensionnées et, tant qu'à faire, en constante augmentation. Bien entendu ils cantonnaient toujours leurs coups de pouce dans des limites crédibles – en ces matières, quelques pour cent de plus ou de moins suffisent à faire la différence – afin de ne pas se faire repérer. Dans leur dernier récapitulatif officiel, présenté courant 2003, Shell prétendait ainsi posséder 19,5 milliards de barils directement exploitables dans ses gisements, soit l'équivalent de seize années de production au rythme actuel. Certes, question rentabilité, la prospection de la compagnie au coquillage n'était pas au top, ses concurrents découvrant chaque année plus de pétrole qu'elle pour deux fois moins d'investissements. Mais qu'importe le pognon pourvu qu'on ait l'essence ! La maison tenait la rampe, ses derricks crachaient des flots de sans plomb et les actionnaires étaient contents.

Hélas ! Même les meilleurs romans ont une fin. Tremblante à l'idée que son pot au noir ne soit découvert, la direction s'est finalement décidée à révéler la vérité en procédant par petites touches, pour ne pas affoler les marchés. Elle a commencé par laisser entendre que la méthode avec laquelle elle calculait ses réserves n'était peut-être pas infaillible, puis qu'il se pouvait bien qu'elle soit perfectible, puis qu'on pourrait éventuellement en choisir une autre, puis que, par souci de transparence – car on est transparent chez Shell –, elle avait justement décidé d'en adopter une plus précise, puis que cette dernière ne donnait pas tout à fait les mêmes résultats que la précédente, puis enfin, le 9 janvier 2004, après avoir longuement pris sa respiration, que tous calculs refaits, ses réserves prouvées directement exploitables n'étaient pas de 19,5 milliards de barils, comme annoncé précédemment par erreur, mais seulement de 15,6 milliards, soit 20 % de moins, une différence somme toute assez légère, qui ne devait pas remettre en cause la confiance des actionnaires dans leur major préférée car, entre nous, les autres ne sont pas mieux.

Quelques minutes plus tard, le titre Shell s'effondrait de 7,5 % à la Bourse de Londres. Le lendemain matin, le petit monde du derrick était en ébullition. Le 2 mars suivant, Sir Philip Watts, le patron du groupe, était débarqué. Le 12 mars, l'autorité des marchés britanniques ouvrait une enquête sur cette incroyable malversation comptable. Le 15 mars, le nouveau PDG, Jeroen Van der Veer, annonçait que les 15,6 milliards de barils de réserve annoncés après correction étaient encore surévalués, qu'il fallait en ôter au moins cinq cents mille pour s'approcher de la vérité, et qu'on n'était peut-être pas au bout de ses surprises. Le 15 avril, l'auteur de ces lignes, déboussolé par cette accumulation de bidouillages, faisait le plein à la station Shell de la porte Champerret à Paris et démontrait au monde de la finance, cette fois-ci de façon certaine, que la deuxième compagnie pétrolière de la planète n'était pas complètement à sec. Du moins pour le moment.

Marchands de tapis

Ce qu'il y a de pratique avec les statistiques économiques, c'est que, mis à part une poignée de professeurs Nimbus dont tout le monde se fiche, personne n'y comprend goutte. Dans un pays où, selon les sondages, 80 % de la population continue de compter en francs (passage à l'euro : 1er janvier 2001) et même, pour une frange non négligeable, en « anciens francs » (passage aux « nouveaux francs » :1er janvier 1960), le déplacement d'une virgule dans un solde de collectif budgétaire fait à peu près autant d'effet qu'une averse sur un banc de merlans. Voilà pourquoi nos hommes politiques n'hésitent jamais longtemps avant de se livrer à la manipulation des données économiques, science difficile dans laquelle ils ont acquis une grande dextérité.

Les salades qu'ils nous ont cuisinées sur les 35 heures sont, à ce titre, un pur régal. Dès la fin du siècle dernier, Martine Aubry avait, on s'en souvient, ouvert le bal des illusions en assurant à la nation, de son habituel ton à briser les vitres, que la réduction du temps de travail ne coûterait « pas un centime » à la Sécurité sociale. De fait, l'addition annuelle ne se compta pas en centimes, mais en milliards, et il fallut lever de nouveaux impôts pour la payer. Martine, cependant, n'en démordit pas. Revenue au pouvoir avec la folle envie de liquider les 35 heures, la droite raffarinienne ne pouvait aller si loin dans la sornette : l'Aubry avait, en la matière, franchi des seuils inatteignables. Cependant, plutôt que de rentrer dans le rang de l'honnêteté statistique, ce qui aurait été élégant et pas commun, la nouvelle équipe n'a pas pu s'empêcher de truquer à son tour les compteurs. Alors que la polémique faisait rage, jusque dans ses propres rangs, sur l'opportunité d'en finir avec la RTT, elle a sorti de son chapeau, à l'automne 2003, des chiffres à s'arracher les cheveux.

Combien, donc, selon elle, le coût de ces 35 heures ? Quinze milliards d'euros par an tout rond, a assuré Alain Lambert, alors ministre du Budget, en fronçant les sourcils d'un air très soucieux. Pour le cas où ce chiffre ne vous dirait rien, imaginez, par exemple, une file de voitures neuves, mettons des Renault Clio, stationnées les unes derrière les autres en un gigantesque embouteillage immobile. Ce serpent d'acier débuterait à Paris, courrait sans s'interrompre jusqu'à Strasbourg, franchirait les montagnes d'Europe orientale, traverserait l'Anatolie, avalerait le Proche-Orient, trancherait les sables de l'Irak, les déserts de l'Iran, les marécages du bas Indus, et viendrait se terminer en Inde, entre les vaches et les turbans des faubourgs de Dehli. Une très longue file de voitures, n'est-ce pas. Eh bien, quinze milliards d'euros, c'est, à peu de chose près, la somme qu'il faudrait débourser pour acheter toutes ces autos. Le coût annuel des 35 heures, donc, selon Alain Lambert.

Fort heureusement pour nos portefeuilles, il s'agit là d'un pur bobard, le baratineur ayant inclus en douce dans ces calculs le coût astronomique de ristournes de charges salariales n'ayant aucun rapport avec la RTT. Estomaqué que son sous-ministre ose se risquer à pareille fable comptable, et soucieux de conserver un peu de crédibilité à son ministère, Francis Mer, alors patron de Bercy, l'a lui-même reconnu dès le lendemain. Et il a annoncé dans la foulée l'ultravéridique coût des 35 heures, calculé au plus précis par ses services, cette fois, et garanti super-indiscutable : non pas zéro, non pas quinze milliards mais dix milliards par an, pas un sou de plus et pas un sou de moins, qu'on se le dise une fois pour toutes et qu'on arrête les pinaillages, parce que le sujet est sérieux.

Deux jours plus tard, François Fillon, le ministre des Affaires sociales, qui avait sûrement encore un compte à rendre, balançait aux orties ce chiffre fantaisiste et donnait enfin aux Français le véritable vrai coût authentique des 35 heures, à savoir 8,5 milliards d'euros par an, en comptant les faux frais et les vraies dépenses.

Le débat sur le temps de travail ayant très vite été supplanté par la querelle sur le voile à l'école, ce petit ballet de gros chiffres a cessé comme il avait commencé. C'est très regrettable parce qu'on s'amusait bien.

Le plus sûr du monde ?

L'avion est-il plus dangereux que la voiture ? La réponse à cette question idiote tombe tellement sous le sens qu'il ne paraît pas nécessaire de la formuler. À 99,99 %, les Français, qui ne sont tout de même pas des billes, assureront sans hésiter que l'avion est statistiquement le moyen de transport le plus sûr du monde, et l'automobile l'un des plus risqués. Certains ajouteront en se dandinant du col qu'on a plus de (mal)chance de mourir en prenant sa voiture pour se rendre à l'aéroport qu'en se tapant un Paris-Rio en Airbus. Tout cela est trivial.

Mais au fait, pourquoi les Français en sont-ils si certains ? Parce qu'on le leur répète sans arrêt bien sûr. Et en particulier chaque fois qu'un crash majeur vient endeuiller le pays. Ainsi, après l'émiettement du Boeing de Flash Airlines dans les eaux bleues de la mer Rouge, en janvier 2004, tout ce que la France compte de voyagistes, pilotes, compagnies aériennes, spécialistes aéronautiques, représentants d'aéroport, journalistes pointus, sans parler des autorités de l'aviation civile (DGAC) et des ministres concernés, l'ont de nouveau seriné aux citoyens, sur le ton de ceux qui savent : bon, là, c'est vrai, il y a eu un crash, ça arrive de temps en temps, le risque zéro n'existe pas, mais malgré cela l'avion reste, et de très loin, le moyen de transport le plus sûr, sans aucune comparaison possible avec la voiture, qui est une sorte de tombeau roulant.

À ce stade de la lecture, nous conseillons à tous ceux qui meurent de peur au moindre trou d'air de tourner la page et de passer au sujet suivant, car la suite pourrait leur donner des cauchemars. Pour les autres, voici, en exclusivité nationale, et peut-être même planétaire, la vraie réponse à la question posée : le voyageur qui prend l'avion, moyen de transport le plus sûr du monde, a environ douze fois plus de risques d'y laisser sa vie que celui qui monte dans un tombeau roulant, autrement dit dans une bagnole. Curieux, hein ? Et pourtant c'est comme ça.

Il suffit de survoler les chiffres pendant trois minutes pour s'en convaincre définitivement. Au jour d'aujourd'hui, un appareil commercial qui décolle a environ un risque et demi sur un million de s'écraser avant d'arriver à destination [1]. Ce chiffre, qui n'a d'ailleurs pas évolué depuis vingt ans en dépit de tous les efforts pour accroître la sécurité aérienne, n'est contesté par personne. Il représente évidemment une moyenne, certaines compagnies affichant des taux de crashs exceptionnellement bas (Tunis Air ou Southwest Airlines n'ont connu aucune catastrophe depuis leur création), d'autres culminant à des hauteurs inquiétantes (18,5 accidents par million de décollages pour la Cubana de Aviación, par exemple). Air France se situe dans la bonne moyenne, avec 0,55 crash majeur par million de voyages, ce qui est acceptable à condition d'être assez malin pour éviter de se trouver sur le mauvais vol.

Maintenant redescendons (en douceur) sur le plancher des vaches, et jetons un coup d'œil aux embouteillages. Les spécialistes estiment à environ cent vingt-cinq millions le nombre de déplacements effectués quotidiennement en voiture sur les routes de France métropolitaine. Si l'automobile présentait le même taux

1. Cette donnée ne prend pas en compte les accidents liés à des actes de terrorisme. Si l'on incluait ces derniers dans le calcul, le taux de crashs bondirait beaucoup plus haut certaines années.

d'accidents mortels que l'avion,1,5 par million de trajets, on déplorerait donc 1,5 x 125 = 187 carambolages fatals par jour dans notre pays. Soit, en admettant que chacun de ces accidents n'ait entraîné qu'un unique décès, 68 255 morts par an sur nos routes. On n'en est heureusement pas là. L'année dernière, la bagnole n'a tué chez nous « que » 5 700 malheureux, ce qui, rapporté au nombre de déplacements, équivaut à un taux de 0,125 accident mortel par million de trajets. Même en ne prenant en compte que les statistiques mortuaires d'Air France, le calcul reste nettement favorable à la voiture. Conclusion : un Roissy-Rio en Airbus est bien plus dangereux qu'un Paris-Roissy en taxi, à condition évidemment que le chauffeur n'ait pas un coup dans le nez (et ne soit pas aveugle de naissance).

Alors, pourquoi tout le monde est-il persuadé du contraire ? Parce que les statistiques sont invariablement présentées par les compagnies aériennes en « passagers-kilomètre », bien sûr. Les autos ne roulant en moyenne que sur une distance de quelques jets de pierre, alors que les avions font dans le lointain, cette unité favorise en effet de manière artificielle le transport par les airs. Elle donne en outre une vision biaisée de la réalité. Supposons, par exemple, que le téléphérique vétuste d'une station de ski irresponsable (cent cinquante personnes embarquées pour un voyage de un kilomètre) se décroche de son fil une fois sur deux, et que le Paris-New York d'une compagnie lamentable (cent cinquante personnes embarquées pour un voyage de six mille kilomètres) s'abîme dans l'océan une fois sur deux. Le risque d'y laisser sa peau sera le même – un sur deux – et l'on évitera pareillement d'emprunter l'un et l'autre de ces transports assassins. Pourtant, si l'on raisonne en passagers-kilomètre, le taux d'accidents apparaîtra six mille fois inférieur dans le cas de l'aéronef. Et les autorités de l'aviation civile pourront tranquillement répéter que le transport aérien est six mille fois plus sûr que les voyages en téléphérique. Absurde ? C'est pourtant exactement ce qui se passe.

Il est évident que les compagnies aériennes et les patrons de l'industrie aéronautique n'ont ourdi aucun complot pour entourlouper l'opinion mondiale avec leurs salades statistiques. Elles se contentent seulement de présenter au public les données qui leur sont les plus favorables, en se gardant bien de souligner à quel point ces dernières sont contestables. À défaut de parvenir à diminuer la fréquence des crashs, elles réussissent ainsi à entretenir l'illusion d'un espace aérien très sûr, sans que personne ne se rende compte de la supercherie.

Du point de vue de la sécurité aérienne, c'est déjà un résultat.

« Eu égard à la quantité... »

Le 31 janvier 2004, deux voyous faisaient le chantier entre Paris-Montparnasse et Versailles-Chantiers. Pieds sur les sièges. Crachats sur les vitres. Ton agressif envers les voyageurs. Passe une patrouille de la police parisienne affectée à la surveillance des trains de banlieue. Elle contrôle l'identité de ces individus, remarque « une protubérance dans la poche avant droite du blouson de l'un d'entre eux », procède aux palpations de rigueur, et découvre « un morceau de substance noirâtre de neuf centimètres de long sur deux de large semblant être de la résine de cannabis ». Immédiatement interpellés, les deux loubards sont conduits au commissariat de Versailles, qui les défère au parquet après avoir dressé procès-verbal. La substance noirâtre se révélera être du cannabis.

De retour à Paris, nos poulets consignent tout cela dans un rapport qu'ils remettent à leur commissaire avec la satisfaction du devoir accompli. Les lourdauds ! Se peut-il qu'il en reste encore sous l'uniforme, des Fernandel pareils ? Après tout ce qu'on leur a seriné, est-il possible qu'ils n'aient toujours rien compris au film ? Eh bien on va la leur mettre par écrit, la consigne non écrite, puisque c'est le seul moyen de la leur faire entrer sous le képi ! Le lendemain, ces petites gâchettes reçoivent copie de leur compte rendu barré de cette sentence agacée : « Ce genre d'affaire doit désormais être traité par rapport et non plus par procès-verbal, eu égard à la quantité. » Signé : le commissaire. Pour que les choses soient claires, un post-scriptum indique : « Mesure prise : destruction », manière administrative de leur signifier qu'ils doivent flanquer sans attendre à la poubelle le document qu'ils ont entre les mains, sans quoi ça pourrait chauffer pour leurs oreilles.

Au cas où le lecteur n'aurait, lui non plus, rien compris à ce film policier, et moins encore à ces étranges verbatim flicaillons, précisons tout de suite qu'il ne s'agit point de sécurité publique. Il s'agit, nous allons le voir, de statistiques de sécurité publique, ce qui est autrement crucial. Plus encore que celui du chômage, le chiffre de la délinquance, publié tous les ans par le ministère de l'Intérieur, est en effet de nature à vous envoyer un gouvernement ad patres sans autre forme de procès, et son président de la République avec. Nombre des conseillers de Lionel Jospin n'hésitent d'ailleurs pas à ficher sur le dos de cet indicateur scélérat la débâcle de leur poulain aux présidentielles de 2002 ainsi que le succès concomitant du candidat du Front national, et ils n'ont peut-être pas tort. Voilà pourquoi les fonctionnaires de police, ceux du moins à qui il importe de faire carrière, sont priés de gérer cette statistique avec des doigts de fée et une prévenance de papa poule. Depuis le retour de la droite au pouvoir, cette tradition républicaine est devenue une véritable obsession chez les policiers.

Il est vrai que Nicolas Sarkozy les a un peu poussés à la rouerie. Souvenons-nous. Lorsqu'il débarque Place Beauvau en avril 2002, le Zébulon de Neuilly-sur-Seine, dont l'ambition politique exige de brûler les étapes, décide de frapper un grand coup. Jospin l'irresponsable a-t-il laissé la criminalité croître comme le chiendent ? Eh bien lui la fera baisser, et vite, et fort, et beaucoup, aussi vrai qu'il s'appelle Sarkozy. D'ailleurs, voici sa promesse : 20 % de diminution des actes de délinquance en cinq ans, pas moins, et l'on peut se convaincre qu'elle sera tenue. Bien entendu, le numéro deux du gouvernement sait parfaitement que, dans un pays à ce point rongé par le chômage et gangrené par la destructuration sociale, une telle nouvelle frontière reste absolument inatteignable en si peu de temps. Même en farcissant les cités d'uniformes (on en est loin), même en triplant les peines et en quadruplant les patrouilles, il ne pourra jamais parvenir qu'à éroder superficiellement le mal. Ses conseillers le lui ont fait savoir, la sueur au front, ses superflics itou et, avec eux, des tas d'experts en malaise social. Mais sont-ils bêtes à ce point, tous autant qu'ils sont ? Il ne s'agit pas de faire reculer la criminalité d'un cinquième, mais de *faire semblant* de le faire, afin de pouvoir, le jour venu, quitter la place Beauvau la tête haute et les statistiques en baisse. Et pour cela, rien de plus simple : il suffit que les forces de l'ordre l'aident un peu en bidouillant les données, et les chiffres de son ministère, regroupés dans le fameux « état 4001 », courberont l'échine à la demande. Entre 3 % et 6 % à grignoter chaque année, ce ne devrait pas être la mer à boire.

Dans les semaines qui suivent son arrivée, tous les flics de France, dont certains besognaient les stats en sens inverse pour faire chuter l'équipe Jospin, sont prévenus du désir du patron. La baisse ! La baisse ! La baisse ! « La consigne est descendue du ministère aux directeurs, des directeurs aux commissaires et des commissaires aux îlotiers », résume un syndicaliste de SUD-Police, en précisant que, dans la plupart des cas, cette transmission s'est faite de façon implicite. « Pas besoin de grande explication : tout le monde a tout de suite compris ce qu'il fallait faire », ricane-t-il. Et bien entendu, motus ! Pour avoir osé dénoncer tout haut cette obligation de rendre « une copie propre » (des chiffres de la criminalité en baisse), un participant au congrès du

Syndicat des commissaires s'est fait vertement taper sur les galons par Nicolas Sarkozy en décembre 2003. Pas besoin non plus de donner le mode d'emploi : il y a beau temps que les policiers connaissent les mille et un trucs pour chatouiller les décimales du 4001, dans un sens comme dans l'autre, en fonction des besoins politiques du moment. Certains d'entre eux ont d'ailleurs adopté un verbe assez poétique pour signifier cette activité souterraine de bidouillage : « chanstiquer », vieux mot d'argot qui colle parfaitement pour signifier « changer la statistique ».

C'est cette consigne-là que nos patrouilleurs du Paris-Versailles ont avalée sans y prendre garde. On ose à peine l'écrire tant cela semble incroyable : pour quelques incivilités ferroviaires dont tout le monde se fiche, et une misérable infraction à la loi sur le trafic des stupéfiants, ces lave-plus-blanc ont fait dresser procès-verbal contre une paire de loubards ! Et grossi au passage d'une unité le nombre d'actes de délinquance relevés dans les statistiques ! Alors que, si ces zélés s'étaient contentés d'une main courante ou d'un simple rapport, l'effet arithmétique aurait été nul, puisque ces procédures allégées ne sont jamais comptabilisées dans les chiffres officiels. Certes, elles n'auraient pas non plus permis d'engager des poursuites judiciaires – il faut obligatoirement rédiger un PV pour cela – et l'on aurait dû relâcher les voyous séance tenante. Mais comme, de toute façon, ils auraient été libérés au bout de trois jours... En leur signifiant que « ce genre d'affaire doit être désormais traité par rapport et non par PV, eu égard à la quantité », leur commissaire s'est donc contenté de rappeler ses patrouilleurs au respect des consignes ministérielles implicites...

Fort heureusement, la plupart des flics n'ont pas besoin de tels rappels à l'ordre pour appliquer cette première technique de chanstiquage : ils s'y prêtent volontiers d'eux-mêmes. « L'une des meilleures façons de procéder est d'invoquer la "vaine recherche" lorsque quelqu'un vient déposer plainte », décrypte un praticien de la chose. Autrement dit, l'impossibilité supposée de jamais retrouver les coupables par manque « d'éléments exploitables », ce qui est très souvent le cas. Exemple : un téléphone portable volé sur une table de café, avec pour tout indice une vague description du dos du voyou en fuite. Plutôt que de dresser un procès-verbal et de transmettre l'affaire à la justice, la règle d'or est alors d'inciter le plaignant à se contenter d'une main courante. « On a tous fait ça des dizaines de fois depuis Sarko », témoigne notre homme de l'art. Idem lorsque les faits sont d'importance limitée : rixe sans conséquence, clients d'un café partis sans payer, transport d'une barrette de cannabis et, de manière générale, chaque fois qu'un acte de délinquance est susceptible d'être requalifié en simple affaire d'incivilité. Dans certains commissariats, les fonctionnaires vont jusqu'à refuser de signer des PV pour les victimes d'agression physique qui ne présentent pas de certificat médical. Au total, selon une étude jamais publiée de l'Institut des hautes études de sécurité intérieure, ce « classement policier » inapproprié pourrait concerner 10 % à 12 % des mains courantes, ce qui représente des centaines de milliers d'agressions exclues des statistiques.

Le « shootage », comme on dit dans le jargon, permet d'en vendanger quelques milliers d'autres. Cette fois, la technique consiste à orienter le plaignant vers un autre commissariat : celui de son lieu de domicile quand il porte plainte sur son lieu d'agression, celui de son lieu d'agression quand il porte plainte sur son lieu de domicile, etc. Peu importe d'ailleurs, car cette façon de procéder est de toute façon illégale. Depuis quelques années, la loi permet en effet aux victimes de s'adresser à n'importe quel comptoir policier pour demander justice. Mais qui la connaît ? Au reste, il serait triste de se passer de shootage, car ce détournement de clientèle est doublement délectable : non seulement il permet d'éviter de gonfler son propre stock d'actes de délinquance, ce qui est une bonne chose, mais il conduit à alourdir celui des copains, ce qui est meilleur encore – à moins bien sûr qu'entre-temps la victime n'ait décidé de laisser tomber sa plainte. Quoi qu'il en soit, au jour des bilans avec la hiérarchie, on ne regrettera pas ces coups de pied de l'âne.

Et lorsque ces expédients un peu miteux ne suffisent pas à régler leur compte aux statistiques, les condés disposent d'une arme encore plus radicale pour leur faire définitivement baisser la tête : fermer boutique. Montrés du doigt pour leurs mauvais résultats sur l'état 4001 – au point que le préfet de l'Aisne se serait fait fortement remonter les bretelles au ministère –, les pontes de la police soissonnaise ne se gênent pas pour en user. À en croire le syndicat UNSA-Police, ils limitent désormais au strict minimum les horaires d'ouverture de certains commissariats de proximité situés en zone sensible (une heure par jour). « Comme ça, au moins, personne ne peut venir y dénoncer les trafics et les agressions », se scandalise un militant à képi, en précisant que ce genre d'ostracisme a tendance à se répandre dans toute la France.

Est-ce tout ? Pas encore. Car le relevé des actes de délinquance ne provient pas seulement des déclarations des victimes. Il dépend aussi du travail de la police, qui surprend, piste et interpelle d'elle-même les individus suspects ou coupables de crimes et délits. Les dealers détroussés et les acheteurs d'ecstasy pigeonnés ayant rarement le réflexe d'aller déposer plainte au commissariat, les affaires de drogue relèvent, par exemple, quasi exclusivement de ce turbin policier. Pour éroder sans trop de difficulté les statistiques, il suffit donc de demander à ses hommes de lever un peu le pied. Ce ne sont pas les CRS de cette compagnie de Charleville-Mézières qui le démentiront. Venus donner un coup de main au carrefour Château-Rouge, haut lieu du trafic de crack dans la capitale et rendez-vous favori de la racaille parisienne, ces benêts avaient cru bien faire en réalisant cent quarante-huit interpellations en à peine trois semaines. Convoqué par les autorités policières du 18e arrondissement, leur commandant a été prié de mettre ses matraques en veilleuse. Il ferait beau voir que des mastards ardennais viennent gonfler le 4001 du commissariat du 18e ! Désormais, les compagnies de CRS provinciales qui se relaient dans les environs du carrefour Château-Rouge ne sont plus autorisées à agir que dans un périmètre grand comme un mouchoir de poche – en sorte que les trafiquants de drogue et les petites frappes n'ont qu'à se mettre à courir quelques secondes pour éviter de tomber entre leurs griffes. Sans doute la sécurité des habitants du quartier en est-elle un peu moins bien assurée. Mais les statistiques sur la sécurité des habitants du quartier, elles, le sont beaucoup mieux, et c'est tout de même cela le principal.

Pas glorieuses, hein, les petites astuces de la maréchaussée combinarde... Bah ! les honnêtes poulets – il y en a des milliers – pourront toujours se consoler en se disant que de toute façon, même s'il n'était pas l'objet de manipulation, l'« état 4001 » serait aussi peu crédible que le palmares de la « Star Academy ». Rien d'étonnant du reste, car cette vieille statistique, à l'origine purement interne à l'administration policière, n'a jamais été conçue pour donner une image globale de la délinquance, et moins encore pour être jetée en pâture à l'opinion. Le rapport parlementaire bipartisan rédigé en 2001 sur le sujet par les députés Christophe Caresche (PS) et Robert Pandraud (UMP) à la demande de Lionel Jospin ne consacre-t-il pas plusieurs pages à établir la liste de ses défauts ? Selon cette étude cruelle, notre pauvre état

4001 « comptabilise sans distinction sous les mêmes rubriques les tentatives et les actes commis (...), ne fait pas de différence entre l'auteur et le complice (...) et induit un risque de comptabilisation multiple pour le même fait ».

Plus préoccupant, la statistique fétiche de Nicolas Sarkozy – et aujourd'hui de Dominique de Villepin – ne répertorie aucune contravention, pas même celles de cinquième classe, qui peuvent être dressées pour des actes de violence, des dégradations et des atteintes aux biens ; elle n'enregistre pas non plus les infractions liées à la circulation routière, quelle que soit leur gravité, ni aucun des faits délictueux constatés par la cinquantaine d'administrations dotées d'une fonction de police, mais ne dépendant pas du ministère de l'Intérieur. Entre vingt mille et vingt-cinq mille affaires de trafic de drogue, mises au jour par les douanes (ministère des Finances), échappent ainsi aux chiffres sacrés de la délinquance, tout comme les délits notifiés par la Direction de la répression des fraudes, l'Inspection du travail, les contrôleurs vétérinaires, pour ne pas parler des services fiscaux. Or, tout autant que les commissariats, ces besaces-là foisonnent d'arnaques, de vols, de tromperies et d'actes répréhensibles pouvant mettre en danger la vie d'autrui. « La lecture globale de l'état 4001 ne traduit pas avec toute la fidélité voulue la réalité des faits enregistrés et traités par les services répressifs », conclut avec une grande diplomatie le rapport Caresche-Pandraud. Disons plutôt qu'il reflète l'évolution de la délinquance avec autant de fidélité que les miroirs déformants du Jardin d'acclimatation.

Et maintenant, voici les chiffres. Selon une note de la Direction générale de la police nationale (DGPN), qui a fait chauffer ses calculettes sans le crier sur les toits, 22 millions d'actes susceptibles d'être qualifiés pénalement échapperaient chaque année à la statistique officielle, et parmi eux nombre d'agressions physiques, de vols avec violences ou de dégradations de biens. 22 millions. Dans ces conditions, à quoi rime de fixer à exactement 4 113 882 le nombre d'affaires de délinquance prétendument enregistrées en 2002 sur le territoire français ? D'annoncer à coups de trompe que ce même chiffre a baissé de 3,38 % – on est précis dans la police – pour se fixer à 3 974 694 en 2003, grâce à l'action salutaire et déterminée du ministre de l'Intérieur ? Ou, à l'inverse, de dénoncer comme un échec patent du laxisme jospinien le passage au-dessus du seuil psychologique des quatre millions en 2001, « pour la première fois dans l'histoire de la République » ? À rien évidemment. Nous sommes ici en plein Lewis Carroll, pour ne pas dire face à une mystification d'État. Fort joliment menée au demeurant.

Car enfin, du temps qu'il était ministre de l'Intérieur, Nicolas Sarkozy aurait pu se contenter de publier son chiffre bidon en faisant croire qu'il était juste, comme n'importe quel manipulateur à la petite semaine. Au lieu de quoi, cet audacieux n'a jamais cessé d'admettre que sa stat' était fausse. En expliquant dans la foulée que, pour arranger les choses, il venait justement de mettre en place un « Observatoire de la délinquance » farci d'experts, de magistrats, d'économistes et de statisticiens de toutes tendances politiques, que ces pointus-là planchaient en ce moment même sur la définition d'un nouvel indicateur, fiable, consensuel et infalsifiable celui-là, que le jour venu, lui-même, Nicolas Sarkozy, ne manquerait pas d'adopter ce chiffrage correct (pour autant qu'il soit toujours en poste Place Beauvau) car le souci de transparence est une seconde nature chez lui, mais que d'ici là, il devait bien se contenter de l'« état 4001 », lequel, comme on pouvait le constater, avait diminué de 3,38 % depuis son arrivée aux affaires, ce qui constituait à la fois une prouesse politique de premier ordre et une réussite de terrain sans équivalent depuis plus d'une décennie. Faire une conférence de presse pour se glorifier d'un résultat faux donné par un indicateur officiellement faux, il fallait tout de même l'oser ! À ce compte-là, autant mesurer le temps des sprinters olympiques avec un métronome pour mieux s'enthousiasmer de la pluie de records du monde.

Dans une société rationnelle, une entourloupe aussi risible serait évidemment tenue pour une bonne farce : aucun journal n'accepterait de reprendre l'information, sauf peut-être le 1er avril, et le ministre de l'Intérieur en serait quitte pour rengainer une fois pour toutes son 4001. Mais NicolasSarkozy entretient une relation particulière avec le bidonnage. Est-ce sa façon de proclamer les choses ? L'aplomb qu'il met à prononcer ses discours ? En tout cas, un peu comme un hypnotiseur, cet homme-là a le don de rendre crédible à peu près tout ce qu'il avance. Se proclamerait-il blonde aux yeux bleus qu'il s'en trouverait à l'UMP pour lui faire porter des roses ! Lors, au lieu de bouter dans le caniveau son indicateur truqué, les journaux n'ont jamais cessé d'en prendre les résultats pour argent comptant, et de développer à leur propos d'infinies analyses.

Ainsi, sous le titre très net : « 2003 marque une baisse de 3,38 % des chiffres de la délinquance », *Le Monde* du 13 janvier 2004 livre-t-il l'essentiel des données du dernier « état 4001 », avant d'indiquer en fin d'article, sans craindre la schizophrénie, que « le système de mesure statistique de la délinquance fait l'objet de critiques soutenues depuis des années » et que « des spécialistes estiment que le chiffre global n'a pas grande signification ». Cela n'empêchera pas ce même quotidien de revenir sur le sujet deux jours plus tard, en indiquant à ses lecteurs que la chute de la délinquance « est constatée dans quatre-vingt-cinq départements sur quatre-vingt-quinze », que « la délinquance de voie publique est en baisse de 8,98 % en 2003 », que le taux d'élucidation des affaires – encore plus bidon que le recensement des délits – « est en très légère hausse, s'établissant à 28,83 % contre 26,27 en 2002 », que « le principal motif d'inquiétude demeure la rubrique des crimes et délits contre les personnes, en hausse de 7,3 % », omettant d'expliquer au passage que ce poste est précisément le seul avec lequel il n'est pas possible de tricher – on ne fait pas une main courante pour un assassinat ! –, et que c'est sans doute pour cela qu'il augmente quand tout le reste baisse, le journaliste concluant sobrement que « la mobilisation des forces de l'ordre est claire ».

La façon d'en prendre la mesure reste en revanche très obscure...

Les arracheurs de dents

Ceux-là ne vont pas chercher midi à quatorze heures : ils baratinent comme d'autres respirent, pour s'oxygéner les sangs et se tenir en forme. À quoi bon s'ennuyer avec la vérité quand on peut gagner tant en racontant des craques ? Froids et prémédités, dosés au millimètre pour être efficaces, leurs bidonnages sont à la fois leur instrument de travail, leur moyen de grimper les marches, et leur recette miracle pour arrondir les fins de mois. Les audacieux de cette espèce foisonnent dans les gouvernements, les ambassades et les directions d'entreprise. Il en niche aussi sous les ponts, et même dans les cabinets dentaires. En somme, ils sont partout. Ce sont les arracheurs de dents.

Voici quelques-uns de leurs récents exploits, présentés sans anesthésie, car il ne faut pas gâcher le plaisir.

Plus menteur, tumeur !

Il avait le crâne tout rasé, et l'air dolent de celui qui se sait condamné. Il allait voir ses amis, ses voisins, faisait la tournée des membres de sa famille, le regard triste. Il leur disait sa détresse, un peu, à peine, ses espoirs aussi, avec la discrétion des humbles et des perdus. Tumeur incurable au cerveau. Il prenait le thé. Il restait dîner. Il donnait un coup de main à la cuisine. Toujours prêt à rendre service, en dépit de son calvaire. De temps en temps, il proposait de placer pour vous de l'argent sur un fonds financier de sa connaissance, géré par British Airways. Pourquoi pas ? On l'écoutait. On le plaignait. On lui resservait un lapsang souchong. Et puis on lui confiait ses économies.

Le 5 décembre 2003, le tribunal de Manchester a condamné à quatre ans de prison cet homme « mesquin, mauvais, et vraiment sans cœur ». Selon les calculs du juge, G. R. est parvenu à soutirer 284 000 euros à ses amis, ses parents, et tous les membres de sa famille par le biais de ce fonds de placement fictif. « En retour de notre loyauté et de notre confiance, nous avons obtenu la trahison et de nombreux tourments », a regretté à l'audience l'un de ses anciens amis, dont la mère s'est fait plumer de 70 000 euros.

Grâce à quoi cet ancien steward brûlait la vie par les deux bouts, se couvrait de fringues de luxe et se tapait des bringues d'enfer dans les cinq étoiles du monde entier. Le tribunal a établi qu'en neuf mois il avait effectué huit voyages en Europe, en Amérique, et même en Australie.

Finalement, sa seule contrainte était de devoir vivre perpétuellement le crâne rasé, pour faire croire qu'il était cancéreux. On n'a rien sans rien.

Number one

Au débotté, comme ça, quand on entend : « RMC Info est numéro un pour le sport », on pense quoi ? Que cette radio est en tête de l'audience pour les émissions sportives ? Eh bien on se trompe. En toute honnêteté, Alain Weill, le petit roi des ondes qui a repris la station monégasque il y a quelques années, et qui a imaginé ce slogan publicitaire pour lui doper l'audimat, avait une tout autre idée en tête. Pour lui, « RMC Info est numéro un pour le sport » voulait simplement dire que RMC était la radio qui proposait le plus de sport à l'antenne. De la même façon – on prend des exemples – « Renault numéro un de l'automobile mondiale » signifierait que la firme au losange construit la plus grosse voiture du monde, et « Alain Ducasse, numéro un français de la cuisine », que le restaurateur possède la cuisine la plus étendue du pays (de mille cinq cents mètres carrés, estimation loi Carrez).

Hélas ! Personne ne comprend jamais rien, ici bas. Et en particulier pas les juges du tribunal de commerce de Paris. Statuant sur une plainte d'Europe 1, ces mauvais coucheurs ont estimé que l'excellente pub de RMC était « mensongère et déloyale » et condamné la station d'Alain Weill à payer à la station d'Arnaud Lagardère un euro de dommage-intérêt.

Pfff...

Sarko président !

Les Américains ne plaisantent pas avec le mensonge. Pour avoir minusculement trompé son peuple dans une affaire d'introduction de cigare, Bill Clinton a failli être destitué, et son successeur, George Bush, pourrait devoir abandonner la Maison Blanche pour cause de manipulation irakienne. Eh bien, en France, c'est tout le contraire : voilà des décennies qu'en toute connaissance de cause nous garnissons notre Élysée avec des bonimenteurs de haut lignage et des faux derches professionnels. Sans remonter jusqu'à Pompidou et à Giscard, orfèvres en réformes bidon et en coups de poignard dans le dos, les réélections du florentin François Mitterrand puis de notre actuel Supermenteur ne laissent planer aucun doute sur ce point. Au pays des Gaulois, un bon président est un président qui raconte des craques.

Nicolas Sarkozy, qui rêve de devenir un bon président, part donc avec une longueur de retard sur ses concurrents : la plupart de ses amis – mais le sont-ce vraiment ? – clament en effet partout qu'il est foncièrement honnête, rétif à toute forme d'hypocrisie, et qu'il abhorre la langue de bois plus encore que la grande délinquance. Aussi ce séraphin doit-il se faire violence pour parvenir à fournir aux électeurs leur content de bobards et de double langage, ingrédient indispensable à l'établissement d'une bonne cote de popularité. Pas facile. Mais Sarko n'est pas n'importe qui. En à peine deux années de travail intensif, ce surdoué est parvenu à obtenir des résultats exceptionnels pour un débutant.

Ainsi, lorsque son rival Alain Juppé a été condamné à dix ans d'inéligibilité, le premier réflexe de ce franc du collier aurait dû être de se précipiter sur le premier micro venu pour y lâcher un hurlement de bête, à la manière de ces « gooaaaaallllllllll ! ! ! ! ! ! ! ! ! ! » infinis qu'éructent parfois les commentateurs de football brésiliens. Au lieu de quoi, le petit Nicolas a retenu son cri primal, tourné sept fois sa double langue dans sa bouche, puis gratifié le pays d'un des plus magnifiques bobards qu'il lui ait été donné d'avaler cette année. « Alain Juppé traverse une épreuve difficile, s'est-il entendu prononcer lors de la traditionnelle cérémonie de la galette des rois organisée par les militants UMP des Hauts-de-Seine. Ce qui est important, c'est que nous tous nous lui adressions un message d'amitié et de solidarité. À titre personnel, je souhaite qu'il continue son engagement politique. »

Cette grosse farce mériterait d'être étudiée dans toutes les écoles de bidonnage (ENA, fac de marketing, académie de prestidigitation, centre de formation des journalistes [1], etc.) tant sa syntaxe est habilement dosée. Pour ce qui concerne la « solidarité » et « l'amitié » envers Alain Juppé, expressions affectives qui ne mangent pas de pain, Sarko se contente en effet d'adresser un message collectif (« nous tous »), sans conséquence. En revanche, lorsqu'il assure désirer la poursuite de l'engagement politique du maire de Bordeaux, hypothèse évidemment invraisemblable, il prend soin de préciser qu'il parle « à titre personnel », décuplant au passage le volume de son mensonge, et le rendant aussi visible qu'un képi sur la tête d'un flic. Une façon d'adresser un clin d'œil aux millions de Français ravis de cette duplicité. Et de signifier aux jobards qui ne l'auraient pas compris (il y en a sûrement) qu'il ne pense pas un mot de ce qu'il raconte.

1. Pour ce dernier, on rigole...

Un peu plus tôt dans la saison, Nicolas Sarkozy s'était déjà surpassé en livrant aux Français des statistiques sur la délinquance travaillées au surin, comme nous venons de le voir, et une déclaration pas piquée des hannetons sur la prostitution parisienne. À en croire le ministre, cette dernière aurait été réduite de 40 % depuis qu'il a pris le dossier en main et fait voter une loi antiracolage. « Il y avait mille sept cents prostituées sur la voie publique au début de l'année 2003, il n'en reste plus que mille », a-t-il claironné en février dernier.

Une demi-heure plus tard, toutes les associations d'aide aux filles de joie se relayaient pour assurer que ce chiffrage n'avait aucun sens, la mairie de Paris le qualifiant pour sa part de « fantaisiste ». Cette dernière avait d'ailleurs de quoi étayer son propos : un an plus tôt, elle avait commandé à deux chercheuses un rapport sur la question. Jeanine Mossuz-Lavau et Marie-Élisabeth Handman, c'est leurs noms, ont écumé pendant des mois tout le milieu, interrogé des dizaines de femmes, étudié les mécanismes du proxénétisme et observé les conditions de « travail » sur le trottoir. Conclusion de ces emmerdeuses : depuis que Sarko s'occupe du dossier, la prostitution parisienne n'a pas diminué du tout. Harcelées par les policiers, les filles ont simplement délaissé les zones trop voyantes, en particulier les boulevards des maréchaux, pour des coins plus tranquilles, notamment en proche banlieue, ou carrément pour le Web, dont l'activité a quadruplé en quelques mois. Elles ont aussi modifié leurs horaires, différant leur « prise de service » jusqu'à deux ou trois heures du matin, période de la nuit où les patrouilles sont moins nombreuses, en sorte qu'elles sont en effet moins visibles pour la population. En dehors de ce décalage spatio-temporel, le principal effet de la loi Sarkozy est d'avoir fait fuir les clients, renforcé l'insécurité des filles, et diminué leurs revenus de 50 %, ce que le ministre s'est bien gardé de dire.

Mais foin de comptes d'apothicaire ! Même inventées de toutes pièces, ces petites histoires de chiffres, ces 40 % de baisse, ces sept cents prostituées de moins, ce pipeautagedes statistiques de la délinquance ne façonnent jamais que de médiocres bobards. On est dans l'effiloché, on se vautre dans la nuance, on trichote sur la balance, comme un vulgaire vendeur de quatre-saisons indélicat. Et pour finir, on perd son temps. Allons ! Un vrai baratineur ne soupèse pas la réalité : il la bistourise. La frappe mensongère doit être chirurgicale.

Sarko, qui est malin, et qui tient à gagner la confiance des électeurs, n'a pas hésité à mettre ce principe en application sur la délicate question des bavures policières. « Depuis dix-neuf mois, il n'y en a pas eu une seule », a-t-il tranché à la télévision, au cours de l'émission « 100 minutes pour convaincre ». Tchak ! C'était en novembre 2003. Deux mois plus tard, son propre ministère publiait les rapports de l'Inspection générale des services (IGS) et de l'Inspection générale de la police nationale (IGPN), les deux services chargés de faire la « police des polices ». Voici leurs conclusions : six cent onze bavures graves leur ont été rapportées au cours de l'année 2003 contre cinq cent soixante en 2002 et cinq cent dix-sept en 2001. Parmi elles, on dénombre dix cas de blessures mortelles (sept l'année précédente) et quatre-vingt-deux traitements de choc ayant entraîné des arrêts de travail de plus de huit jours (quatre-vingt-deux l'année précédente). Pour le Syndicat national des policiers en tenue, cette aggravation des violences policières s'explique par la culture du résultat instituée par le ministre de l'Intérieur, qui « pousse les collègues à la faute et les met en danger [1] ». C'est possible.

En attendant, si Sarkozy continue de mentir comme ça, il va finir par se faire élire.

1. *Le Monde*, 28 janvier 2004.

Les perversions de sainte Angèle

Chaste comme une nonnette à cornette, Angelina Jolie ? Des mois et des mois sans effleurer la moindre couenne masculine ? Franchement, on n'y croyait guère. C'est pourtant bien ce qu'elle racontait partout, la doublure de Lara Croft, en tassant un peu sa cambrure attrape-mouches et ses seins Dunlopillo pour faire plus véridique : pas un seul rapport sexuel depuis son douloureux divorce d'avec Billy Bob Thornton voilà plus de deux ans, pas le plus petit morceau de fleurette avec un vermisseau. Au reste, personne ne l'avait poussée dans ce retranchement érémitique : elle s'y était collée d'elle-même par vœu personnel, et elle s'y était tenue, la dure à cuire, et elle continuait de s'y de tenir, sans trop de difficultés d'ailleurs, parce que, entre nous, le sexe, le bonheur, le plaisir et l'amour c'est pas le tout dans la vie, y a aussi les Évangiles et les courses à faire. Après avoir affolé des millions d'aficionados avec sa plastique explosive, la bombe choisissait la porte étroite, voilà tout.

Eh ben c'était du toc. En réalité, non seulement sainte Angèle oubliait de boucler sa ceinture, mais elle s'envoyait au ciel plus vite que Laverdure et avec, semble-t-il, de pleines escadrilles de pilotes de chasse. Pour ne point effrayer Maddox, son petit garçon, elle faisait cependant défiler la patrouille en zone neutre, autrement dit à l'hôtel, et veillait à en renouveler souvent les éléments afin de ne point sombrer dans l'ennui. D'ailleurs, ce n'est pas nous qui le disons, mais elle-même, dans une longue confession accordée au quotidien américain *New York Post* en mars dernier, à l'issue d'un subit changement de cap médiatique. « La plupart du temps, je ne revoyais pas le mec avant plusieurs mois, et c'était très bien comme ça », indique-t-elle, en précisant que la foire hôtelière se poursuit aujourd'hui.

Soyons honnête. Au regard de la crise irakienne, des attentats madrilènes et de l'incroyable basculement politique de la région Poitou-Charentes, les pérégrinations sexuelles d'Angelina Jolie constituent un enjeu mineur. La question n'en demeure pas moins taraudante : pourquoi cette jeune femme avenante et apparemment saine d'esprit a-t-elle dépensé tant d'énergie pendant tant de mois pour tromper le monde à propos de sa supposée chasteté ? Souhaitait-elle effacer sa froide image de Lara Croft en jouant les héroïnes diaphane XIXe dévorées par la consomption ? S'agissait-il d'un pari stupide ? D'une stratégie marketing ? D'une perversion sexuelle ? Ou, plus simplement, d'un irrépressible besoin de mentir, comme ces gamins rebelles qui, pour le seul plaisir d'enfumer leurs parents, jurent avoir changé à Bastille quand il ont pris par l'Opéra ?

Il faut bien reconnaître que nous l'ignorons, et que nous risquons de l'ignorer longtemps encore. À moins, bien sûr, qu'après avoir lu ces lignes, Mlle Angèle ne se décide à nous inviter dans un certain hôtel pour tout nous raconter. En tout bien tout honneur, évidemment.

Flémingite corsée

Les Français, qui supportent mal l'infernale cadence imposée par les 35 heures, abusent-ils des arrêts maladie de complaisance [1] ? Pour essayer de le savoir, l'Inspection générale des affaires sociales (IGAS) a réalisé il y a quelques mois une enquête dont voici les résultats : en moyenne, les salariés parisiens se font délivrer 6,3 jours d'arrêt de travail par an, ceux des Yvelines 7,5, ceux de la Sarthe 8,2, ceux du Puy-de-Dôme 12,1, ceux du Gard 13,5, ceux des Bouches-du-Rhône 15,4, et les travailleurs de Haute-Corse, qui tiennent en cette matière le record de France (et peut-être même du monde), 18 jours par an.

Comme quoi les images d'Épinal sont parfois moins fausses que les arrêts maladie.

1. En 2003, le seul paiement des indemnités journalières versées aux salariés souffrants a coûté à la Sécu 5,1 milliards d'euros.

Le cauchemar de Mme Saddam

Ayant du retard médiatique à rattraper, car on parle moins de lui ces temps-ci, Jacques Vergès a annoncé l'hiver dernier qu'il venait d'être désigné avocat de Saddam Hussein. À vrai dire, il avait d'abord envisagé d'épouser la cause du pape Jean-Paul II pour faire parler de lui, mais ce dernier n'étant pas des plus rigolos, et n'entretenant de surcroît aucun démêlé avec la justice (ce qui réduit les possibilités de la défense), notre as du barreau s'est rabattu sur le satrape du Moyen-Orient. Point pratique : comment obtenir son onction ? Ledit satrape se trouvant comme on sait embastillé au secret, et donc point en mesure de se désigner lui-même un défenseur, Jacques Vergès est allé solliciter l'investiture d'un pseudopode du tyran assez complaisant pour la lui offrir, en l'occurrence le fils de sa sœur, un garçon charmant nommé Ali Barzan el Tikriti. Le truc a d'ailleurs assez bien fonctionné puisque, dès ses premières interventions vengeresses, Vergès a eu les honneurs de la presse mondiale, en se demandant notamment, le cigare au bec et le rictus offusqué : « Quels crimes reproche-t-on à Saddam Hussein ? » Ça commençait bien.

Ça a moins bien continué car, quelques jours plus tard, Mme Sajida Khairallah Telfah, la femme de l'ex-raïs, ainsi que ses trois filles, Raghad, Rana et Hala, ont fait savoir qu'elles n'avaient nullement mandaté Jacques Vergès pour défendre leur père et mari, et qu'il avait par conséquent une seule bonne chose à faire pour traiter habilement de ce dossier délicat : la boucler. Oups ! Humiliation suprême, ces péronnelles, qui ne comprennent décidément rien aux affaires de plaidoiries – ni rien à rien d'ailleurs – ont annoncé avoir confié le destin de leur aimé à un collectif de robes noires emmené par un confrère français, l'excellent Emmanuel Ludot. « Le style et la politique de défense de Jacques Vergès ne sont pas en harmonie avec ceux du comité d'avocats que nous avons constitué », a poliment résumé la demoiselle Raghad.

Lors, au lieu de s'écraser mollement et d'aller voir au Vatican si, malgré tout, l'on n'aurait pas besoin de ses services, l'impayable a persisté dans l'imposture avec une énergie de lapin Duracell. Il ferait beau voir qu'une poignée de femelles l'empêche de plaider ! Après avoir répété qu'il allait se mobiliser pour défendre la vie et l'intégrité de « son client », il a réglé le cas Emmanuel Ludot d'un cinglant : « Les nains ont pour habitude de pisser sur les statues », omettant cependant de préciser qui était le nain et lequel la statue.

Plutôt que de courir le monde à la recherche d'une célébrité au bord du naufrage, notre amateur de causes perdues ferait peut-être mieux de regarder dans son miroir. Ça gagnerait du temps.

Pas de couronne pour le mort-vivant

Il y a ceux qui font semblant d'être en vie alors qu'ils sont déjà morts dans leur tête, les directions financières des grandes entreprises et les cellules militantes des partis centristes sont remplies de demi-cadavres de cette espèce, c'est bien triste[1]. Et puis il y a ceux qui font semblant d'être morts alors qu'ils sont en vie, c'est plus rare et en général plus fructueux, comme le démontre la folle et belle histoire de Gandaruban Sinnaduray.

Pourchassé par une meute de créanciers, ce loueur de voitures singapourien a été brutalement rappelé à Dieu alors qu'il était en voyage au Sri Lanka, en 1987. Crise cardiaque. Un certificat de décès a été établi en bonne et due forme, et notre loueur de voitures a disparu des voitures, comme dans *Les Diaboliques*. Cela lui a permis d'éponger ses dettes et de se débarrasser de ses amis fidèles, ce qui fait deux bénédictions à la fois.

Renuga Devi Sinnaduray, sa veuve éplorée, n'a pas non plus tout perdu dans l'affaire : avant de monter au ciel, son aimé avait en effet contracté à son nom une triple assurance vie dans trois compagnies différentes. Pendant quinze ans, la pauvre femme a donc vécu de leurs plantureux versements (196 000 dollars au total), très mélancolique on l'imagine, mais c'est déjà bien d'être à l'abri du besoin. À tout bien réfléchir, elle

1. On plaisante, évidemment. En réalité, ces mouroirs abritent de joyeux drilles.

n'était d'ailleurs pas si mélancolique, puisque, pas dégoûtée, elle continuait de fréquenter le défunt en cachette avec assiduité, et pas seulement dans les cimetières. Voilà comment, chose rare et magnifique, ce mort et cette vivante ont fini par faire un enfant ensemble, un gosse né exactement neuf ans après le décès de son père, mais parfaitement bien formé cependant et de surcroît bien joyeux. Les deux amants se sont ensuite (re)mariés sous un nom d'emprunt, car il faut quand même garder une certaine tenue dans ce monde de brutes.

Le 11 mai dernier, la police de Singapour, qui a découvert l'escroquerie avec quinze ans de retard, a fichu au trou cette femme mauvaise et trompeuse. Elle n'a en revanche pas réussi à mettre la main sur son mari, si bien que le mort court toujours.

À la foire de Strasbourg...

Le problème, quand on est député européen et qu'on a envie de ne rien fiche, ce qui, au regard de l'affluence moyenne en séance et en commission, est tout de même la règle d'or de la profession, le problème, donc, c'est d'arriver à faire croire qu'on trime comme un vrai travailleur. Non qu'on ait des comptes à rendre à quiconque sur ce point – il ne manquerait plus que ça ! Mais parce que c'est le seul moyen de toucher des indemnités journalières. Expliquons-nous. En plus de leur salaire, qui varie selon leur nationalité (de 761 euros par mois pour les Hongrois à près de 12 500 pour les Italiens, les Français émargeant pour leur part autour de sept mille euros bruts et les Espagnols à deux mille cinq cents), les parlementaires européens perçoivent une« indemnité de séjour » de 262 euros par jour quand ils sont sur le pont. Elle est censée leur permettre de se payer le gîte et le couvert à Strasbourg et Bruxelles, les deux villes où la noble institution tient ses quartiers par intermittence. Or, pour décrocher cette timbale dorée, il faut faire la preuve qu'on est bien présent sur les lieux, et non chez soi à tailler ses haies. L'exercice n'est pas difficile, du reste : il suffit d'aller apposer chaque jour sa signature sur le « registre central » du Parlement mis à cette fin à la disposition des députés.

La bonne nouvelle, c'est que ce « registre central » est situé dans une petite pièce isolée et généralement déserte : aucun fonctionnaire cerbère n'a la charge de vérifier comment on en noircit les pages. Est-il utile de poursuivre ? Un grand nombre d'élus européens profitent évidemment de l'aubaine, les jours où ils taillent leurs haies, pour faire parapher ce précieux document par leur assistant (toujours à l'ouvrage, lui), voire par des fonctionnaires copains-complices. Un gros mensonge de collégien, en somme, mais qui, reproduit plusieurs fois par mois, et plusieurs mois par année, finit par rapporter des émoluments d'adulte.

Exaspéré par cette supercherie lamentable, qui, en plus de grever les finances de l'Union, contribue à ternir l'image de la fonction euro-parlementaire, la questure de Strasbourg a décidé d'y mettre fin. Début 2004, elle a commandé pour ce faire une étude sur le remplacement de l'actuelle technique de pointage moyenâgeuse en pièce isolée par des systèmes plus à la page : relevé d'empreintes digitales par voie numérique et, on ne rigole pas, identification des députés par l'iris de l'œil, comme au Grand Quartier général de l'armée israélienne. Devant leur coût exorbitant et leurs effets encore plus désastreux pour l'image de l'institution, elle a cependant laissé tomber ces technologies de gardien de prison et choisi simplement de positionner un garde-chiourme près du « registre central ». Cela devrait suffire à limiter les menteries des élus du peuple.

Bah ! Ces malheureux pourront quand même continuer de produire des déclarations bidon à la pelle pour arrondir leurs fins de mois. Depuis toujours, en effet, les remboursements de frais de voyage leur sont accordés sur la base du tarif première classe pour le train et de la classe « Affaires » pour les avions, sans aucun justificatif. Une simple signature sur un registre suffit à obtenir les sous. Et pour les allocations de secrétariat et d'assistants parlementaires (autour de quinze mille euros par mois), idem : elles sont octroyées sans aucun contrôle et souvent en partie reversées par les élus à des membres de leur famille censés turbiner à leurs côtés, alors qu'ils restent à la maison pour préparer le taille-haie. C'est bien simple, la pratique des filouteries et des fausses déclarations est tellement ancrée dans les mœurs de l'hémicycle européen qu'elle a fini par y être considérée comme chose normale – un moyen de « compenser les disparités salariales imposées par le mode de rémunération de cette institution plurinationale », comme on le reconnaît pudiquement à Strasbourg. Les représentants du peuple les mieux payés usant du mensonge autant que les élus prolétaires, cela ne résout cependant que partiellement le problème.

À force d'en croquer, les députés européens ont quand même fini par être dégoûtés de leurs propres bidonnages. Début 2004, ils ont donc proposé, avec une belle unanimité, de conditionner le remboursement de leurs frais de transport à la fourniture de justificatifs, comme dans n'importe quelle entreprise ou administration. Hélas ! Les généreux ayant, pour compenser cet important sacrifice, décidé de rehausser légèrement leurs émoluments afin de les porter à 9 037 euros, ce qui représentait une minuscule augmentation de 30 % pour les élus français, d'à peine 100 % pour les suédois, et de pas plus de 220 % pour les espagnols, le gouvernement de Berlin a mis son veto à leur réforme, au motif que ces rémunérations lui paraissaient « hors de proportion » avec la réalité du travail des députés. En sorte que toute avancée morale au parlement de Strasbourg a été bloquée, et que la foire aux mensonges et aux signatures s'y poursuit encore aujourd'hui à stylos ouverts.

La pigeonne et les deux poulets

Les forces de police niçoises effectuent leur mission avec de plus en plus de minutie. L'autre jour, deux flics en civil, qui enquêtaient sur des cambriolages en série, se sont déplacés au domicile d'une vieille dame pour procéder à des vérifications. Ils lui ont demandé de réunir l'ensemble de ses objets de valeur afin de contrôler avec elle s'il n'en manquait point. Des voleurs écumaient le quartier depuis des semaines. Il convenait d'être sur ses gardes.

Vérification faite, aucun bibelot ni bijou ne manquait à l'appel. Les faux policiers ont donc pu embarquer le tout en étant sûrs de ne rien laisser derrière eux.

Pigeon voyageur

Elles étaient à Madrid, elles ont hélé un taxi, « à Duisbourg ! » a commandé la première, « et vite ! » a précisé la seconde, elles ont dit de ne pas s'inquiéter, qu'elles avaient de l'argent plein les poches et aussi un carnet de chèques, que d'ailleurs elles avaient toutes les deux dix-huit ans, à cet âge-là on ne ment plus, ou alors pas comme ça, le chauffeur a dit « OK », il est allé prévenir sa femme, il a ramassé un copain pour assurer le relais, et il a avalé l'autoroute jusqu'aux hauts fourneaux de la Ruhr, un peu idiot à son avis parce qu'elles auraient pu prendre le train, mais dans sa Mercedes le client est roi, et 2 600 euros tout frais ça ne se trouve pas sous le sabot d'un cheval de picador, même à partager à deux.

Une fois à destination, les adolescentes ont éclaté de rire, annoncé qu'elles n'avaient pas un sou, et pris la poudre d'escampette façon Marie-José Pérec. La police locale, qui n'est pas parvenue à les retrouver, a indiqué que les chauffeurs étaient très énervés au moment de prendre le chemin du retour.

La tartufferie érigée en système

Ces impostures-là pourraient avoir les honneurs des *Cahiers du cinéma* car il s'agit de longs métrages. Brodées pendant des années et parfois même des décennies par les gouvernements, les entreprises ou encore les syndicats, elles tissent leur toile avec une constance de Pénélope, usant au gré des besoins des fils du double langage, de la falsification, du maquillage des chiffres et de l'effet d'annonce. Elles parviennent ainsi à enraciner profondément dans la société toute une série d'illusions collectives, extrêmement difficiles à éradiquer.

Ainsi, à force de baratin et de mains sur le cœur, les hommes politiques ont-ils plus ou moins réussi à faire croire à l'opinion pendant des lustres qu'en dehors de quelques brebis galeuses, le financement de leurs partis était à peu près loyal. Il aura fallu l'obstination de quelques juges courageux, et le travail de fourmi d'une poignée de journalistes d'investigation pour parvenir à soulever ce voile de lin, et à faire apparaître la réalité.

Les pages qui suivent démontrent qu'il reste encore du travail.

La rumeur érigée en système

Indépendance syndicale ?

The show must go on ! Successeur du regretté Marc Blondel à la tête de FO, Jean-Claude Mailly n'a pas perdu une minute pour reprendre le grand cinéma. Dès le printemps dernier, cet homme volontaire a attaqué au marteau-pilon les projets de réforme de la Sécu présentés par le gouvernement, accusant le ministre Douste-Blazy des pires vilénies, assurant que le déficit de l'assurance maladie était purement artificiel, et soutenant avec une foi de charbonnier qu'il était inutile de traquer les gaspillages pour la bonne raison qu'il n'y en avait pas. Ce vaillant croisé de la cause du peuple malade aurait pourtant pu en reconnaître au moins un : bien qu'il n'y mette jamais les pieds, voilà près de vingt ans qu'il est payé en douce et à plein temps par la Sécu – autrement dit par les cotisations des assurés sociaux – au mépris des règles élémentaires du savoir-vivre démocratique et à l'extrême limite de la légalité.

Or, s'il demeure encore ignoré du grand public, cet incroyable emploi fictif[1], au moins aussi scandaleux

1. Selon l'UCANSS (Union des caisses nationales de sécurité sociale), qui reconnaît le salarier, l'emploi de Jean-Claude Mailly ne peut être juridiquement considéré comme « fictif » puisqu'il s'agirait d'un « détachement pour exercice de mandat syndical ». En réalité, l'article 39 de la convention collective de l'UCANSS limite à un mois maximum la durée de ces mises à disponibilité avec maintien du salaire. Jean-Claude Mailly, qui en use sans discontinuer depuis vingt ans, ne paraît pas entrer dans ce cadre.

que ceux du RPR à la Ville de Paris, ne l'est nullement des pouvoirs publics : ce sont eux qui exercent la tutelle financière de la Sécurité sociale et qui en vérifient les comptes. Ils savent donc parfaitement à quoi s'en tenir. Jean-Claude Mailly n'est d'ailleurs pas le seul à croquer de ce fromage-là avec leur complicité bienveillante. Plusieurs dizaines d'autres militants syndicaux, souvent de haut rang[1], sont eux aussi discrètement rémunérés par les caisses de retraite, d'allocations familiales, et d'assurance maladie, hors de toute légalité, et sans qu'aucun ministre des Affaires sociales n'y ait jamais rien trouvé à redire. Certaines de ces dérives ont pourtant été pointées dans des rapports au vitriol de l'Inspection générale des affaires sociales (IGAS), mais ces derniers, jamais publiés, ont été immédiatement enfouis dans des armoires scellées, et tenus secrets depuis lors. En sorte que tous ces heureux militants biberonnés aux cotisations sociales (mais cependant très pointilleux sur le chapitre du respect des assurés sociaux) peuvent continuer de torpiller en toute indépendance les tentatives de réformes de la Sécu, donc de leur employeur secret, chez qui ils ne souhaitent évidemment pas qu'on vienne faire un peu de ménage.

Inouï ? Bah ! Juste une goutte d'eau dans un océan d'hypocrisie : voilà des années que, dans notre pays, le financement des syndicats repose tout entier sur une gigantesque mystification. À en croire leurs trésoriers, les grandes centrales du pays (CGT, CFDT, FO, CFTC et CGC) vivraient pour l'essentiel des cotisations de

1. Une étude interne présentée le 28 septembre 2000 au conseil d'administration de l'UCANSS évaluait à cent quatre-vingt-quatre le nombre de syndicalistes bénéficiant des mêmes facilités que Jean-Claude Mailly. Parmi eux se trouvaient plusieurs responsables de fédération et des dirigeants confédéraux. Les choses ne semblent guère avoir évolué depuis.

leurs militants, ainsi que de compléments offerts officiellement par l'État et par certains organismes sociaux. Cela pourrait se concevoir... s'il ne s'agissait de balivernes. Désertées par les adhérents – le taux de syndicalisation en France, le plus bas d'Europe, n'atteint plus même 6 % – et frappées du même coup par une effrayante baisse de leurs recettes traditionnelles, ces organisations de masse ne parviennent en réalité à joindre les deux bouts que grâce à des petits arrangements peu glorieux et souvent en complète contradiction avec leur idéal d'indépendance.

Des exemples ? En dehors de ces emplois de complaisance à la Sécu, elles se font financer une armée de « conseillers » par les caisses de retraite complémentaire (là encore aux frais des assurés sociaux, qui ne s'en doutent pas), détournent éhontément une partie des subventions allouées par Matignon à l'IRES (Institut de recherche économique et sociale), pompent à gros débit dans les fonds de certains comités d'entreprise, la CGT-EDF en a à raconter sur ce point, instaurent à leur propre profit de nouvelles cotisations à partager avec le patronat[1], engrangent en douce des subsides de municipalités amies, et font discrètement la cour aux directions d'entreprise qu'elles sont censées défier pour en obtenir des

1. L'Union professionnelle artisanale (UPA), qui représente le patronat de l'artisanat, a signé le 12 décembre 2001 avec les syndicats CGT, CFDT, FO, CFTC et CGC un « accord pour le développement du dialogue social dans l'artisanat ». Ce texte, qui n'est pour le moment entré que partiellement en application, institue une nouvelle cotisation équivalente à 0,15 % de la masse salariale, à la charge des entreprises. Son produit, qui représente plus de sept millions d'euros, sera distribué aux organisations patronales et syndicales signataires afin de « faciliter leur fonctionnement ». Le Medef et la CGPME ont refusé de parapher ce texte qu'ils considèrent comme un « accord félon ». Les syndicats, eux, n'ont pas eu cette pudeur.

faveurs sonnantes et trébuchantes. Vivendi, Axa, Aéroport de Paris ou encore Bouygues – cette dernière spécialisée dans les secours d'urgence à FO – leur apportent ainsi plusieurs délectables millions d'euros, officiellement pour encourager le dialogue social, mais probablement tout autant pour avoir la paix. Les syndicats, qui en ont conscience, dressent parfois des paravents pour essayer de masquer cette connivence financière avec les « tauliers ». Ainsi, plutôt que de soutirer directement de l'argent à la Régie Renault, FO avait fait réaliser il y a quelques années un rapport encore plus bidon que celui de Xavière Tiberi, recopié mot pour mot sur une étude de Bruxelles, mais payé cependant rubis sur l'ongle (600 000 francs) et en toute connaissance de cause par la direction du groupe automobile.

Au total, ces ressources grises ou carrément noires, illégales pour certaines, à la limite de l'acceptable pour d'autres et carrément antisociales dans certains cas, représentent sans doute près de la moitié du budget des confédérations. Bien entendu, ces micmacs sont noyés dans des comptabilités très opaques – réglementairement, les centrales syndicales n'ont de comptes financiers à rendre à personne ! – et couverts par une omerta de fer, plus imperméable encore que celle qui protégeait jadis les petites affaires des partis politiques. Le syndicalisme français n'est pas ce que l'on croit.

Pourquoi les pouvoirs publics le laissent-ils s'égarer sur ces routes sans réagir ? D'abord parce qu'ils estiment que la démocratie a besoin de syndicats forts, ce qui est une évidence, et que condamner leurs dérives ne les aiderait pas à sortir de la mouise, ce qui peut à l'extrême rigueur se discuter. Ensuite, parce que personne ne va jamais chercher des poux sous ces bonnets-là : les journalistes s'en désintéressent complètement ou presque, le patronat aussi car il n'est pas lui-même blanc bleu (les unions locales du Medef ont longtemps puisé avec avidité dans les fonds mutualisés de la formation professionnelle), et l'opinion n'a guère conscience de la situation. Pourquoi aller remuer la poussière quand elle dort sous le tapis ? Enfin parce que les gouvernements, de droite comme de gauche, ne raffolent pas de la chienlit. Or, si elles ne gardent plus que des positions maigrelettes dans le secteur privé, les confédérations ouvrières conservent une réelle capacité de nuisance dans les services publics. Se mettre à dos Jean-Paul Mailly en lui sabrant ses trois mille euros par mois de la Sécu serait par conséquent un bien mauvais calcul politique.

Voilà pourquoi ni Martine Aubry, ni Élisabeth Guigou, ni François Fillon, ni Jean-Louis Borloo, pour ne citer que les derniers titulaires du poste des Affaires sociales, n'ont jamais osé défier les gros bras de FO, de la CGT ou de la CFDT sur ce terrain délicat. Les syndicats piquent dans la Sécu ? Grand bien leur fasse et roulent les locomotives (surtout les jours de grand départ) !

Soyons justes. Les pouvoirs publics ont quand même essayé de remettre un peu d'ordre dans la maison en cherchant à obtenir le consentement des premiers intéressés. Ainsi Henri Emmanuelli a-t-il proposé il y a trois ans d'instaurer un financement public, clair et officiel des organisations ouvrières, à l'instar de celui qui alimente désormais les partis politiques. Il s'est heurté à un refus hautain des centrales, au prétexte, on croit rêver, que cela risquait de nuire à leur indépendance. En réalité, cette tartufferie de grand style cachait une raison nettement moins avouable : les confédérations craignaient que ce nouveau système ne mette en selle deux organisations concurrentes, SUD et l'UNSA, récemment arrivées sur la scène sociale, et qui ne disposent pas de la « représentativité officielle » accordée au lendemain de la Libération. Bien qu'ils soient désormais plus puissants que la CGC et la CTFC, ces syndicats parias n'ont pour le moment aucun droit de négocier des accords interprofessionnels. Pas démoralisé par cet échec, François Fillon a remis le couvert, du temps qu'il était en poste aux Affaires sociales, organisant des consultations avec les chefs syndicaux et tentant de bâtir avec eux, « dans la concertation », une nouvelle architecture financière qui tienne la route. Mais ces initiatives n'ont pour le moment pas débouché sur grand-chose.

En attendant qu'on parvienne à boucler une hypothétique réforme, Jean-Claude Mailly, numéro un de FO en exercice, pourrait peut-être envisager de rendre son faux tablier de faux salarié de la Sécu. Et de faire rembourser par son syndicat les dizaines de milliers d'euros qu'il a indûment perçus d'elle pendant près de deux décennies. Cela permettrait de combler une partie de son déficit artificiel.

Supercheries de supermarché

Précisons tout de suite que Michel-Édouard Leclerc ne rigole pas quand il jure se sentir dépositaire d'une « mission sociale » : il souhaite réellement qu'on pense qu'il croit cela. De même lorsqu'il assure « être choqué que certains prennent les consommateurs pour des gogos » : il veut vraiment qu'on croie qu'il pense cela. Et, par voie de conséquence, que lui-même ne prend jamais le consommateur pour un gogo. Naturellement, étant donné l'invraisemblance de ces sornettes, Michel-Édouard Leclerc doit se démener comme un diable pour parvenir à en convaincre le grand public. Cela lui prend beaucoup de temps. Cela lui demande aussi pas mal d'argent. Mais quand on a la chance de faire partie de la grande famille des tenanciers d'hypermarchés, on sait fort bien que pour bien écouler ses salades, il faut commencer par en raconter.

Écoutons-les pérorer, les dignitaires du linéaire. À les en croire, ces valeureux sueraient chaque jour sang et eau minérale pour essayer de nous offrir des prix plus bas que bas, ils tenteraient l'impossible pour écraser les marges et poursuivraient les dérapages inflationnistes jusque derrière la virgule. Ajoutons que ces réducteurs de têtes de gondole ne livreraient pas ce combat pour eux – du diable s'ils s'intéressent à leurs bénéfices ! – mais pour nous, peuple de France à caddy, et plus particulièrement pour les consommateurs maigrichons, les familles nombreuses et les ménages modestes. Michel-Édouard Leclerc va plus loin encore dans la philanthropie, puisque c'est pour la santé de l'économie tout entière que lui et ses adhérents – dont un bon nombre figurent dans le classement des plus grosses fortunes de France – prétendent se battre au couteau de cuisine. Leur farouche volonté d'abaisser les prix bas serait en effet dictée par « l'impérieuse nécessité de soutenir la consommation », cette dernière étant, comme on sait, « le facteur clé de la croissance », et la croissance, comme on sait encore, le facteur clé de l'emploi. Leclerc, dont la politique consiste à serrer la vis aux PME jusqu'à les faire périr d'inanition, se garde cependant de relever cette dernière connexion, l'idée consistant à mettre la moitié de la France au chômage pour permettre à l'autre de consommer meilleur marché ne lui paraissant, à la réflexion, peut-être pas très bonne à clamer sur les toits. Mais laissons cela.

Le vrai problème dans cette histoire, c'est qu'en dépit de leurs efforts actuels pour le faire accroire, et de quelques baisses récemment affichées sur leurs rayonnages, ces petits soldats de la vie moins chère ne gagnent pas beaucoup de batailles. En moyenne, selon les calculs des experts, les prix des articles de grandes marques d'alimentation et d'entretien y ont dérapé de 3,3 % en 2002, et de plus encore en 2003, les mille plus courants d'entre eux – les produits « psychologiques », comme les surnomment les spécialistes – s'étant même envolés de 3,9 %. Les hausses sont parfois vertigineuses. Selon le mensuel *Capital*, qui a pu se procurer des listings d'un hyper du sud de la France, la laque Elnett 118 y a bondi de 46,2 % en quatre ans, le rôti de porc Hénaff de 44,2 %, et certaines compotes de fruits Andros de 32 %[1]. Certes, les tarifs des gammes vendues sous des

1. *Capital*, n° 151, avril 2004.

marques-distributeurs et ceux des « premiers prix » ont grimpé beaucoup moins vite à l'échelle, certains en ont même descendu quelques barreaux. Mais, dans l'ensemble, la situation n'est pas glorieuse. D'autant que les *hard discounters*, Aldy, Lidl et autres Leader Price, parviennent, eux, à contenir les tarifs. Ils ont d'ailleurs commencé à tailler des croupières inquiétantes aux hypermarchés classiques : sur les produits de base, autrement dit sur les fonds de placard d'épicerie, leur part de marché, qui était à peine visible à l'œil nu il y a quelques années, avoisine désormais les 20 %...

Tétanisés à l'idée de passer pour des fauteurs d'inflation (et de perdre au passage leur clientèle), les patrons de grandes surfaces ont longtemps persisté à nier l'évidence : non, les prix ne dérapaient pas, juraient-ils à longueur d'affiches, il s'agissait d'une illusion d'optique, et d'ailleurs c'était chez eux qu'ils étaient les plus bas. Cette intox au premier degré devenant chaque jour plus difficile à soutenir, et menaçant même de tourner au ridicule, Michel-Édouard Leclerc a entrepris au printemps dernier d'en ciseler une nouvelle, nettement plus fine, et à notre avis suffisamment retorse pour entourlouper la plupart des ménagères. Échafaudée sur des bases exactement inverses, cette mascarade de haute tenue s'articule autour de trois propositions, distillées sur le ton de la connivence : 1/oui, amis consommateurs, les prix dérapent, ils glissent même plus encore que vous ne le pensez, nous nous en rendons compte comme vous, et cela nous désole tout autant ; 2/ non, ce n'est pas nous qui en sommes responsables, mais l'État avec la complicité de nos fournisseurs ; 3/ oui, nous faisons tout ce que nous pouvons pour essayer de remédier à la situation, mais ce n'est pas facile car l'État ne se laisse pas faire et les fournisseurs sont impossibles.

Aussitôt dit, aussitôt fait. Afin de se mettre les ménagères dans la poche, l'épicier de Landernau a commencé par investir, l'hiver dernier, des millions d'euros dans une campagne de pub dénonçant, on s'en souvient sans doute, les ravages de la hausse des prix, y compris, ce n'est pas commun, dans ses propres magasins. « Ceux qui pensent que le pouvoir d'achat a augmenté vivent sur une autre planète », pouvait-on lire sur ces panneaux rebelles. Que voulait dire notre oracle ? Que, comme le pensent beaucoup de Français, l'Insee se trompait dans son calcul d'indice des prix. Que ses experts prenaient en compte des choses qu'ils ne devraient pas, par exemple les tarifs des contrats d'assurance ou du ticket de métro, et ne prenaient pas assez en compte des choses qu'ils devraient, par exemple le jambon en tranches et les sacs aspirateurs (on simplifie), en sorte qu'en définitive, la valse des étiquettes était en réalité nettement plus endiablée qu'annoncé, et que, loin d'avoir augmenté en 2003 de 1,2 %, comme l'assure la bande de statisticiens ignares à la solde du gouvernement, l'authentique pouvoir d'achat des consommateurs s'était érodé, nous disons bien érodé, de 1,1 % cette année-là. Voilà qui expliquerait la « baisse spectaculaire du moral des ménages » observée dans le pays. Et, accessoirement, celle du groupe Leclerc, qui déprime dès que baisse le moral des ménages, car il les aime d'amitié.

Étant lui-même docteur en économie, Michel-Édouard Leclerc sait bien que tout cela n'a pas de sens : à quel titre faudrait-il limiter le poids des ordinateurs ou des téléviseurs LCD (dont les tarifs baissent) dans le calcul de l'indice des prix ? Et pourquoi donc en exclure les loyers et les primes d'assurance ? Les Français ne se fendent-ils pas pour ces postes-là plus encore que pour les yaourts à la myrtille ? Notre croisé n'ignore pas non plus qu'en dépit des critiques incessantes dont il fait l'objet, en général venues de la CGT et du Parti communiste, l'indice Insee est reconnu par tous les experts internationaux comme une référence mondiale. Une récente étude réalisée par sept économistes du Fonds monétaire international n'a-t-elle pas, après vérification de son mode de calcul, confirmé « son haut degré de justesse méthodologique », et estimé qu'il « peut servir de modèle dans de nombreux pays » ?

L'indice Leclerc, lui, pourrait servir de modèle dans toutes les écoles d'enfumage. Car – c'est cela son génie – personne ne saurait affirmer qu'il est faux. Simplement, il ne mesure en aucune façon l'évolution du pouvoir d'achat des Français, comme il voudrait le laisser croire, mais celle de *la partie* de pouvoir d'achat des Français qui intéresse Michel-Édouard Leclerc, autrement dit celle qu'ils sont susceptibles de flamber dans les grandes surfaces alimentaires. Évalué avec un procédé statistique similaire par, disons, les fabricants d'appareils photo numériques, dont les tarifs catalogue ne cessent de dégringoler, le même « pouvoir d'achat des Français » s'envolerait au minimum de 15 % à 20 % par an, ce qui est une supernouvelle. Si cette corporation photographique voulait bien nous faire la grâce, au moins une fois dans l'année, d'une pareille campagne de pub, le moral des consommateurs, nous le notons par parenthèse, s'en trouverait grandement revigoré.

Mais revenons à Michel-Édouard. Selon lui, donc, la hausse des prix serait bien plus importante qu'il n'y paraît. Et à qui la faute, s'il vous plaît ? Sûrement pas aux hypers, répond-il tout de go dans ses pubs-vérités, mais « à une loi bien française » qui, depuis six ans, permettrait aux fournisseurs « de fixer les prix de vente minimaux dans les magasins », empêcherait par là même « les commerçants de répercuter aux consommateurs une partie importante des conditions d'achat », en sorte que, depuis son adoption, « les prix ont augmenté et (que) les clients ont été pénalisés ». Qu'on abroge donc sans délai ce texte scélérat, et lui, Leclerc, « baissera directement de 5 à 10 % les prix des produits de marque qui composent près de 50 % du panier moyen hebdomadaire ». CQFD.

En matière de carabistouille, il est, bien sûr, toujours possible d'inventer n'importe quoi, comme dans *Bibi Fricotin*. Mais les meilleurs mensonges, tous les galopins le savent, comportent en général un canevas de vérité sur lequel on brode au gré des besoins, et s'il le faut à l'infini. C'est cette deuxième technique qu'a choisie notre bateleur. Car enfin, d'une certaine façon, il n'a pas tort : c'est bel et bien depuis le vote de la loi Galland, en 1996, que les hypers ont cessé de « répercuter aux consommateurs une partie importante des conditions d'achat » et laissé dériver leurs tarifs. Notre chevalier omet juste de dire que celle-ci n'est que marginalement responsable de ce fait, il suffit de la lire pour s'en rendre compte. Qu'interdit-elle au juste ? Rien d'autre que la vente à perte, autrement dit la possibilité pour un distributeur d'écouler des marchandises à un prix inférieur à celui auquel il les a acquises. Cette pratique, qui concernait par définition un nombre limité d'articles – autrement les grandes surfaces auraient toutes fait faillite au bout d'un mois ! –, avait en effet pour conséquence de placer en difficulté les entreprises fournisseuses et, donc, l'emploi dans leurs usines. Imaginons par exemple qu'un fabricant de shampooings cède ses shampooings deux euros pièce à tous les hypers, et que l'un d'eux, mettons Auchan pour ne citer personne, décide de les proposer en rayon à un euro cinquante pour attirer le chaland chevelu. Après lui avoir passé un savon, les autres enseignes, très suspicieuses, exigeront immanquablement du producteur de shampooings qu'il leur consente un rabais afin de leur permettre, à elles aussi, de rogner leurs prix, pour ne pas se faire doubler par Auchan. Et bien souvent, même s'il n'est pour rien dans l'affaire, le fournisseur devra s'exécuter, sauf à risquer de se faire expulser des rayons.

C'est cet effet pervers que la loi Galland a voulu éviter. Rien de nouveau sous le soleil, d'ailleurs, puisque la vente à perte, ce cancer du commerce connu depuis la nuit des temps, était déjà proscrite par la réglementation française. Seulement, comme les poursuites étaient très difficiles à mettre en œuvre et jamais certaines d'aboutir, les grandes surfaces violaient tous les jours cette disposition le cœur léger. En resserrant le dispositif juridique, la loi de 1996 les a simplement contraintes à revenir dans le droit chemin. Dans le même esprit, elle leur a aussi interdit d'araser artificiellement les étiquettes en exigeant des fournisseurs tout un tas de ristournes et de gratifications pour des motifs baroques, sans rapport direct avec la livraison de leurs produits. Non seulement ces pratiques malsaines engendraient des distorsions de concurrence, mais elles contribuaient à enfoncer plus profondément la tête des industriels sous l'eau.

Pour comprendre la suite de l'histoire, il faut s'arrêter un instant sur le mécanisme de fixation des prix de vente en économie libérale. Ultrasimple d'ailleurs, on apprend cela en CM1. Les magasins, grandes ou petites surfaces, acquièrent des marchandises auprès des producteurs à un prix d'achat (PA), qui varie en fonction des quantités acquises. Ils y ajoutent leurs frais (structure, personnel, loyers, promotion, impôts, etc.), leurs marges, et revendent les produits à un prix de vente (PV) supérieur au prix d'achat. PV = PA + bénéfice, comme on disait à l'école. Naturellement, le dosage entre le PA et le PV peut varier en fonction des stratégies commerciales, des politiques de promotion, de la situation conjoncturelle, etc. Mais, en gros, celui qui fait le plus de volume, et possède les frais de structure les moins élevés, peut vendre meilleur marché que ses concurrents. Chacun fait donc des efforts pour réduire ses coûts, et les prix de détail sont naturellement tirés vers le bas. Si l'on excepte les échoppes de Corée du Nord et, dans une certaine mesure, celles de Cuba, mues par d'autres logiques, ce mécanisme de concurrence est immuable, des marchés de Bamako aux boutiques branchées de Soho. C'est grâce à lui que nos hypers ont réussi en quelques décennies à faire fondre les étiquettes et à condamner le petit commerce à une mort lente.

Or, sans que le public ne s'en rende compte, ils ont choisi de le jeter aux orties après l'adoption de la loi Galland. Non par obligation – encore une fois, contrairement à ce que clame Leclerc, ce texte ne les y contraignait pas – mais un peu par provocation et beaucoup par calcul économique. Ah ! L'État ose leur interdire de vendre à perte ? Eh bien, puisque c'est comme ça, ils ne se battront plus du tout sur les étiquettes ! Les marges répercutées sur le prix affiché, la course folle pour ratiboiser les frais de structure, les politiques tarifaires conduites avec un doigté chirurgical, tout ça c'est terminé ! Ils achèteront PA et ils revendront PA, sans gagner un sou sur les ventes, voilà tout. Ce sera plus simple. Et cela permettra, en dépit des apparences, de tondre un peu plus ras les consommateurs, comme nous allons le voir dans un instant.

Désormais, donc, dans le monde étrange des hypermarchés français, PV est égal à PA. Comme, pour éviter la discrimination, les industriels sont tenus par la loi depuis toujours de céder leurs marchandises à tous les distributeurs à des conditions tarifaires équivalentes, tout le monde affiche la livre de beurre au même prix. Dans le fond c'est plus pratique.

Enfin quand on dit la livre de beurre, on ne parle pas de celle que des dames revêches en tablier Vichy et gants chirurgicaux découpent à la demande après qu'on a attendu un quart d'heure dans la file du rayon fromages. On parle de beurre industriel, bien blanc, bien net et bien carré, empaqueté dans du papier brillant avec une jolie vache dessinée dessus. Car ce système délirant ne vaut que pour les produits de marque, c'est-à-dire, quand même, pour près de la moitié du caddy de la ménagère. Tout le reste, la viande fraîche, le roquefort à la coupe, le poisson, les fruits et légumes et les roses sans odeur, dont les tarifs oscillent tous les jours en fonction des arrivages, restent soumis au bon vieux système de concurrence par les prix. Tout comme les articles bas de gamme et ceux des marques distributeurs que les chaînes d'hypers font fabriquer pour elles-mêmes, et dont elles continuent de réguler les étiquettes à leur guise. Grâce à quoi elles peuvent tout à la fois donner l'illusion au public qu'elles se font une concurrence féroce, attendrir le client avec des promos d'enfer pour lui flanquer ensuite un coup de massue sur les articles de marque, et limiter autant que faire se peut la folle progression des *hard discounters*.

Mais... et leur beurre à elles, au fait ? Si PV = PA, où donc les grandes surfaces se le font-elles ? Ailleurs, les amis, ailleurs. Dans le fond du magasin. Pendant que les clients poussent leurs caddies, elles y entraînent discrètement les fournisseurs et leur y font les poches comme dans un bois. Naturellement, on n'est pas au Far West, elles inventent des faux prétextes au kilomètre pour justifier ce détroussage. Par exemple, elles facturent aux industriels des frais promotionnels imaginaires, leur demandent de raquer pour l'installation de leurs produits en rayon, leur font payer au prix fort la fourniture de statistiques de vente aussi précises qu'inutiles, encaissent des fortunes pour le référencement de leurs marques, autrement c'est la porte, font passer une « corbeille de mariés » en cas de fusion entre deux enseignes, sans parler des palettes gratuites livrées ni vu ni connu, ou en remplacement de produits supposés gâtés mais en réalité écoulés sans problème. En matière de siphonnage, l'imagination des cow-boys du linéaire est sans limites.

Bien entendu, ces techniques ramasse-miettes (il s'agit de grosses miettes), connues sous le nom de « marges arrière », sont pour une bonne part illégales. En quelques mois à peine, les contrôleurs de la Direction de la répression des fraudes, qui sont allés fourrer leur nez dans cette cuisine peu ragoûtante, en ont rapporté quatre cents procès-verbaux bien frais, qui donneront (peut-être) lieu à des procédures judiciaires. Mais cela n'empêche pas les hypers d'en croquer avec appétit. Selon les spécialistes, on estime que ces financements ont représenté l'année dernière plus de 30 % du chiffre d'affaires des grandes surfaces, c'est-à-dire pas loin de cinquante milliards d'euros, l'équivalent du budget des ministères de la Justice, de la Culture, de la Jeunesse et des Sports, de la Ville, de l'Outre-mer, des Finances et de l'Intérieur réunis.

Or, au bout du bout, qui fait les frais de cette razzia ? Les consommateurs, bien sûr. Les chers consommateurs de Michel-Édouard Leclerc, pour la satisfaction desquels on se met en quatre du lundi au samedi (nocturnes les jeudis), à qui l'on bichonne des prétendues étiquettes mouchoirs de poche et des promotions incroyables, dont on cherche sincèrement à maximiser le pouvoir d'achat, car la maximisation du pouvoir d'achat des consommateurs « est la clé de la croissance », mais qui, sans le savoir, règlent comptant et jusqu'au dernier centime l'addition gigantesque de ces commissions illégales lorsqu'ils passent à la caisse. Car, on l'a compris, les industriels en répercutent évidemment tout le poids sur leurs tarifs, avec d'autant plus de zèle que les hypers les laissent faire bien volontiers. Pourquoi les en dissuaderaient-ils, puisque le nouveau système (PA = PV) ne permet plus à la concurrence de jouer ? Et que, en forte augmentation ou pas, le prix de la moutarde sera le même partout ? « Il existe une sorte de deal implicite entre les fournisseurs et les distributeurs pour laisser filer les prix à la hausse », résume Olivier Géradon de Véra, du cabinet IRI-Secodip, l'un des meilleurs spécialistes du secteur.

Ne soyons pas paranos. Les hauts dirigeants des groupes alimentaires et ceux des chaînes d'hypermarchés ne se sont pas retrouvés un soir en costume rayé dans une arrière-salle de café enfumée pour arroser au vingt ans d'âge la signature d'un pacte diabolique anticonsommateurs. Le système s'est installé petit à petit, presque de lui-même, au fil de l'augmentation des marges arrière. Et personne, bien entendu, n'a esquissé le moindre geste pour s'y opposer. Il est vrai qu'à l'exception des dindons de consommateurs et des PME fournisseuses pressurées comme des citrons [1], cette farce-là a de quoi faire saliver tout le monde. En premier lieu, donc, les hypers, qui peuvent faire exploser leurs marges sans encourir le retour de bâton de la concurrence ; ensuite les grands groupes industriels qui, comme le « Monsieur plus » d'une vieille publicité pour un chocolat aux noisettes, profitent de l'aubaine pour tirer leurs prix plus que de raison et gratouiller au passage des profits supplémentaires ; l'État enfin – ce n'est pas parce que Leclerc l'accuse de tous les maux qu'il faut a priori le croire innocent –, qui engrange chaque année dans l'opération un joli paquet de recettes fiscales. À la différence des « marges avant » traditionnelles, taxées, dans l'alimentaire, au taux de TVA réduit (5,5 %), les marges arrière, même illégales, relèvent en effet du taux normal de TVA (19,6 %). Rien d'étonnant puisqu'elles sont officiellement considérées comme la rémunération de prestations de service rendues par les hypers à leurs

1. Seules les grandes marques peuvent augmenter leurs prix à loisir, pour compenser la ponction des marges arrière. Les petites sociétés, dont les produits sont moins installés sur le marché, disposent d'une possibilité de rattrapage beaucoup plus faible.

fournisseurs. Le retour à un système classique de fixation des prix ferait donc perdre à Bercy entre deux et trois milliards d'euros par an, ce qui, en période de disette budgétaire (c'est-à-dire tout le temps) représente un magot considérable.

Rendons-lui cet hommage, Renaud Dutreil, le secrétaire d'État au Commerce, a néanmoins signé une circulaire dans le courant 2003 pour tenter de remettre les choses en ordre. Il y rappelle – mais était-ce nécessaire ? – que le système pernicieux des marges arrière n'est nullement le fait de la loi Galland et incite les grandes surfaces à revenir progressivement à la concurrence par les prix. « Aucun obstacle technique ne s'y oppose », faisait-on valoir à l'époque dans l'entourage du ministre. En somme, il suffirait que les patrons de deux ou trois chaînes d'hypermarchés se décident à passer la rampe pour que tout le secteur s'assainisse, et que les étiquettes des grandes marques se remettent à diminuer. Mais lequel d'entre eux en a vraiment envie ? Certainement pas ceux qui rôdent dans les couloirs du ministère pour que le gouvernement les laissent continuer à faire leur pelote tranquilles.

Le lamentable cinéma orchestré en juin dernier par Nicolas Sarkozy a achevé de le démontrer. Sur sa seule bonne mine, le ministre des Finances, on s'en souvient peut-être, prétendait convaincre les dirigeants d'hypers de réduire progressivement leurs marges arrière, et de s'entendre avec leurs principaux fournisseurs pour baisser les prix de 5 %. Après s'être copieusement tapés dessus dans son propre bureau de Bercy, les uns et les autres n'ont finalement concédé, avec une extrême mauvaise grâce, qu'une minuscule réduction moyenne de 2 %, actuellement offerte avec un énorme battage par les grandes surfaces, et qui sera probablement reprise en quelques mois. Sans donner la moindre assurance sérieuse sur l'abandon progressif du système actuel.

« Une évolution significative ! » s'est enthousiasmé le ministre. « Un pied de nez aux consommateurs ! » ont répondu les représentants de l'UFC-Que Choisir. Michel-Édouard Leclerc n'en était pas moins aux anges.

Il est vrai que, même en cas d'hypothétique retour à la guerre des prix, le Breton, dont les magasins affichent des frais de structure inférieurs à ceux de ses concurrents, pourrait tirer son épingle du jeu. Toute tartufferie mise à part, c'est d'ailleurs la principale raison pour laquelle il presse le gouvernement d'imposer par la loi l'assainissement des pratiques de la grande distribution. Cela ne l'empêche pas de se goberger plus qu'aucun de ses collègues au grand festin des marges arrière. Selon les chiffres fournis par le ministère du Commerce, l'inlassable combattant de la vie chère a en effet augmenté les siennes de 25 % entre 2001 et 2003, cinq fois plus que le chiffre de l'inflation officielle. Il est vrai qu'il est archifaux.

Les bons tours du Tour

Avec l'inénarrable Richard Virenque, roi de la petite reine et prince de la grimpette alpine, on pensait avoir atteint le sommet de la menterie. En dépit d'une série d'évidences piquantes comme des seringues, ce dur à cuire avait, on s'en souvient, continué d'affirmer jusqu'à l'absurde qu'il avait toujours roulé « à l'eau claire ». Et que si, par extraordinaire, il lui était arrivé de se doper, c'était, il fallait le croire sur parole, « à l'insu de son plein gré ». Le bougre n'avait fini par lâcher le morceau d'EPO qu'au bout de plusieurs mois, après avoir fait se tordre la France entière.

C'était en 1998, et depuis cette date funeste, tout ce que la bicyclette compte de cadres, hauts dirigeants de l'Union cycliste internationale, hiérarques de la Fédération française, organisateurs du Tour de France, sponsors et autres patrons d'équipe se sont relayés pour rassurer le public. Le dopage ? Peut-être le milieu abrite-t-il encore, çà et là, un ou deux pédaleurs galeux. Mais, dans l'ensemble, les mauvaises pratiques ont été éradiquées, et la morale est revenue en selle. Bref, le vélo serait désormais un sport encore plus propre que les échecs.

Tu parles ! En réalité, ledit vélo demeure au moins aussi gangrené par la chimie que du temps de Virenque, et plus encore, peut-être, par le mensonge. C'est bien simple, le peloton compte tellement de joueurs de pipeau qu'on pourrait presque monter un orchestre à chaque arrivée d'étape. Pour dire les choses sobrement : un grand nombre de coureurs se dopent, tout le monde le sait, et chacun fait mine de ne pas le savoir. Il n'est pas difficile de comprendre pourquoi. Engagés dans une course folle aux profits – il faut gagner pour rentabiliser les investissements –, les sponsors, qui poussent des hauts cris dès qu'on leur parle de produits interdits, exigent de leurs cracks des prouesses impossibles à réaliser sans coups de fouet illégaux. En sorte que le système entier repose sur une gigantesque mystification. Certes, ces derniers mois, quelques traîtres à la cause, en particulier Jesus Manzano, de l'équipe Kelme, ont ébréché l'omerta avec de fracassantes déclarations. Et la mort par overdose cet hiver de Marco Pantani, gloire italienne des années 1990, n'a pas contribué à améliorer le climat. Mais les faux culs du vélo continuent en dépit de tout d'anesthésier l'opinion avec la bonne vieille stratégie de l'édredon, y compris lorsque les dérives crèvent les yeux. Ainsi, lors de l'affaire Cofidis qui a brutalement éclaté au début de l'année.

Plutôt que d'absorber bêtement des produits chimiques aussi voyants que du rouge à lèvres, comme les rigolos de l'équipe Festina, certains petits malins de cette formation de pointe se faisaient semble-t-il, entre autres traitements sophistiqués, transfuser des globules rouges piqués dans le sang de complices, eux-mêmes shootés aux hormones comme des veaux en batterie. Absolument indécelable au contrôle, ce dopage au deuxième degré leur paraissait l'arme absolue du cyclisme moderne, si bien qu'ils sont littéralement tombés de leur selle lorsque les flics de la brigade des stups ont débarqué chez eux munis d'accablantes écoutes téléphoniques et de tout un tas de preuves.

Ces tricheurs éhontés eussent pu reconnaître leurs torts, faire des excuses publiques et ne plus recommencer, le monde du sport n'en eût pas été retourné. Au lieu de quoi, en grands professionnels des médias, certains d'entre eux ont préféré assurer le spectacle en servant à l'opinion des salades à hurler de rire. Ainsi Marek Rutkiewitcz, coureur de talent alpagué à l'aéroport de Roissy avec, semble-t-il, un plein frigo d'ampoules de génotropine, une hormone de croissance strictement interdite, a-t-il juré dans un journal polonais « ne rien savoir sur les hormones » et n'avoir jamais transporté que « des vitamines, des produits nutritifs et des tisanes comme de la mélisse », l'ensemble d'ailleurs en petite quantité. On notera qu'à l'instar du dopage le bidonnage cycliste a évolué ces dernières années, l'eau claire étant remplacée par de l'infusion de mélisse, nettement plus crédible.

Très crédibles aussi les protestations d'innocence des responsables de l'équipe Cofidis : avant que la police ne découvre les trafics et les armoires à pharmacie, aucun n'avait entendu parler de la moindre piquouze. Le médecin jurait ses grands dieux n'avoir jamais été dans le secret des pharmacopées de ses protégés, le manager que sa formation avait toujours été tout à fait propre, et le grand patron de Cofidis, pourtant un homme de crédit, que l'éthique maison était aussi nickel qu'un guidon neuf. Diable ! Si la justice n'avait mis en examen plusieurs de leurs coureurs (ou ex-coureurs), si le soigneur de cette équipe modèle n'avait été faire un tour à l'ombre pour trafic de produits illicites, sil'ex-pédaleur Cofidis, Philippe Gaumont, déjà trois fois coincé pour dopage, n'avait choisi, à la quatrième, de vider son sac, et de confesser que 90 % du peloton carburait à la chimie lourde, on aurait presque pu les croire. Après quelques semaines d'hésitation, ledit Gaumont, lassé d'être lâché par tous, a d'ailleurs fini par raconter tout haut « comment on passe un contrôle en restant clean », détaillant dans une interview à potasser en fac de médecine[1] les tenants et aboutissants des contre-mesures chimiques indispensables, le Nasacort en spray pour masquer la cortisone par exemple, et démontrant enfin à la face du monde l'intérêt considérable de « se gratter un peu les testicules avec du sel ». Les découvrant (les testicules) constellés de rougeurs, le médecin prescrira six mois de Diprosole en pommade. « Comme ça, derrière, tu peux te faire six mois de Diprostène en injectable, sans risquer d'être contrôlé positif. »

La bicyclette, y a que ça de vrai !

1. *Le Monde*, 16 mars 2004.

Entourloupes paysannes

Ce jour-là de novembre 2003, les types d'Arvalis sont devenus complètement zinzins. Quoi ? Qu'apprenaient-ils ? Que l'État voulait leur piquer leur pognon ? Aller fourrer ses grosses pattes crochues dans leurs réserves financières, soixante-dix-neuf millions de bons euros bien brillants accumulés au cours d'une vie de sacrifices, et en ressortir les mains pleines, direction le Trésor public ? Ah, ils allaient voir de quel bois se chauffait l'Institut de recherche sur les céréales, les ministricules voleurs et les parlementaires avides ! Ils allaient en prendre pour leur rosette ! Dans la graine, messieurs, on ne se laisse pas facilement dépouiller de son blé !

Alors le cirque a commencé. Missive au ministre du Budget. Fax de Bercy bloqué. Harcèlement téléphonique des députés. Prise en main des sénateurs. Interpellation de Matignon. Siège du ministère de l'Agriculture. 78 000 lettres envoyées aux exploitants agricoles, tracts en pagaille,communiqués à la pelle, manifs à Paris, débrayages à Pau, baratinage des élus locaux, appel aux syndicats, non pas du lobbying, mais une véritable opération de guerre psychologique pour défendre la citadelle du blé dur et du maïs en grains. Le tout appuyé sur une artillerie de bobards hyperboliques à faire frémir dans les tranchées. « En dix ans de vie parlementaire, je n'avais jamais vu ça », a rapporté au *Figaro* un sénateur ébahi.

Avant d'entrer dans le vif de ce canardage agricole, jetons un coup d'œil à la bête. Arvalis est un institut de recherche sur les plantes qui appartient à « l'interprofession » du blé et du maïs, autrement dit aux céréaliers membres de la FNSEA, le plus gros des syndicats d'exploitants agricoles. Il emploie environ quatre cents personnes dans une quarantaine de centres de recherche, et vit essentiellement du produit de taxes parafiscales prélevées sur les paysans – désormais baptisées du doux nom de « cotisations volontaires obligatoires [1] ». Le taux de ces impôts qui ne disent pas leur nom étant décidé de conserve avec la FNSEA, on imagine qu'Arvalis ne meurt pas de faim : en quelques années de bonnes et loyales perceptions sur les paysans, l'institut a réussi à se constituer une cagnotte de soixante-dix-neuf millions d'euros, donc, somme absolument pharaonique à l'échelle de cet organisme microbien, sans réelle utilité économique ou sociale, mais cependant jalousement conservée dans les coffres-forts financiers de la maison, et grossissant tous les ans de nouveaux prélèvements obligatoires, car il faut bien que le monde agricole avance. C'est ce trésor-là, constitué du produit d'impôts inutilisés, que le ministre du Budget Alain Lambert envisageait de réintégrer dans les caisses de l'État.

Mais revenons à nos amis. Afin de convaincre les pouvoir publics de rengainer leur siphon, ils ont commencé par pleurer misère, évoquant avec un stylo à

1. Comme beaucoup d'autres organismes paysans, l'Interprofession des céréales dont dépend Arvalis, et qui est gérée par le syndicat FNSEA, possède le pouvoir de lever des impôts. C'est l'État qui le lui a délégué voilà plusieurs décennies. Prélevées sur l'ensemble des céréaliers, ces taxes doivent théoriquement servir à des actions de promotion ou de soutien économique à la filière. Cette bizarrerie fiscale, que l'on retrouve dans toute notre agriculture, pose de graves problèmes de démocratie, comme nous le verrons plus loin.

larmes dans une lettre au ministre du Budget la « situation financière dégra-dée » d'Arvalis, consécutive à la « déstabilisation de ses ressources » (?) qui a fait naître « les plus vives inquiétudes chez les administrateurs et le personnel » ainsi que « dans les milieux de la recherche scientifique ». Naturellement, étant donné la « gravité de la situation », eux-mêmes se sont mobilisés pour « essayer de trouver des solutions, mais ce n'est pas facile ». Il va de soi que, « dans ce contexte, un prélèvement dans les actifs enlèverait tout espoir ».

Cette version modernisée du sketch du « pauvre paysan » n'ayant pas donné les résultats escomptés auprès du ministre (il avait préalablement pu observer les comptes florissants de la boutique), les céréaliers ont sorti de leur grange, dans un deuxième temps, une intox autrement sophistiquée, conçue pour titiller le subconscient politique des parlementaires et la fibre électorale de l'équipe Raffarin. Car enfin, qu'est-ce qui, de nos jours, fait s'émouvoir un sénateur ou un ministre ? L'emploi, bien sûr ; la sécurité sanitaire, sûrement ; et, à moins de tomber sur un gougniafier, la dégradation de l'environnement... Nos baratineurs ont donc fait valoir avec le plus grand sérieux dans les travées des deux hémicycles que toute ponction, même partielle, sur leurs réserves financières, les amènerait « à renoncer à des recherches stratégiques » dont dépendront demain « la santé du consommateur et la protection de l'environnement ». En somme, un éventuel hold-up de Bercy sur leur trésor de guerre se révélerait une catastrophe pour le bien-être des Français, et peut-être même du genre humain tout entier. De plus, vu les « difficultés de trésorerie » auxquelles ils ne manqueraient pas d'être confrontés, les dirigeants de l'institut seraient alors dans la cruelle obligation de recourir à un « plan social drastique », et en particulier d'annoncer « vraisemblablement la fermeture de la plate-forme de recherche de Pau », un coup de faux qui entraînerait à lui seul la disparition de « cent cinquante emplois dans la région ».

Cet argumentaire offensif leur semblant encore un peu molasson, les hiérarques du blé en herbe l'ont renforcé d'éructations contre la « confiscation arbitraire » en préparation, une « iniquité aberrante », doublée d'une « spoliation anticonstitutionnelle » couverte par une « présentation des choses scandaleusement fallacieuse » de la part du gouvernement – la leur étant, bien entendu, au-dessus de tout soupçon. Matraqués via une avalanche de communiqués indifféremment signés de la direction et des syndicats de la maison, ces boniments ont, comme prévu, réussi à mettre en transe un certain nombre de parlementaires. Mais pas suffisamment pour qu'Arvalis puisse emporter la décision.

Restait le « *window dressing* », autrement dit l'habillage des comptes. Ou plus exactement leur déshabillage, puisque, face à l'obstination des pouvoirs publics, le seul moyen de préserver le pactole du pillage était en définitive de le faire disparaître. Pour cela, nos militants ont eu recours à la bonne vieille technique des provisions bidons : elle consiste à réintégrer dans les charges des sommes supposées couvrir de futures dépenses inévitables, en réalité purement imaginaires. « Je conteste le terme de "provisions", se défend aujourd'hui Charles Brette, le directeur général d'Arvalis. Il s'agissait simplement de mises en réserve comptables [1]. » S'il préfère... Ayant une pleine caverne d'Ali Baba à escamoter, les maquilleurs d'Arvalis ont donc successivement « mis en réserve » 32,4 millions d'euros au titre du financement des contrats de recherche en cours (mesure évidemment inutile, ceux-ci étant payés au fil des ans par les recettes courantes), dix-huit millions en gage d'un emprunt du même montant, et vingt-neuf millions

1. Entretien avec l'auteur.

pour garantir le paiement éventuel d'indemnités de licenciement à la totalité des quatre cents salariés, précaution bien utile en cas de guerre mondiale, car il faudrait alors les virer tous ensemble du jour au lendemain, et dieu sait si l'on trouverait les moyens de leur verser leur dû.

Hélas ! Loin de faire plier les pouvoirs publics, ces pitreries comptables ont achevé de les braquer : sur proposition du ministre du Budget, l'Assemblée nationale a voté sansciller en décembre 2003 le rapatriement immédiat decinquante-neuf millions d'euros des caisses d'Arvalis vers celles du Trésor public. De l'aveu même de Charles Brette, cette décision inique et anticonstitutionnelle n'a toujours généré aucun plan social drastique, aucune fermeture de plate-forme à Pau, aucune coupe dans les programmes de recherche de l'institut, et pas la moindre suppression d'emploi. « Mais rien ne dit qu'on n'en viendra pas là dans quatre ans », ajoute-t-il [1]. Quant à la détérioration de l'environnement et de la santé des Français, annoncée comme inévitable, elle n'a jusqu'à présent pas été perceptible aux observateurs, du moins à l'échelle de l'œil humain. Il convient toutefois de rester prudent, la planète n'étant, en la matière, jamais à l'abri d'une mauvaise surprise...

Cessons de persifler. Dans n'importe quel autre secteur de la société, une telle guignolade aurait suscité un concert de protestations scandalisées. Après tout, il s'agissait de fonds publics. Au lieu de quoi, personne n'a prêté attention à cette grossière tentative de manipulation, ni n'en a même entendu parler. Pourquoi ? Parce qu'en matière paysanne, le mensonge est une chose normale, une fatalité acceptée, au même titre que le vent, le gel et les grêlons. On oserait dire : une méthode de gestion. Il suffit d'ouvrir les yeux sur le paysage pour

1. Entretien avec l'auteur.

s'en rendre compte : voilà des années que toute notre organisation agricole repose sur une mystification et que le faux-semblant y tient lieu de politique.

Pour le comprendre, il faut revenir un instant aux années 1960. Effrayée (mais ravie) par l'afflux de bébés dans ses berceaux, la France se demande alors anxieusement comment nourrir autant de bouches à la fois. Pour y parvenir, elle finit par instaurer une organisation des fermes et des champs radicalement nouvelle, qui repose sur un principe singulier dans une société déjà très marquée par le libéralisme : la « cogestion » entre les pouvoirs publics et la FNSEA, l'unique syndicat d'exploitants agricoles (si l'on excepte le minuscule Modef, infréquentable satellite fermier du Parti communiste). État-FNSEA : ces deux-là font tout ensemble, ils se retrouvent quotidiennement au ministère, créent des charretées d'organismes, d'offices, de comités, et autres instances aux sigles bizarres pour réguler la production, accroître les rendements, intensifier les élevages et donner du grain à moudre à nos meuniers. À Bruxelles, ils défendent de concert les intérêts des paysans tricolores, organisent la répartition des subventions, ferraillent la main dans la main pour les quotas et les « montants compensatoires monétaires » aujourd'hui disparus. Et, puisque aussi bien la FNSEA et l'État ne font qu'un, cette dernière, ou, plus exactement, les organismes qu'elle contrôle, se voient confier par délégation le droit de percevoir des taxes parafiscales, et de les gérer à son goût. Étrange.

Mais le système fonctionne. Non seulement la France échappe à la famine, mais, en quelques années d'azotage à outrance et de veaux en batterie, elle se hisse au deuxième rang mondial des exportateurs de produits verts, apportant un coup de main calleuse à notre commerce extérieur, alors en perdition. La terre tourne, les bébés biberonnent et les vaches sont bien gardées. Que demande le peuple ?

Rien. Jusqu'à ce jour de 1989 où une poignée de paysans mauvais coucheurs, outrés des ravages collatéraux de l'agriculture intensive, décident de créer un deuxième syndicat, à la philosophie opposée : la Confédération paysanne. Trois ans plus tard, d'autres mauvais coucheurs, estimant, à l'inverse, qu'on n'épand pas assez de pesticides dans nos campagne, et que nos sillons doivent boire plus encore d'engrais chimiques, fondent une troisième organisation, qu'ils baptisent « coordination rurale ». Dès lors, la FNSEA n'est plus seule en scène. Et elle ne cesse de perdre du terrain. Aux dernières élections aux chambres d'agriculture, elle a recueilli à peine une moitié des voix, ce qui fait maigre pour un syndicat censé représenter la totalité de la paysannerie française.

L'ennui c'est qu'entre-temps aucun gouvernement n'a eu assez de courage pour modifier l'organisation générale de notre agriculture : la crainte des jacqueries, bien sûr. Jean Glavany, ministre de Lionel Jospin, a certes fini par admettre officiellement en 1999 « le principe du pluralisme syndical ». Mais il s'agit là d'une fiction fabriquée à seule fin de donner le change, tous les rouages importants de notre politique agricole continuant d'être cadenassés par la formation majoritaire, avec l'assentiment des pouvoirs publics.

Ainsi la Confédération paysanne a-t-elle récemment tenté de faire entrer ses représentants dans l'Interprofession de l'élevage porcin, l'un des organismes que gère en solo la FNSEA. Rien que de très normal, en somme, puisque cette institution possède le pouvoir de lever des prélèvements obligatoires dans son coin, ce dont, par parenthèse, elle ne se prive pas. À quel titre ce privilège devrait-il être accordé à une seule organisation ? Au titre que c'est comme ça, a-t-on fermement répondu aux quémandeurs. Les producteurs de lait de la Confédération paysanne, engeance qui rassemble entre 25 % et 30 %

des effectifs de la profession, a subi le même sort le 10 mars 2004. Figurez-vous que ces prétentieux souhaitaient se voir associés à la réflexion sur les nouvelles règles de fixation du prix du litre, rien que ça, et qu'ils s'étaient rendus pour ce faire à la Maison du lait, siège de leur interprofession, avec l'intention d'y donner leur avis. Tsss... La FNSEA les a jetés dehors à coups de pied au derrière ! Après avoir manifesté pendant quelques instants leur irritation face à la porte close de cette blanche institution, ces inférieurs s'en sont retournés, penauds, dans leurs étables. On leur signifiera en temps voulu les décisions prises à Paris. Naturellement, le gouvernement n'a pas levé le petit doigt pour leur venir en aide ; il avait sans doute d'autres crèmes à fouetter.

Incroyable ? Peut-être. Pourtant ça se passe aussi comme ça dans la viande, les oléagineux, et dans mille autres secteurs de nos riants terroirs. Avec, à chaque fois, la complicité passive des pouvoirs publics.

Ce déni de démocratie ne pouvant évidemment être mis sur la place publique, ses promoteurs ont pris l'habitude de le masquer avec des mensonges gros comme des charolais de concours. « Les syndicats d'exploitants sont traités sur un pied d'égalité », jure-t-on par exemple au ministère de l'Agriculture en feignant de s'indigner qu'on puisse en douter. « J'ai toujours été un chaud partisan du pluralisme », confirme avec componction Jean-Michel Le Métayer, président de la FNSEA. Un brûlant partisan, même, à en juger par la volée de coups de fourche que son organisation administre à tous ceux qui tentent de contester son hégémonie dans les chambres d'agriculture ou dans certaines commissions d'attribution de subventions aux jeunes exploitants. Du reste, son prédécesseur, Luc Guyau, et le prédécesseur de son prédécesseur, Raymond Lacombe, bouillaient tous deux du même esprit d'ouverture et le faisaient volontiers savoir à l'opinion dès que l'occasion s'en présentait. Quant à Henri Brichart, actuel patron de la Fédération des producteurs de lait (FNPL, affiliée à la FNSEA), lui-même très féru de démocratie, il justifie l'exclusion des syndicats concurrents de son interprofession par des considérations d'intérêt public. « Dans une organisation comme la nôtre, il faut savoir faire preuve d'esprit constructif ; je ne suis pas sûr que les autres syndicats agricoles en soient capables », explique-t-il [1]. À son idée, le débarquement de la Confédération paysanne dans les rounds de négociations avec les transformateurs laitiers rendrait plus difficile la signature d'accords, ce qui nuirait à l'efficacité de la branche laitière tout entière et, partant, à la satisfaction de dizaines de millions d'amateurs de yaourts.

Brichart y va fort. Mais la tartufferie agricole tient du tiramisu : une fois qu'on y a goûté, on ne peut plus s'arrêter. Pourquoi se gêner ? Le ministre couvre quoi qu'il arrive (à la moindre incartade, plusieurs compagnies mécanisées de tonnes à lisier sont prêtes à intervenir dans les cours des préfectures), les technos de Bruxelles sont loin et l'opinion n'y comprend goutte. Les responsables paysans peuvent donc bobarder à loisir sur tout ou presque : la traçabilité dite irréprochable des productions animales, l'innocuité des pesticides et des antibiotiques d'élevage, la prétendue qualité inférieure des produits étrangers, la supposée implacabilité des contrôles vétérinaires, les pertes de revenu dont les exploitants seraient victimes année après année, on passe sur la fraude fiscale, sport national des campagnes, et sur les salades servies au grand public sur la « solidarité entre paysans », qui font rigoler tout le monde dans le milieu.

Quant au respect de l'environnement... Pendant des

1. Entretien avec l'auteur.

années, de nombreux engraisseurs de porcs bretons ont sciemment sous-évalué leur cheptel d'au moins 30 % afin de tourner la loi restreignant la taille des exploitations, bluffé pire qu'au poker sur les plans d'épandage de lisier, encaissé des subventions pour des actions de dépollution en partie imaginaires, et abreuvé l'opinion d'études bidons pour lui faire croire que les nitrates issus de leurs élevages n'étaient pour rien dans la détérioration de la qualité de l'eau bretonne. L'effondrement des cours et la pression de Bruxelles ont temporairement permis de baisser le rideau sur ce cinéma charcutier. Mais rien ne dit que la séance ne reprendra pas à la première occasion.

Mais les bidonnages les plus majestueux concernent l'importante question de l'argent de poche. Comme toute organisation, la FNSEA en manque. Elle a donc pris l'habitude d'en glaner discrètement quelques brassées dans le produit des taxes parafiscales (ou, si l'on préfère, des CVO, les « cotisations volontaires obligatoires »), ces impôts sur les paysans qu'elle a la chance de pouvoir collecter. Ainsi a-t-elle créé l'année dernière avec les syndicats ouvriers, et l'assentiment explicite du ministre de l'Agriculture, un nouveau machin baptisé Provéa, financé par un prélèvement de 0,2 % sur la masse salariale de toutes les exploitations de France et théoriquement destiné à réfléchir à « la gestion prévisionnelle de l'emploi dans l'agriculture », sujet considérable, bien que peu labouré jusqu'à maintenant. Pour les dirigeants des syndicats agricoles concurrents, qui n'ont pas été conviés à participer à cette chose, Provéa cacherait en fait une simple pompe à finances : ses créateurs auraient en effet décidé que plus de la moitié des fonds collectés seraient affectés directement à la FNSEA, charge à cette dernière d'organiser en échange la « réflexion » prévue. « Nous sommes en train d'y travailler », plaide le directeur du syndicat. Bien que cette étrange architecture ait été conçue selon lui « par souci d'efficacité », les hiérarques de l'organisation n'ont pas été jusqu'à la crier sur le toit des fermes, en sorte que personne n'y a prêté attention. Cela vaut sans doute mieux pour eux.

Autre petite menterie très pratique pour récolter quelques sous : la facturation ambiguë des ventes de blé et de maïs. En France, les producteurs doivent impérativement céder leurs grains à des coopératives ou à des groupes agréés, souvent très proches de la FNSEA. Lesquels, toujours « par souci d'efficacité », se chargent d'établir les factures en lieu et place des agriculteurs, en défalquant de leur règlement le produit des taxes parafiscales – c'est obligatoire – ainsi que celui des cotisations syndicales versées à la FNSEA, à condition, bien sûr, que le paysan en fasse la demande explicite. Or, selon François Lucas, le patron de la Coordination rurale, certains factureurs n'hésitent pas à regrouper ces deux prélèvements bien différents en une seule ligne, pudiquement baptisée « taxes et cotisations », et à récolter le tout sans trop insister. Ainsi, des milliers d'agriculteurs, embobinés par cette petite astuce, acquitteraient sans le savoir une cotisation syndicale à une organisation qu'ils ne soutiennent pas forcément, en croyant payer leurs impôts.

Bien entendu, les responsables du syndicat rejettent avec véhémence toutes ces basses accusations, allant jusqu'à traîner dans les prétoires ceux qui osent les proférer. Ainsi ont-ils porté plainte en 2001 contre le mensuel *Capital*, coupable, entre autres vilenies, d'avoir mis en lumière leur système d'aspiration de l'argent public dans l'interprofession céréalière décrit dans un rapport de la Cour des comptes (ils ont finalement interrompu la procédure quelques semaines avant le procès). La mise en examen pour abus de biens sociaux par le juge Henri Pons dans l'affaire des détournements céréaliers, en février 2004, n'a pas contribué à assainir le climat. Cela n'empêche pas les hiérarques du syndicat majoritaire de continuer à distiller de touchantes inventions pour justifier leurs petits écarts : à les en croire, loin d'être détourné pour les besoins de leur organisation, l'argent des taxes céréalières était en réalité utilisé pour affirmer « la solidarité » des producteurs de blé avec leurs amis éleveurs, une noble cause tout à fait en rapport avec la philosophie généreuse de leur formation pluraliste. C'est, du reste, en partie exact, puisque l'argent était en partie versé dans les caisses de la Confédération nationale de l'élevage et de la Confédération française de l'aviculture, deux structures syndicales un peu à court de liquidité, et toutes deux membres de la FNSEA. Comme quoi on n'est jamais si bien servi que par soi-même.

Après avoir déambulé pendant sept heures au Salon de l'agriculture, Jacques Chirac a souligné l'hiver dernier qu'en dépit de cette sombre affaire, il conservait toute confiance dans la « capacité d'adaptation » des paysans et de leurs représentants. Il a trouvé le mot juste.

Au pays du n'importe quouïsme

Les bobards, c'est comme les pattes de tourteau : les plus délectables sont souvent les plus énormes. Quelle chance ! Des racontars infinis de l'affaire Allègre aux folles inventions des mythomanes d'Outreau, en passant par les fariboles des fausses championnes de jet-ski et des prétendues agressées du RER, les pipeauteurs de grand style nous en servent tous les jours un vrai festin. Lâchés par des langues spontanées ou froidement ciselés dans le bronze de la mauvaise foi la plus confondante, ces boniments pachydermiques finissent presque toujours par être démasqués. Leur poésie enchantée et tragique façonne un monde de demi-fous, à mi-chemin entre Boris Vian et Alfred Jarry.

Ami lecteur, prends ta respiration. Nous entrons dans le monde du n'importe quouïsme.

Un génocide ? ? ? Quel génocide ?

Entre 1975 et 1979, au Cambodge, deux millions de personnes ont été liquidées par le régime des Khmers rouges. Après avoir entièrement vidé de sa population la capitale, Phnom Penh, et envoyé tout le monde s'affairer aux rizières, le pouvoir, partisan du collectivisme total, a entrepris de trier le bon grain de l'ivraie. Tous ceux qui n'acceptaient pas avec assez d'enthousiasme les contraintes de la collectivisation forcée, le dynamitage des institutions, y compris la poste et les écoles, la suppression de la monnaie, de la famille, de la libre pensée, du travail salarié, des transactions commerciales, de la liberté de déplacement, la destruction d'à peu près tous les livres, l'endoctrinement des enfants et les terribles famines induites par ce système démentiel, étaient passés par les armes ou conduits dans des camps de « rééducation » afin de les remettre dans le droit chemin. Celui de Tuol Seng, à Phnom Penh, dont l'épouvantable régime a été retracé dans le film de Rithy Panh [1], a accueilli par exemple seize mille malheureux. Sept en sont ressortis vivants.

Lorsque, en 1979, l'armée vietnamienne pénètre dans le pays et chasse les Khmers rouges du pouvoir, le Cambodge, paradis du communisme total, n'est plus qu'un immense charnier.

Khieu Samphan, lui, n'a rien vu. Rien su. Rien

1. *La Machine de mort khmer rouge.*

entendu. Rien aperçu. Retranché dans sa villa de Païlin, au nord-ouest du pays, cet homme de soixante-douze ans l'a juré-craché en janvier dernier à un journaliste du *Monde* venu l'interviewer. Non, même en se creusant la tête, il ne se rappelle pas avoir perçu le plus mince écho des exactions qui ont ravagé son pays pendant ces années de plomb. Il est vrai qu'à l'époque des faits il n'était pas très bien placé pour être tenu au courant : il était juste chef de l'État. Mais attention ! prévient-il. Dans le Kamputchea démocratique (le nom officiellement donné au pays par les Khmers rouges), la présidence de la République était un simple poste de représentation, la réalité du pouvoir étant détenue par le secrétariat du Parti communiste, et plus exactement par son chef, le terrible Pol Pot. En sorte que Khieu Samphan, qui vivait au cœur du premier cercle des assassins, assistait régulièrement aux réunions du Politburo, avait la confiance de Pol Pot – qu'il a fraternellement accompagné dans son exil intérieur jusqu'à sa mort, en 1998 – et représentait officiellement son pays à l'étranger, en sorte que Khieu Samphan, président de la République du Cambodge, était le seul Cambodgien vivant à ignorer ce qui se passait autour de lui. Veuillons le croire, s'il nous plaît.

Puisé dans les profondeurs de la mauvaise foi, son incroyable « témoignage » est un diamant brut de mensonge. Jusqu'en 2001, Samphan, bien que normalement pourvu en neurones, contestait carrément l'existence du génocide. En 2003, il a fini par en reconnaître la réalité dans une lettre ouverte à ses compatriotes, pour mieux en dégager sa responsabilité. Ainsi, assure-t-il, c'est « par règle de discipline » qu'il a accepté son poste de président de la République des mains d'un dictateur sanguinaire, et non « pour couvrir des crimes (qu'il) ignorait ». Comment pouvait-il imaginer ces sinistres dérives alors que, même au sommet de l'État, « la règle du secret était permanente », que chacun devait « se concentrer sur sa tâche spécifique, ne rien entendre et ne rien savoir sur celle des autres » ? D'ailleurs, aujourd'hui encore, le pauvre Samphan ne parvient « toujours pas à comprendre » comment son copain Pol Pot a pu se laisser aller à pareille barbarie. En somme, le principal tort de ce gentil garçon, s'il faut absolument lui en trouver un, serait d'avoir été bigleux comme une taupe.

Le tribunal international, qui devrait bientôt le juger pour crimes contre l'humanité, avalera-t-il cette fable lugubre ?

In vino veritas

Eût-il un verre de trop dans le nez, on aurait laissé courir. Après tout, battre un peu la campagne quand on a forcé sur la dive n'est pas un grave péché au pays du pinard. Mais, renseignements pris, Gilles Remoriquet était parfaitement sobre lors de son intervention. Ajoutons qu'il ne plaisantait pas du tout, étant à ce moment à la tête d'une manifestation de vignerons en colère dans les environs de Dijon. C'est donc en pleine possession de ses moyens, quoique très remonté, que le président de la Confédération des associations viticoles de Bourgogne (CAVP) a assuré à la presse le 24 février 2004 que le vin « n'était pas responsable de l'alcoolisme ».

Une fois encore, la cause du raisin méritait de frapper un grand coup. Attaqués par un obscur groupuscule de pisse-vinaigre (l'ANPA, autrement dit l'Association nationale de prévention de l'alcoolisme), ses frères pinardiers bourguignons venaient de voir leur campagne de pub interdite par la justice. D'ici quelques semaines, ce serait au tour des copains de Bordeaux d'être traînés devant les prétoires comme de vulgaires délinquants. Toujours cette histoire de loi Évin... Sous prétexte que le jaja est un poil plus fermenté que la limonade et qu'il n'est pas bon de conduire pompette –, encore que cela reste à prouver, car les virages sont courbes – on n'a pas le droit d'en faire la réclame ! Ou alors dans des clous tellement étroits que cela ne sert à rien ! Pendant ce temps, les boys de chez Coca-Cola nous remplissent les écrans à ras bord avec leurs spots sucrés, et les gars du Whisky se débrouillent pour passer entre les gouttes de la loi. Faut croire qu'il n'aimait pas le vin, l'Évin, pour avoir pondu un texte pareil. Alors, une petite exagération ici ou là dans le feu de l'action pour faire passer le message...

Le vin, donc, n'est pas responsable de l'alcoolisme, s'est enflammé le compère Remoriquet. Qui donc a tiqué ? Personne. Avec la bibine, il faut, chez nous, s'attendre à tout. Du coup, d'autres ont poussé le bouchon plus loin. Roland Courteau, un sénateur de l'Aude, s'est exclamé en plein palais du Luxembourg avec le plus grand sérieux que « consommer du vin ce n'est pas consommer de l'alcool ». L'un de ses collègues de Gironde a immédiatement approuvé, tenant à préciser qu'à son avis personnel, et de façon générale, « le vin, ce n'est pas de l'alcool », ce qui règle une fois pour tout le problème. Rappelons qu'il ne s'agissait pas de propos de comptoir, mais bien d'un débat officiel à la Chambre Haute de notre représentation nationale, censée faire valoir des positions nuancées. Une fois passés ces défricheurs, la foule du tout-picrate, maires de communes vinicoles, grossistes en tonneaux, lobbyistes du douze virgule cinq, associations de négociants, syndicats d'appellations contrôlées, journalistes spécialisés, chevaliers de taste-machin et jusqu'au ministre de l'Agriculture (quoique avec un peu de recul pour ce dernier) ont pu embrayer sans crainte sur ce thème audacieux. Si bien qu'à la fin du mois de février 2004, la France entière semblait bruisser de cette assertion finalement très rassurante : le vin ce n'est pas de l'alcool. Il n'y a donc aucune raison de lui imposer les contraintes de la loi Évin.

Or, cette sornette n'est pas un mensonge comme les autres. Elle appartient à une catégorie de carabistouilles très rares, dont la manipulation exige une grande précision et pas mal de savoir-faire, et que l'on pourrait qualifier de « bobardage-provocation ». À la différence des menteries traditionnelles, toujours prononcées avec l'espoir qu'on les avale, ces salades-là ne sont en effet pas cuisinées pour être gobées : on sait d'avance que personne ne s'y laissera prendre tant elles sont énormes. Tout au contraire, il s'agit de laisser croire à sa dupe qu'elle n'est pas dupe afin de mieux la duper, comme dans ces tours de magie où le prestidigitateur feint d'expliquer le truc au public pour le piéger plus encore. Cette tromperie extrêmement sophistiquée instille donc son poison au deuxième degré, en passant de préférence par les sphères subliminales. Compliqué ? Voyons les travaux pratiques.

Certaines sociétés de vente par correspondance (VPC), qui promettent chaque semaine un cadeau fantastique (c'est le mot) d'une valeur de cent cinquante mille euros à plusieurs millions de Français à la fois, constituent une excellente éprouvette. Pour être sûres que personne ne les prend au sérieux, elles ont soin d'annoncer à chacun, en lettres d'argent sur fond or, qu'il a été le seul gagnant tiré au sort (sous contrôle d'huissier), et que, de ce fait, il sera l'unique heureux à empocher le pactole de cette loterie exceptionnelle – exactement comme ses voisins de palier, destinataires du même courrier au vu et au su de tous, et par conséquent eux aussi uniques heureux gagnants du pactole de cette exceptionnelle loterie, comme l'atteste le certificat préfectoral officiel ci-joint. Ainsi mis en bouche, tout bipède correctement pourvu en neurones règle l'affaire d'un haussement d'épaules, faut quand même pas le prendre pour une bille, d'autant que ça fait déjà six fois qu'il est tiré au sort depuis le début de l'année sans jamais avoir touché un sou, pas même la superbe parure de téléphone attribuée aux perdants en lot de consolation... Des sornettes, tout ça ! Moyennant quoi, notre finaud se sentira plus intelligent que l'expéditeur, en quelque sorte supérieur à lui, puisque pas dupé par ses fausses promesses, et donc en excellente condition psychologique pour commander des draps dont il n'a pas l'usage, car on commande toujours plus de draps dont on n'a pas l'usage quand on est de bonne humeur. Et tant qu'à faire – c'est là qu'intervient la magie de la chose –, il renverra quand même le coupon du sweapstake en souriant de la bonne farce, car enfin, puisque cette affaire est bidon, qu'a-t-on à perdre à y répondre ? « Ces mailings ne sont pas conçus pour qu'on y croie, mais pour détendre les clients », résume un ancien commercial, qui a roulé sa bosse dans plusieurs sociétés de VPC. Dieu que c'est élégamment tourné.

Grand expert en mentologie, et sans conteste le plus brillant arracheur de dents de notre classe politique, Jean-Marie Le Pen use lui aussi à l'envi de cette technique provo-mensongère. Exemple : lorsqu'il promet mordicus de supprimer l'impôt sur le revenu dès qu'il arrivera aux affaires, il n'espère évidemment pas être cru, sauf peut-être par une poignée de simples d'esprit. Le président du Front national cherche simplement à ancrer avec ce clou grossier l'idée que, plus que tout autre présidentiable, il a la baisse des prélèvements obligatoires chevillée à l'esprit. Au début, on rigole. Ensuite, on sourit. Et à la fin, on se fait prendre. Car, à propos, qui, plus que tout autre présidentiable, a la baisse des prélèvements obligatoires chevillée à l'esprit ? Jean-Marie Le Pen, bien sûr ! C'est en réalité tout à fait inexact– si c'était le cas, son parti commencerait par proposer un programme économique crédible – mais cela passe comme un tract à la boîte. À noter, par parenthèse, que l'étalage national d'une promesse en trompe-l'œil pour des raisons techniques n'empêche pas les électeurs du FN de conserver toute leur confiance à leur grand leader, preuve qu'en matière de mensonge, on ne peut jurer de rien.

Mais revenons à notre gros qui tache. C'est avec une semblable blague au deuxième degré que le lobby de l'alambic est parvenu à distiller de fausses idées à presque tout le pays. Le vin ? Évidemment que c'est de l'alcool, ont souri dans un premier temps les Français, qui ne sont tout de même pas des pommes à calva, quoique quand même, si l'on y réfléchit bien, ont-ils bien réfléchi, le vin c'est de l'alcool faible, juste ce qu'il faut pour faire passer la gorgée, en sorte que, rouge ou blanc, cela ne peut pas vraiment faire de mal, rien à voir avec ces gin, pastis, whisky et autres vodka tonic, qui titrent lourd comme le plomb et vous démolissent un organisme en moins de deux. Raisonnement évidemment absurde puisque, comme pour les bombes atomiques de Boris Vian, ce qui compte avec le pinard c'est l'endroit où s'qu'il tombe et combien qui n'en tombe, bien plus que le degré affiché sur la bouteille. Quelques courageuses blouses blanches, épouvantées par la tournure des choses, se sont d'ailleurs précipitées pour le rappeler. L'illusion collective a cependant gagné jusque dans les plus hautes sphères du pouvoir. Et, bien que la surconsommation de p'tits ballons conduise chaque année des dizaines de milliers de Français à la cirrhose, bien qu'elle brise des familles, démolisse des enfants et achève le boulot en fauchant plusieurs centaines de malheureux chaque année sur les routes, le Sénat, partant du principe que le vin « ce n'est pas tout à fait de l'alcool », a voté comme un seul homme l'amendement à la loi Évin demandé par les producteurs. Le bobardage-provocation est aussi traître que le petit blanc du matin.

Si nous saluons ici avec componction la maestria des pinardiers pour berner l'opinion, nous ne nous en étonnons pas : aussi loin qu'on remonte, la barrique a toujours fait bon ménage avec le bidon[1]. Coupages

1. Même si, bien sûr, des milliers de viticulteurs font leur travail avec honnêteté et conscience.

sauvages, traitement des crus aux copeaux de chêne, ajout de sucre en loucedé, escroqueries aux appellations, tromperies sur les volumes, trafics de millésimes, larmes de crocodile pour obtenir des subventions, sans parler des monceaux d'arguments de mauvaise foi régulièrement servis pour défendre les intérêts viticoles, on en passe et des terribles. Faut-il raconter comment certains châteaux parviennent à amadouer les critiques internationaux en bidouillant les échantillons à tester pour les faire exactement correspondre à leur goût ? Dévoiler les petites astuces parfois utilisées pour recycler les raisins de moindre qualité ? Ou les techniques de rétention des stocks, discrètement appliquées pour maintenir les cours artificiellement hauts ? Certains de nos rois de la vigne ont tellement d'expérience en matière de dissimulation qu'ils pourraient en remontrer même à François Bayrou.

On ne sera donc pas surpris que, par-delà la magistrale entourloupe sur le vin sans alcool, cette affaire de loi Évin repose elle-même sur un mensonge éhonté, bien que de tournure plus classique. Dès le début de leur agit-prop, les producteurs de nectar ont en effet martelé que l'interdiction de faire de la pub était l'une des principales raisons du désastre économique de leur filière – car le vin va mal, les stocks s'accumulent et le nombre d'exploitations en grande difficulté ne cesse de croître – et qu'il fallait, par conséquent, agir de toute urgence. Marie-Christine Tarby, vice-présidente de l'association Vin et Société, qui regroupe l'ensemble des organisations professionnelles de vignerons et de négociants, s'est même laissée aller à parler d'« urgence absolue ». « Nous ne pouvons attendre plus longtemps, il faut que cette affaire soit réglée dans les deux mois qui viennent », a-t-elle exigé la sueur au front et le nez long comme ça.

En réalité, tous les presseurs de vigne le savent, la

déconfiture de leur secteur ne tient que très marginalement à l'interdiction de la pub sur le territoire français. En dehors de l'impact des campagnes de prévention de l'alcoolisme, ses causes, beaucoup plus profondes, seraient plutôt à rechercher dans la désorganisation de la filière, les stratégies commerciales dépassées, l'embrouillamini des appellations, les politiques de stockage suicidaires, la morgue de beaucoup d'acteurs, masquant souvent une absence quasi totale de dynamisme, l'incapacité à réagir face à la concurrence des nouveaux pays producteurs et, surtout, le maintien de prix anormalement élevés au regard des conditions du marché et de la qualité des productions. Est-ce la faute de la loi Évin si nos exportations de vin AOC ont diminué de 8,2 % en volume en 2003 ? Si la part de marché de nos boutanches aux États-Unis, qui dépassait les 35 % il y a quelques années, n'atteint plus désormais que 15 % – rien qu'en 2003, les ventes de bordeaux y ont chuté de 8 % et celles de bourgogne de plus de 7 % ? Est-ce l'absence de placards de pub à la sortie de nos sous-préfectures qui permet aux concurrents d'Australie, d'Afrique du Sud, du Chili, d'Argentine ou de Californie, désormais au même niveau de qualité que les producteurs français mais beaucoup moins chers, de leur tailler des croupières sur tous les marchés de la planète ? Il ne le semble pas.

Plutôt que d'essayer de masquer leur misère avec de gros bobards, les viticulteurs français feraient bien de regarder au fond de leur verre, voir un peu ce qui s'y passe. *In vino veritas*, n'est-ce pas ?

Delirium trotskiste

Les représentants du Parti des travailleurs, qui ont recueilli à peine 0,5 % des suffrages aux dernières élections européennes, se seraient-ils trompés de mot d'ordre ? Ces trotskistes tendance granit avaient fait toute leur campagne en expliquant aux Français que le déficit de la Sécurité sociale n'existait pas (un peu comme le monstre du loch Ness) et qu'il convenait par conséquent de ne pas chercher à le résorber. C'était très séduisant, mais peu de gens ont cru à cette fable délirante.

S'ils tentaient le coup la prochaine fois en racontant que le tunnel du Mont-Blanc est un mirage et la Bretagne une vue de l'esprit ? Ça pourrait peut-être marcher...

Autodestruction créatrice

Comme le savent pertinemment les dizaines de milliers de lecteurs de l'excellent livre de Thierry Meyssan *L'Effroyable Imposture*, aucun avion n'est jamais tombé sur le Pentagone le 11 septembre 2001. La carcasse de zinc calciné que les sauveteurs ont ramassée, ainsi que les débris humains attenant à ses fauteuils avaient été préalablement disposés par les autorités américaines pour donner le change quelques minutes à peine avant qu'elles ne balancent un missile de croisière en plein dans leur propre ministère.

Sur le World Trade Center, en revanche, ce sont bien deux Boeing qui se sont aplatis, aucune personne de bonne foi ne peut le contester. Mais pilotés par qui ? Et pour quel objectif ? Pendant des années, la clique militaro-impérialiste de George Bush est parvenue à rouler la planète dans la farine comme une vulgaire kefta, en lui faisant gober, en guise d'explication, un navet digne des plus indigentes séries B : cet attentat aurait été perpétré par des kamikazes à cutter appartenant à une soi-disant organisation islamiste nommée Al Qaïda. Reproduite, enrichie et développée dans les médias de tous les continents – pour la plupart aux ordres de Washington –, cette thèse farfelue avait réussi à s'imposer comme une évidence révélée. Misère !

Fort heureusement, on le sait depuis le Moyen Âge, l'obscurantisme finit toujours par céder le pas devant la lumière. À l'instar de Galilée dans sa baignoire, une poignée d'amoureux de la vérité se sont donc levés l'année dernière pour démasquer les imposteurs, et faire pièce à leur fable grotesque. Clin d'œil de l'histoire, ces résistants courageux se trouvent être tous des Allemands, deux journalistes connus pour leur sérieux, ainsi que le propre ancien ministre de la Recherche et de la Technologie du gouvernement social-démocrate d'Helmut Schmidt, homme d'envergure, qui ne passe pas non plus pour un rigolo. Andreas von Bülow est d'ailleurs juriste de profession, un métier qui ne prédispose pas à la calembredaine.

Or que révèlent ces trois hommes dans leurs livres respectifs ? Que, loin d'être l'œuvre des islamistes, le cauchemar du 11 septembre a été imaginé, commandité et mené de main de maître par l'administration américaine elle-même, avec, comme on pouvait s'y attendre, l'appui logistique et financier des services secrets israéliens. La destruction des Twin Towers à l'aide de missiles Tomahawk ou de chasseurs F 16 étant inenvisageable (trop voyant), c'est tout naturellement vers une attaque à l'avion civil que s'est orientée la Maison Blanche. À noter qu'afin d'épargner des vies innocentes, aucun pilote n'avait été admis à bord des Boeing de service, les zincs étant, pour la circonstance, télécommandés à la façon des drones. Naturellement, les Juifs travaillant au World Trade Center – il y en avait beaucoup dans ce paradis de la finance – avaient été dûment prévenus par le Mossad de l'imminence d'une action, et priés de ne pas se rendre à leur bureau le jour J. Quant à savoir pourquoi les Yankees ont organisé cette folie sur leur territoire, l'explication tombe sous le sens : il leur fallait trouver d'urgence un prétexte aux invasions programmées de l'Afghanistan, de l'Irak, et prochainement de l'Iran. À cela se sont sans doute ajoutées, qu'on nous permette ici de le révéler, des considérations purement architecturales. Jugeant les Twins « atroces », d'aucuns, dans l'état-major de la CIA, se disaient « prêts à tout pour en débarrasser New York ». À l'évidence, ils n'ont pas hésité à passer à l'acte.

trêve de balivernes. Même si ces délires sont à pleurer de rire, la poussée d'urticaire révisionniste qui contamine l'Europe depuis quelques mois est assez inquiétante. Car enfin, qu'une poignée d'hurluberlus, fussent-ils anciens ministres, se livrent à pareille falsification de l'Histoire n'a en soi aucune importance : cela leur économise sans doute des années d'analyse et de pleins paniers de tranquillisants. Il est en revanche consternant d'observer que ces givrés ont tout de suite fait des émules. Dans une Allemagne rongée par l'antiaméricanisme et la paranoïa du complot, leurs bouquins se sont en effet vendus à des dizaines de milliers d'exemplaires, y compris chez les intellectuels, au point de devenir un phénomène de société. Est-ce la cause ou l'effet de ce succès de librairie ? En tout cas, selon un sondage (sérieux celui-là) publié au début 2004, 20 % des Allemands se disent persuadés que le cauchemar du 11 septembre a été provoqué par les Américains, la proportion atteignant 31 % chez les moins de trente ans.

Ces scores inouïs démontrent deux choses. D'abord que, même dans les pays à fort niveau d'éducation, l'opinion est capable de gober à peu près n'importe quoi, ce qui constitue une excellent nouvelle pour les charlatans, les faux derches et les vrais menteurs. Mais beaucoup d'entre eux le savaient déjà. Ensuite, qu'une fraction non négligeable de la population desdits pays n'a plus la moindre confiance dans les discours officiels ou simplement majoritaires dès lors qu'ils sont reproduits à l'infini par les médias : quel que soit le propos, pouvoir d'achat, délinquance ou 11 Septembre, elle est persuadée qu'on l'intoxique en permanence (alors qu'en réalité il arrive de temps à autre qu'on ne lui mente pas).

C'est pour se libérer d'une désinformation supposée qu'elle se jette la tête la première dans les rets des pires falsificateurs.

Éden social

Voici une question que personne ne se pose : à quoi sert un porte-parole de gouvernement ? Cet oiseau de rang ministériel étant payé avec les sous des contribuables, il serait pourtant légitime de s'interroger sur son utilité, comme on le fait avec les agents de Bercy, les chercheurs du CNRS ou les brigadiers des douanes, pour ne citer que les catégories inférieures. Au lieu de quoi, rien. C'est sans doute que la réponse semble évidente même au dernier des sots : un porte-parole de gouvernement sert à porter la parole d'un gouvernement, voilà tout.

Eh bien, justement pas. En réalité, un porte-parole de gouvernement ne porte aucune parole : il est payé pour dire des mensonges à ceux qui le payent pour dire la vérité, autrement dit, pour nous rouler dans la farine.

Jean-François Copé, homme de Meaux et de mots, s'est parfaitement acquitté de cette tâche ambiguë. Lorsqu'il faisait le haut-parleur dans l'équipe Raffarin II, jusqu'en avril 2004, il nous a servi des craques en faisant semblant d'y croire, tout va bien avec les Américains, notre solde budgétaire est maîtrisé, l'école républicaine en pleine forme et le chômage en train de bientôt baisser. Nous étions rassurés. Et puis, un jour funeste de janvier, le malheureux a fini par déraper. « Jamais les Français n'ont bénéficié d'autant de mesures sociales positives que depuis un an », s'est-il entendu prononcer. Au même moment, des milliers de chômeurs se voyaient privés d'allocation spécifique de solidarité [1], quarante mille mères célibataires étaient aux cent coups à cause de la suppression de l'allocation parent isolé, des dizaines de milliers de Rmistes plongés dans l'angoisse par leur prochain passage au RMA, des millions de ménages modestes en pétard contre la hausse du forfait hospitalier, la baisse du remboursement des médicaments et l'érosion de l'impôt sur le revenu qui ne profite qu'aux riches, l'armée des virés des emplois-jeunes abandonnée sur le carreau sans procédure d'appel, les Restos du cœur débordés par l'afflux d'affamés, les fonctionnaires proches de la retraite déboussolés par le scalp annoncé de leurs futures pensions, entre six cent mille et huit cent mille demandeurs d'emploi déshabillés par la réforme de l'assurance chômage ou en instance de l'être [2], et des cohortes d'étrangers sans papiers désormais privés d'Aide médicale d'État (AME), menacés d'être chassés des hôpitaux, y compris lorsqu'ils risquaient la mort... Il est vrai que ces derniers ne sont pas français, donc pas concernés par la déclaration de Copé. On se la refait une fois, juste pour le plaisir ? « Jamais les Français n'ont bénéficié d'autant de mesures sociales positives que depuis un an [3]. »

1. Elle leur a été rétablie depuis.
2. Ils ont retrouvé leurs droits.
3. Jean-François Copé a paru si sincèrement stupéfait de la déculottée de l'équipe Raffarin aux régionales qu'on en vient à se poser l'incroyable question : est-il possible que le porte-parole du gouvernement ait cru ce qu'il disait au moment où il le disait ? Si oui, nous le prions d'accepter nos excuses pour ces accusations infondées.

« Un homme calme et tranquille... »

Théodore Dago Séri est un incompris. Il l'a pourtant dit et répété devant le tribunal : ce n'est pas lui qui a tué Jean Hélène. Pourquoi aurait-il commis ce crime ignoble ? Quand on est, comme lui, sergent de police, qu'on a vingt-huit ans, la vie devant soi, et l'honneur de porter le glorieux uniforme des forces armées de la république de Côte-d'Ivoire, va-t-on flinguer de sang-froid un journaliste de Radio France internationale ? Et d'une balle dans la tête, de surcroît, ce qui est une vilaine manière de donner la mort ? Certes, Dago Séri est formel sur ce point, Hélène était un salaud. Un de ces salopards de Blancs complices de la rébellion qui dévore son pays et risque de le conduire un jour à la partition. Un de ces salopards de journalistes, amis des serpents burkinabés, qui salissent de leurs pieds crasseux et fourchus le sol sacré de la nation ivoirienne. Oui, Hélène était une ordure. Mais il ne l'a pas tué. D'ailleurs, ses copains l'ont confirmé sous serment à la barre. N'ont-ils pas assuré – et le public de la salle d'audience avec eux – que lui-même était un homme calme et tranquille, un soldat équanime, d'une grande humanité, avec le sens de la justice chevillé à la baïonnette. Ne les a-t-il pas entendus clamer son innocence, le juge de ce tribunal maudit ? Faudra-t-il en venir à le menacer de mort, lui aussi, pour lui faire entendre raison ?

Hélas, le 22 janvier dernier, la Cour militaire d'Abidjan a condamné le sergent Théodore Dago Séri à dix-sept ans de prison pour le meurtre de Jean Hélène commis trois mois plus tôt à Abidjan. Les expertises balistiques et médico-légales avaient toutes conclu que les balles provenaient de son arme. Sept policiers présents au moment des faits ont en outre témoigné l'avoir vu tirer. Les avocats de Jean Hélène ont jugé que la tactique de la défense, tout entière fondée sur le mensonge et la négation de l'évidence, était suicidaire. Ce n'est pas certain. Les milliers de manieurs de machettes, qui ont, au vu et au su de tous, perpétré pendant trois mois le génocide rwandais, ont toujours nié l'avoir commis, au mépris du sens commun. La plupart d'entre eux sont aujourd'hui sortis de prison.

Salade russe

Que Mikhaïl Khodorkovski en ait eu ras la chapka de croupir en prison, on veut bien le comprendre. Embastillé sans jugement en novembre 2003 sur ordre du Kremlin, ce milliardaire russe, propriétaire et ex-président de la compagnie pétrolière Ioukos, était plus habitué au caviar à la louche qu'à la rigueur glaciale du centre de détention provisoire n° 4 de la Fédération de Russie. Mais quelle idée aussi d'aller traîner Vladimir Poutine dans la boue ! Quelle témérité de lui reprocher de n'être point assez libéral, de mener une politique économique inepte, de museler son opposition, de bafouer les intérêts pétroliers, d'attenter aux libertés publiques, de mettre des bâtons dans les roues des capitaines d'industrie, d'intimider la presse, bref, pour faire simple car il y en a long comme la Volga, de conduire tout droit son pays à la catastrophe ! Et quelle folie d'aller annoncer dans la foulée que lui-même, Mikhaïl Khodorkovski, se présenterait contre ce tsar aux petits pieds lors des prochaines élections présidentielles, qu'il le battrait à plates coutures et qu'il s'installerait dans son fauteuil après y avoir été porté par le peuple ! Il se trouve que ledit tsar aux petits pieds n'aime pas être chatouillé sur ce dernier point, car il adore l'ambiance feutrée du Kremlin. Il a donc envoyé une paire de sbires en voiture noire interpeller cet impudent roi du pétrole.

Que Mikhaïl Khodorkovski en ait eu assez de moisir

dans sa geôle, c'est parfaitement concevable. D'autant qu'en cette mi-mars 2004, cinq mois après son arrestation, l'élection présidentielle s'était tenue sans lui et sans encombre : faute d'adversaire crédible, l'infâme Vladimir en avait repris pour cinq ans à la tête du pays, avec plus de 80 % des suffrages. À quoi bon le maintenir derrière les barreaux désormais, alors que tout était joué ? D'ailleurs, à force de se passer de ses services, son affaire pétrolière allait finir par péricliter et sa fortune avec, Poutine le savait très bien, et ça c'était une vraie déloyauté. Khodorkovski voulait sortir, voilà tout.

Il a donc pris son souffle, taillé sa plume, et, du fond de sa cellule, s'est fendu d'un acte de contrition au regard duquel les affabulations irakiennes de George Bush relèvent de la gnognote et les craques de Richard Virenque de l'amateurisme. Ce texte stupéfiant a été publié quelques jours plus tard par le quotidien économique *Vedomosti*. L'oligarque ultralibéral commence par y annoncer qu'il a changé, et même pas mal changé puisque, après analyse, il s'avère qu'il n'en pince plus du tout pour le libéralisme. Tout au contraire, écrit-il en substance, cette doctrine antisociale et économiquement peu efficace lui apparaît désormais comme une plaie épouvantable pour la Russie. N'a-t-elle pas débouché sur « des échecs tragiques » lorsqu'on a voulu l'appliquer dans les années 1990 – c'est-à-dire à l'époque de son propre enrichissement personnel ? N'a-t-elle pas contribué à maintenir dans la pauvreté une grande partie de la population pendant qu'une poignée d'heureux faisait des millions, ce qui est moralement inacceptable et socialement injuste ?

Au reste, non seulement Khodorkovski ne défend plus le libéralisme, mais il se dit prêt aujourd'hui à le combattre, ainsi d'ailleurs que tous ses partisans, en fait une bande de lâches avec qui il s'était lié d'amitié par erreur. De même c'est avec dégoût qu'il évoque maintenant l'infecte ligne politique du SPS (l'Union des forces de droite) et de Iabloko, les deux partis d'opposition libérale qui roulaient pour lui il y a encore six mois, et qu'il finançait à pleins roubles (ou plutôt à pleins dollars) avant son arrestation. Des ramassis de couards, eux aussi, de surcroît dirigés par des petites pointures qui « n'intéressent personne », et à qui plus jamais il ne fera cadeau d'un kopek ni d'une minute de son temps.

Et puisque aussi bien, quitte à raconter n'importe quoi, autant aller jusqu'au bout, ce grand squale des nappes pétrolières, ennemi juré jusqu'à la semaine précédente de toute forme de prélèvements obligatoires, recommande dans son texte « d'obliger les grandes entreprises à partager avec le peuple », en les écrasant d'impôts et de taxes. D'ailleurs, si l'on pouvait avoir l'obligeance de siphonner sa propre compagnie plus à fond encore que ses concurrentes, il serait bien content, oui, bien content, il ne le dit pas aussi nettement mais cela se comprend entre les lignes : ce Robin des Bois de la toundra en a assez des privilèges des oligarques et des mirages de l'Occident, perverti par le lucre, le business et le fric. Voilà pour la théorie politique.

Pour le reste, la confession de Khodorkovski se résume à un hymne à la gloire de Vladimir Poutine, un type formidable sur le compte duquel il s'était lourdement trompé, il en prend conscience maintenant. Ainsi celui qu'il voulait remplacer tant il était minable s'avère-t-il être un excellent rempart contre les « démons nationalistes » qui guettent son peuple et un compromis parfait entre le libéralisme politique indispensable et la nécessité de domestiquer la société russe. « Il est temps de se rendre compte que le chef de l'État n'est pas simplement une personne physique, mais une institution garante de l'intégrité et de la stabilité du pays »,s'enthousiasme notre taulard, en assurant que cet homme d'exception (qui l'a fait coffrer) est « plus démocrate que 70 % de la population ». Conclusion du repenti : « Il faut renoncer aux tentatives dénuées de sens de mettre en cause la légitimité de Vladimir Poutine. » C'est ce qui s'appelle tourner cosaque.

Mikhaïl Khodorkovski a-t-il conçu de lui-même cet amoncellement de bobards éhontés et de reniements de carton-pâte ? Se les est-il fait dicter par le maître du Kremlin, dont une telle contrition publique a évidemment servi les intérêts ? En tout cas cette mise en scène n'a point porté les fruits espérés. À l'heure où nous noircissons ces lignes, le malheureux oligarque croupit toujours derrière les barreaux et sa société menace de s'effondrer. Comme quoi, même prononcé sincèrement du fond du cœur, le mensonge ne paye pas toujours.

Fiction botanique

Après avoir livré son pays à la famine et à la barbarie des « Chimères », ses effroyables troupes paramilitaires, après avoir muselé les partis politiques, torturé ses opposants, truqué les élections, dressé une partie de la population contre une autre, fait régner la terreur dans les rues, les écoles et les bidonvilles, après avoir isolé sa patrie sur la scène internationale, démoli son économie, enfoncé sa population dans la misère et plongé sa capitale dans le chaos, le père Jean-Bertrand Aristide, ex-président de la République d'Haïti chassé de son fauteuil au soulagement général après onze ans de pouvoir absolu, a déclaré, le lendemain même de son éviction, qu'en l'écartant de Port-aux-Princes, « on avait déraciné l'arbre de la paix ».

Saddam Hussein lui-même ne s'était jamais risqué à pareille audace.

Gousses d'ail et peau de citron

Baratiner son peuple pour faire passer la pilule, tous les gouvernants du monde savent le faire. Mentir pour ne pas faire passer la pilule reste, en revanche, une spécialité de l'Afrique du Sud. Les autorités de ce pays, le plus riche du continent noir, ont en effet pris l'habitude de couvrir avec des craques pas possibles leur totale impotence dans la lutte contre le sida. Pendant des années, elles ont justifié leur refus de distribuer des médicaments antirétroviraux à leurs malades par de prétendues raisons de santé publique. Elles affirmaient que les traitements mis au point par les laboratoires américains (et donc suspects) ne seyaient pas aux traditions culturelles de leur population. Et assuraient sans rire que soigner la maladie reviendrait à la conforter, puisque les citoyens ne seraient dès lors plus tellement motivés pour éviter de la contracter. À ce compte-là, autant mettre le feu à la forêt pour éviter les incendies.

Cette imposture intellectuelle ayant conduit directement à la mort des milliers de sidéens sud-africains sans empêcher le moins du monde la propagation de l'épidémie (le pays compte aujourd'hui plus de cinq millions de séropositifs), Pretoria a été contraint de faire marche arrière. Et d'accepter, devant la pression mondiale, de distribuer enfin à ses malades, tout au moins au plus grand nombre d'entre eux, les traitements que son économie assez puissante aurait permis depuis longtemps de leur offrir. C'est Mme Manto Tshabalala-Msimang, ministre de la Santé en exercice, qui a annoncé la bonne nouvelle en novembre 2003. D'ici la fin de 2004, a-t-elle promis, cinquante-trois sites de distribution d'antirétroviraux seront ouverts, qui toucheront l'ensemble de la population. Soupir d'aise chez les sidéens, dont les plus atteints ont recommencé à sourire en imaginant déjà le bain de jouvence que leurs apporteraient bientôt les trithérapies.

Au lieu de quoi, la douche écossaise ! À peine trois mois après sa généreuse déclaration, Manto Tshabalala-Msimang est revenue sur ses propos pour prévenir que les centres de distribution n'ouvriraient pas comme promis à la fin 2004. Si tout se passe bien, a-t-elle corrigé, ils commenceront à offrir leurs remèdes à la fin 2005, mais ce sera peut-être plus tard encore. Autant dire que des milliers de malades auront le temps de mourir avant que le programme ne démarre. La ministresse eût pu rougir de cette mortelle incurie, et proférer des excuses publiques pour tenter de se la faire pardonner. Au lieu de quoi, pressée de se justifier sur ce retard assassin, elle a bricolé à la va-vite un baratin à mourir de honte. « J'avais dit que les centres ouvriraient en 2004, mais je n'avais pas promis qu'ils seraient opérationnels à cette date. » *Of course, madam.*

Et pour que l'illusion soit complète, Manto Tshabalala-Msimang, ministre de la Santé d'un pays développé, qui abrite les meilleures universités d'Afrique, fournit régulièrement au monde sa poignée de prix Nobel, et dont les équipes médicales ont jadis réalisé la première greffe du cœur de la planète, Manto Tshabalala-Msimang a rappelé à son peuple avec le plus grand sérieux qu'en matière de sida« quelques gousses d'ail, une cuillère d'huile d'olive et de la peau de citron lavé » restaient les meilleurs remèdes, ainsi, bien sûr, que la betterave, dont chacun sait qu'elle est « très importante dans la stimulation du système immunitaire ».

Les trithérapies attendront bien encore un peu.

30 millions de chômeurs

À peine installé à Bercy et convaincu d'avance que les incapables du PS allaient lui courir sur le haricot pire qu'un régiment de doryphores, Nicolas Sarkozy a prononcé, au cours d'une de ses premières séances de questions à l'Assemblée nationale, une déclaration de nature à les faire rentrer sous terre une bonne fois pour toutes. « Les socialistes, a-t-il assuré, sont responsables du fait que la France connaît plus de chômeurs que tous les autres pays du monde. » Lesdits socialistes en sont restés bouche bée, et le ministre est retourné s'asseoir en relevant le menton. Pour clouer le bec à la volaille hollandaise, il n'est pas de meilleur Scotch que la vérité objective.

Au moment où Nicolas Sarkozy s'exprimait, le taux de chômage de la France, le plus élevé du monde, s'établissait à 9,5 %, à peu près le même niveau que celui de l'Allemagne et la Finlande. L'Estonie était à 9,6 %, la Grèce à 10,2 %, Israël à 10,4 %, la Lettonie à 10,6 %, l'Espagne (magnifiquement gérée par l'équipe libérale de José Maria Aznar pendant que Lionel Jospin fracassait notre pays contre le mur du sous-emploi) à 11,2 %, la Lituanie à 11,6 %, la Slovaquie à 16,7 %, le Venezuela à 17 %, la Pologne à 19,1 %, l'Uruguay à 19,4 %, la Croatie à 21,7 %, le Vietnam (servi par des coûts de production vingt fois inférieurs aux nôtres) à 25 %, le Nigeria à 28 %, l'Algérie à 31 %, l'Afrique du Sud à

37 %, la Bosnie à 40 %, le Sénégal à 48 %, Djibouti à 50 % et le Zimbabwe à 70 %, en admettant qu'il soit possible d'y comptabiliser sérieusement les bras ballants. En Inde, le nombre de demandeurs d'emploi était supérieur à soixante millions, et la Chine en comptait probablement davantage encore [1].

Quant à savoir si les socialistes sont les seuls responsables du fait que la France compte plus de chômeurs qu'aucun autre pays du monde, il est évident que la réponse est oui, les politiques d'accroissement des prélèvements obligatoires, de contention des bas revenus et de copinage fiscal avec les restaurateurs conduites par la droite n'y étant évidemment pour rien, pas plus que le maintien d'un système de retraite hors de prix pour les cheminots et les incessantes reculades face aux grandes réformes de structure, dont l'actuelle majorité a gratifié le pays pendant des années. Les socialistes, qui étaient dans l'opposition à l'époque des faits, et qui avaient par conséquent tout intérêt à ces coups de chaleur, sont aussi, on le dit par parenthèse, seuls responsables de la canicule de l'été 2003 (la plus élevée du monde), et probablement très mouillés dans le premier divorce de Britney Spears. C'est par pure bonté d'âme que le ministre de l'Économie ne le leur a pas encore envoyé dire.

1. Données tirées du CIA World Factbook.

Intox et mascarades

Dans le fond, c'est logique : lorsque la vérité ne correspond pas aux besoins, le plus simple est encore d'en fabriquer une autre. Il suffit pour cela de disposer d'un peu d'imagination, et de se mettre la presse dans la poche. Sans cette dernière, en effet, point de carnaval possible, ou alors à minuscule échelle. Consentants, les journaux broderont les perles qu'on leur tend avec une habileté de couturier. Roulés dans la farine, ils feront caisse de résonance à leurs bidonneurs avec une pareille efficacité, ce qui est finalement très rassurant.

Ne le cachons pas, la blague sur les armes de destruction massive, mère de toutes les intox, a un peu écrasé le genre ces derniers mois. Mais elle ne l'a pas pour autant épuisé, comme le démontrent ces quelques mascarades d'ampleur plus modeste, mais assez bien ficelées et nettement plus charmantes.

Génie baladeur

Un jour qu'il jouait au golf, Akio Morita, PDG-fondateur du groupe d'électronique japonais Sony, eut subitement envie d'écouter une cantate de Bach. C'est cela, le génie. Comment faire, se demanda aussitôt le boss en ratant son put ? Il faudrait construire un appareil spécial, se répondit-il tout de go, un minicassette à piles, très petit, très léger, qui puisse s'accrocher à la ceinture ou se mettre dans une poche. Il faudrait aussi le munir d'écouteurs afin de pouvoir conserver les mains libres, se dit le patron en ratant de nouveau son put et en s'en fichant complètement, car il venait d'inventer le baladeur.

C'était en 1978. L'année suivante, le premier « walkman » de la planète sortait des usines Sony. La marque japonaise, bientôt rejointe par la concurrence, en vendra des millions, révolutionnant au passage l'approche de la musique et engrangeant des montagnes de profits. C'était déjà beaucoup. Mais ce ne fut point tout.

Histoire de tirer le maximum de cette magnifique affaire, les cadres dirigeants de la firme nipponne, bientôt appuyés par l'ensemble du personnel, s'en allèrent en effet la raconter partout, et en particulier aux journalistes, qui la reproduisirent à l'infini dans leurs colones, ainsi qu'aux biographes officiels de M. Akio Morita, qui en firent un plein chapitre, si bien qu'au bout de quelques mois, le monde entier ou presque fut convaincu : 1/ que la société Sony était présidée par une sorte de génie capable, entre deux swings et un bunker, de rendre heureux des millions d'amateurs de cantates de Bach et de faire gagner des millions à ses actionnaires, 2 / qu'il était légitime d'être personnellement reconnaissant à cet être d'exception pour ce fait de gloire, ainsi d'ailleurs qu'à toute son entreprise, et 3/ qu'une bonne partie des innovations de Sony sortant directement de son cerveau, il conviendrait de les accueillir à l'avenir avec enthousiasme et prodigalité. Cette page d'histoire, ciselée avec amour et professionnalisme par la direction de la communication de la société, tiendra la rampe pendant un peu plus de vingt-six ans.

Le 2 juin 2004, après des années de procédures discrètes et de coups fourrés silencieux, les dirigeants de Sony – dont le génial PDG-fondateur est décédé en 1999 – ont finalement accepté de verser plusieurs millions d'euros à un certain Andreas Pavel, inconnu au bataillon, mais têtu comme une bourrique. Cet Allemand de cinquante-neuf ans méritait bien un petit dédommagement : c'est lui qui a inventé le baladeur, un an avant la partie de golf du président Morita.

Faussaires et vrais gogos

Comment décrire cette abstraction picturale ? Quatre vers de terre marronnasses entrecroisés sur un fond laiteux ? Un enchevêtrement de spermatozoïdes combattant pour la vie dans un plan horizontal ? La figure farcie de pâtés d'un devoir de géométrie euclidienne réalisé par un cancre en classe de cinquième (impression stylisée) ? Les trois à la fois peut-être ? Les centaines de passionnés d'art moderne qui, comme l'a raconté *Le Nouvel Observateur*, ont pu admirer à l'automne dernier cette peinture à Beaubourg (quatrième étage, rayon design et architecture) ont eu tout loisir de s'interroger sur ces points cruciaux. Selon les pointages de Pierre-Arnaud et de Martin (vingt-deux ans chacun), deux loustics qui faisaient le guet en cachette, les visiteurs sont restés en moyenne quinze secondes face cette œuvre, à peine moins que devant les Picasso et les Braque avoisinants. Un certain nombre d'entre eux se sont extasiés, et d'autres interrogés sur les possibles influences de Kandinsky dans cette audacieuse expression filamenteuse.

Les deux petits malins qui, après avoir gribouillé ce faux chef-d'œuvre en trois minutes sur leur ordinateur, sont venus l'accrocher en douce à Beaubourg entre deux toiles de maître (avec du Scotch double face !), ont donc décidé de récidiver dans un autre musée. Ils espèrent que ses responsables et le public mettront encore plus de temps que ceux du centre Pompidou (cinq semaines, record à battre) pour découvrir la supercherie. Et rien ne dit qu'ils ne gagneront pas leur pari.

« Tu ne mentiras point »

Pour sûr, Alexandre Moïse n'allait pas laisser passer ça. « Tu vas crever, espèce de sale youpin ! », voilà ce que, ce soir d'hiver, il avait entendu haleter en décrochant son téléphone. Une voix anonyme, bien sûr, sans doute un Arabe haineux, à moins qu'il ne s'agisse d'un nazillon recyclé chez les Le Pen. Même si vous êtes un dur à cuire, secrétaire général en exercice d'une organisation sioniste très active et que vous avez pris la tête de la lutte contre l'humoriste Dieudonné, ça vous glace quand même les sangs d'entendre ça, un soir au téléphone. Alors, comme son illustre prédécesseur, Moïse est allé se plaindre aux autorités, en l'occurrence le commissariat du 18e arrondissement de Paris. Sans aller jusqu'aux sauterelles, ceux qui tourmentent mon peuple doivent être sévèrement punis, a-t-il exigé en substance devant les flics parfaitement d'accord.

Et, comme son illustre prédécesseur, Moïse a été exaucé. En remontant les fils du téléphone, les policiers ont fini par découvrir l'auteur des injures racistes. Le 9 mars dernier, la justice l'a condamné à deux mois de prison avec sursis et 750 euros d'amende pour « dénonciation mensongère à autorité judiciaire entraînant des recherches inutiles ».

Cela devrait passer l'envie à Alexandre Moïse de s'adresser lui-même des coups de fil antisémites.

Rien à cirer !

Édith Cresson en était verte. À la fin des années 1990,l'ancien Premier ministre de François Mitterrand, devenu commissaire européen, était soupçonné par la justice belge d'avoir commis une série d'infâmes turpitudes qui risquaient de le conduire derrière des barreaux. Entre autres forfaits, cette mauvaise femme avait, se scandalisait-on, réalisé plusieurs faux en écriture, piqué dans la caisse de l'Europe, offert un emploi fictif à un copain dentiste et contribué, par sa seule présence, à entretenir un climat de suspicion malsain autour de la Commission européenne. Cette dernière, présidée à l'époque par Jean Santer, avait d'ailleurs dû rendre son tablier sali – l'équipe suivante a été elle aussi accusée de vilenies du même genre, preuve que l'histoire européenne tourne en rond.

Outragée par cette affaire, les journaux de l'époque avaient, comme il se doit, ajouté leur louche d'infamie dans la soupe de Cresson. Comment avait-on pu faire confiance à une pareille planche pourrie ? N'avait-elle déjà pas été au-dessous de tout lorsque, à peine installée à Matignon, elle avait juré n'en avoir « rien à cirer » de la Bourse ? Et d'abord, pouvait-on vraiment faire confiance à une femme en politique ? La curée fut délectable, on s'en souvient peut-être. À la suite de quoi la voleuse rentra sous terre et l'on n'en parla plus.

En février dernier, la justice belge a rendu son rapport

d'instruction sur cette odieuse affaire. Conclusion de l'enquête : il s'agissait d'une erreur. En réalité Cresson n'avait rien fait de mal, ou presque, pas de faux en écriture, pas de prise illégale d'intérêt, pas plus que de détournements de fonds. Peut-être l'ex-commissaire a-t-elle confié un emploi fictif (à temps très partiel) à son copain dentiste, mais ce n'est pas certain. Pour le reste, la dame est blanche comme une aube de première communiante. Le procureur a donc demandé que soit prononcé un non-lieu sur la quasi-totalité des accusations. Qu'on ne vous y reprenne plus !

Au jour d'aujourd'hui, la presse n'a toujours présenté aucune excuse à ses lecteurs, et moins encore à Édith Cresson, pour le tombereau de mensonges et de calomnies déversées sur son dos dans cette affaire. Elle n'en a sans doute rien à cirer.

Osmose inversée

Messieurs les bougnats, vous êtes en train de perdre la face. Parce que vous faites trois fois la culbute sur le bitter-Campari, des scores de rêve avec les ballons de rouge et jamais de crédit aux assoiffés, vous vous croyez durs en affaires ? Des enfants de chœur, messieurs les bougnats, voilà ce que vous êtes. À peine si vous savez ce que signifie balader la clientèle.

Un exemple : combien facturez-vous le verre d'eau du robinet aux pigeons de passage ? Pardon ? Vous l'offrez ? La loi vous oblige à l'offrir ? Ah mes aïeux, entendre ça ! Et accoudé à un zinc encore ! Tiens, remettez-moi une petite côte bien à ras pour faire glisser l'émotion. À n'y pas croire, ils offrent l'eau du robinet ! Dans une timbale en argent peut-être ? Allez, cessez d'astiquer nerveusement le comptoir et apprenez qu'aujourd'hui la flotte de ville ne se donne plus : elle se facture. Et cher avec ça. Aux dernières nouvelles, on la négociait sur le marché londonien aux alentours de 2,8 euros le litre, soit deux fois et demie le prix du sans-plomb à la pompe.

Comment ça, du grand banditisme ? Si les patrons de Coca-Cola apprenaient que vous qualifiez ainsi leurs initiatives commerciales révolutionnaires, ils ne seraient pas contents du tout. D'abord parce qu'ils se sont donné un mal de chien pour réussir cette prouesse aqueuse, et d'une, et ensuite parce que ce n'est pas du vol, mais de l'emballage fin. Nuance.

Voici comment ces génies du commerce ont procédé. Ils ont commencé par créer une nouvelle marque, Dasani, puis ils ont dessiné une nouvelle bouteille bleu clair, imprimé de nouvelles étiquettes, fabriqué un nouveau bouchon, rempli le tout en douce au robinet municipal et fait passer la pilule avec un campagne de pub d'une audace napoléonienne, vantant les qualités de cette « pure eau plate » sans en préciser la provenance. Voilà comment des centaines de milliers d'Anglais se sont retrouvés sans le savoir à déguster la flotte de la Tamise payée trois cent cinquante fois son prix.

Hélas ! Même pantagruélique, le mensonge ne nourrit plus son homme. Probablement dénoncés par un traître à la cause, les pontes de Coca se sont fait prendre la main dans le pack quelques semaines seulement après avoir lancé leur opération trompe-couillons. Pour sauver la face, ces petits malins ont répliqué par un mensonge encore plus gros, expliquant qu'avant de la commercialiser ils faisaient passer l'eau de ville dans trois filtres différents, lui infligeaient un traitement en « osmose inversée » et la reminéralisaient à leur sauce, ce qui est exact, et insinuant indirectement au passage que les robinets d'Europe distillaient une eau chargée en « particules toxiques » et grouillant pour ainsi dire de « bactéries » et de « virus », un truc infâme en somme, à mi-chemin entre le rejet d'égout et le jus de chaussettes, ce qui est une contrevérité d'ampleur océanique doublée d'une vilenie à l'égard des compagnies de distribution. En réalité, les normes européennes en vigueur, extrêmement sévères, garantissent à nos éviers une eau parfaitement saine, possédant toutes les propriétés requises pour assurer notre équilibre. « On pourrait ne boire que ça, contrairement à certaines eaux de source dont les apports sont déséquilibrés », indique Anne Le Strat, la présidente de la Société anonyme de gestion des eaux de Paris [1]. En précisant que la composition minéralogique de la flotte de ville « est très similaire à celle d'une eau minérale très connue comme l'Évian ».

Quand on vous dit qu'il faut la vendre, messieurs les bougnats [2].

1. Citée par *Le Parisien.*

2. Démoralisé par la découverte de son subterfuge, Coca-Cola a finalement décidé d'interrompre la commercialisation de ses bouteilles Dasani. Il y a clairement un créneau à prendre.

Géométrie variable

Et maintenant cessons de rire, car voici une question sérieuse : combien de temps un obus de 75 met-il pour traverser le fût du canon ? Une demi-seconde ? Un quart de poil de demi-seconde ? Moins encore ? Allons ! La réponse est : il met *un certain temps*, tout le monde le sait depuis Fernand Raynaud. Maintenant une variante, un peu moins connue, mais très rigolote aussi : de combien de temps un fabricant de centrales nucléaires a-t-il besoin pour mettre au point un réacteur atomique de nouvelle génération ? La réponse est : il a besoin *d'un certain temps*. Marrant, hein, c'est la même. Cette fois, cependant, ce n'est pas Fernand Raynaud qui la donne, mais Areva, numéro un mondial de la chaudière atomique, et EDF, numéro un mondial de l'électricité produite avec des chaudières atomiques, autant dire des pointures, et pas vraiment des comiques troupiers.

Un certain temps, donc. En fait, mieux vaudrait dire un temps incertain, car, à la vérité, cela dépend du lieu, de l'humeur, et du temps qu'il fait. Ainsi, pour lancer un réacteur nucléaire de nouvelle génération en France, nation au climat tempéré dont la capitale commence par un I, il faut exactement dix-sept ans, qui se décomposent de la façon suivante : huit ans pour réaliser un réacteur « démonstrateur », quatre ans pour le tester en fonctionnement normal, et cinq ans pour construire et mettre en marche les premières centrales opérationnelles. Il va de soi que ce délai est absolument incompressible, car déjà calculé au plus juste par Areva, et indispensable pour répondre aux impératifs élémentaires de sécurité. Dix-sept ans.

Pour lancer un réacteur nucléaire de nouvelle génération en Finlande, maintenant, nation au climat nordique dont la capitale commence par un H, il ne faut, en revanche, pas plus de cinq ans, qui se décomposent de la façon suivante : on construit le réacteur, on le teste, et vogue la chaudière. Il va de soi que ce délai est amplement suffisant pour répondre aux impératifs élémentaires de sécurité, sujet sur lequel les Finlandais n'ont pas l'habitude de plaisanter.

Cinq ans ici et dix-sept là ? Aurait-on confié par erreur la construction et l'exploitation de nos centrales nucléaires à des poètes, adeptes de la logique floue et des additions molles ? Pas de panique, c'est tout le contraire. Si les dirigeants d'Areva et d'EDF servent depuis plusieurs mois ces salades à géométrie variable aux autorités françaises et finlandaises, car ils le font vraiment, c'est précisément parce qu'ils savent compter. Et qu'ils y trouvent un immense intérêt.

Pour le comprendre, il faut revêtir un scaphandre de protection et se plonger un instant dans les arcanes du plutonium civil à la française. L'air n'y est pas tellement ragoûtant et la franchise pas tout à fait de mise, mais on n'a pas d'autre choix. Pour faire simple, voilà des années que les pouvoirs publics s'interrogent sur l'avenir de nos centrales nucléaires. Même si elles fonctionnent très bien, au point qu'EDF a décidé de porter à quarante ans (au lieu de trente) leur durée d'exploitation, nos cinquante-huit tranches atomiques, qui produisent 77 % de notre courant électrique, ne sont en effet pas immortelles. Et comme elles ont été construites à intervalles rapprochés dans les années 1980, il faudra les fermer à intervalles rapprochés dans les années 2020, c'est mathématique et cela s'appelle « l'effet de falaise ». Par quoi les remplacer ?

« Par l'EPR ! » clament depuis des mois dans toutes les enceintes les porte-voix du lobby nucléaire, patrons d'Areva, responsables d'EDF, députés nucléaristes, ingénieurs sûrs de leur coup, gros bras de la fédération de l'Énergie CGT et ministres suiveurs. Autrement dit par l'European Pressurized Reactor, une nouvelle machine, légèrement plus performante que les unités actuelles et présentant des caractéristiques de sécurité renforcées, mais de technologie semblable. « Par des éoliennes, des turbines à gaz et... des économies d'énergie ! » répondent en chœur les écologistes, plus effarés que jamais par les dangers que fait planer la radioactivité sur la tête des humains. « Savez-vous que, si un incident de type Tchernobyl survenait à la centrale de Nogent-sur-Seine un jour de vent d'est, ou qu'une organisation terroriste parvenait à y faire s'écraser un Boeing 747, ce qui n'est pas impossible, il faudrait évacuer Paris ? » s'angoisse Guy Hascoët, ancien ministre Vert de Lionel Jospin, en précisant qu'il serait cependant possible de s'y réinstaller dans environ cent mille ans. Les ingénieurs de la filière nucléaire concèdent que ce n'est pas faux. Face à de telles menaces, la plupart des pays européens ont décidé de faire l'impasse sur le nucléaire, comme l'Italie, de l'abandonner définitivement, comme la Suède, la Suisse, l'Allemagne ou la Belgique, voire de geler jusqu'à nouvel ordre toute implantation, comme l'Angleterre, l'Espagne, l'Autriche ou les Pays-Bas. Campée dans le dernier carré des Mohicans d'Europe occidentale, la France, elle, s'accroche à son atome avec l'énergie du désespoir.

Pourtant, les écolos ne sont pas les seuls à s'opposer à l'EPR. De nombreux scientifiques mauvais coucheurs font en effet valoir qu'avant même d'avoir vu le jour, ce futur réacteur serait déjà dépassé. De fait, les essais du « tokamak », une machine radicalement différente, fonctionnant par la fusion des atomes d'hydrogène, un peu à la manière du soleil, sont en cours à Cadarache, en Provence, et se poursuivront bientôt à l'échelle internationale grâce au projet Iter. Absolument pas dangereuse, brûlant une ressource inépuisable et pas chère (l'hydrogène), cette nouvelle technologie pourrait être prête à l'emploi vers 2035. Or, les EPR, qui coûteront des fortunes à la nation, sont prévus pour durer jusqu'à la fin du siècle. Pourquoi ne pas sauter cette étape ruineuse en prolongeant la vie des actuels réacteurs et en les remplaçant éventuellement par des centrales classiques jusqu'à la mise au point des tokamaks ?

Au seul énoncé de cette hypothèse, les hiérarques d'Areva manquent de s'évanouir. Voilà des années qu'ils misent tout sur l'EPR, dont ils rêvent d'inonder la planète. D'ailleurs, cela commence plutôt bien : pour la première fois depuis 1986, un pays européen, la Finlande, a décidé d'installer en ses forêts profondes un nouveau réacteur atomique. Naturellement, les Russes et les Américains sont sur les rangs avec leur bric-à-brac. Mais Areva aussi, qui pourrait placer là un premier exemplaire de son futur bijou. N'est-il pas le meilleur du monde ?

Encore faudrait-il, pour en convaincre les Finlandais, que les autorités françaises le reconnaissent, en choisissant elles-mêmes d'en équiper notre pays. Or nous sommes en 2004. Et, on l'a dit, nos centrales sont OK au moins jusqu'en 2020. Si bien qu'a priori rien ne justifie de prendre aujourd'hui à la va-vite une décision de cette importance. Commence-t-on à saisir l'entourloupe ? C'est pour contourner cet obstacle que les dirigeants de notre groupe nucléaire préféré, alliés comme d'habitude à ceux d'EDF, ont fait valoir cette histoire de dix-sept ans. Car enfin, s'il faut autant d'années pour mettre au point le nouvel EPR, alors le programme doit être lancé séance tenante. Eh, eh, eh... Diffusée dans des tas de documents officiels, cautionnée par une noria de scientifiques nucléaristes, répétée à l'infini dans tous les cercles parlementaires, ministériels, et jusqu'à la présidence de la République, cette intox électrique a d'autant mieux rempli son rôle que les pouvoirs publics étaient, au fond d'eux-mêmes, très favorables à l'EPR. Et que la CGT-EDF, déjà en lutte pour le maintien du statut de son entreprise, avait discrètement laissé entendre qu'elle ficherait vraiment le bazar si l'on ne donnait pas sans attendre à sa boutique cet os nucléaire à ronger.

Voilà comment, sans que personne ou presque n'y prenne garde, le gouvernement de la France a décidé au printemps 2004 de lancer le programme de construction de l'EPR, engageant notre pays pour trois quarts de siècle dans un choix énergétique irréversible, accroissant la vulnérabilité de sa population face à la menace terroriste (le Boeing 747 sur Nogent-sur-Seine), achevant de torpiller les énergies renouvelables (qui se développent à folle vitesse et créent des milliers d'emplois chez nos voisins) et induisant des additions financières absolument faramineuses, en comparaison desquelles la note des ASSEDIC des intermittents du spectacle ou les crédits de la recherche relèvent de l'infiniment petit – une seule tranche nucléaire coûtera au bas mot entre deux et trois milliards d'euros, et il en faudra une soixantaine pour équiper notre pays ! Au moment où, contaminées par une intox, et sans aucun réel débat démocratique, les autorités signaient cet arrêté capital pour son avenir, la France se déchirait sur la question cruciale de la légalité d'un mariage homosexuel célébré dans une mairie du Sud-Ouest. C'est ce qu'on appelle une opération bien montée.

Mais après tout, peut-être Jean-Pierre Raffarin a-t-il eu raison de précipiter les choses. Peut-être faut-il véritablement dix-sept ans pour mettre au point le réacteur de demain, comme le clament encore les pontes d'Areva. Peut-être ces derniers ont-ils été scrupuleusement honnêtes sur ce sujet. Mais dans ce cas, pourquoi avoir discrètement promis à la Finlande de lui fournir un EPR prêt à l'usage dès 2009 ?

Foutaise glacée

Dans le fond, Magellan était un minable. Avec pas moins de cinq navires à sa disposition, des dizaines de marins aguerris aux ordres, plein de pesetas dans les cales et toute une nation derrière lui, ce Portugais aux petits pieds a mis trois ans à faire le tour du monde ! Encore n'y est-il pas parvenu en personne, ayant été lui-même fauché par les flèches de sauvages indigènes en plein milieu du voyage, ce qui démontre tout à la fois son manque de préparation physique et son inaptitude aux grandes traversées. Trois ans ! Seul sur son bout de plastic toilé, sans même un gabier pour lui tenir l'écoute, un type comme Jean-Luc Van den Heede met aujourd'hui moins de trois mois pour boucler la boucle dans le même sens, et le vent n'est pas plus fort qu'il y a cinq siècles. Magellan n'était pas un bien grand homme.

Que les Portugais se rassurent, on ne pense pas un mot de ce qu'on vient d'écrire. Personne d'ailleurs n'irait jusqu'à proférer sérieusement pareilles stupidités. Mais à écouter les louanges délirantes que les fous de la voile tressent à nos navigateurs modernes, il apparaît que certains n'en sont pas loin. Ces aficionados ne trouvent pas de podiums assez hauts pour honorer les folles prouesses des voileux au long cours, capables d'enrouler la planète dans le sillage du glorieux ancêtre en trois coups de manille à pot. Or, cette juteuse affaire de Course autour du monde, qui mobilise des cohortes de financiers, des tas d'entreprises, à peu près tous les médias et, dans les cas graves, les hélicoptères de secours des unités de la marine australienne, repose en réalité sur une mystification géographique de la plus belle eau.

Pour en saisir la saveur, il faut disposer d'un globe – un planisphère ne permet pas de la goûter – et suivre, d'un doigt hésitant, le parcours infini des lourds vaisseaux de Magellan entre les ans de grâce 1519 et 1522. L'Atlantique. La recherche infinie d'un passage à travers les côtes inconnues de l'Amérique du Sud. La découverte, enfin, d'un miraculeux couloir entre les rochers noirs et les glaces flottantes de la Terre de Feu, aujourd'hui dénommé « détroit de Magellan ». L'interminable traversée du Pacifique, cap à l'ouest/nord-ouest sous le soleil harassant. La soif. La faim. La peur. Et puis, soudain, l'Asie, les Philippines, l'Indonésie, les peuplades indigènes. Les Indes ! De nouveau des mers connues. Presque la civilisation. Enfin, après quelques mois de requinque, la longue traversée de l'océan Indien jusqu'au de cap de Bonne-Espérance et la remontée triomphale de la côte occidentale de l'Afrique jusqu'à Séville, les honneurs, la victoire et le salut. Le tour du monde, en somme. Tout simplement le tour du monde.

En comparaison, celui que bouclent aujourd'hui les amoureux du catamaran ressemble à une promenade sur le lac du bois de Boulogne. On exagère un peu, bien sûr, mais à la fin c'est énervant. Car où donc se traînent ces voileux de génie ? Ils filent plein sud, se tapent vite fait et au plus serré le tour de l'Antarctique, puis reviennent dare-dare en Europe, juste à l'heure pour le journal de 20 heures. À peine vingt-cinq mille kilomètres de périple, quand le Portugais en avait avalé cinquante mille, pas le moindre bord sur les mers asiatiques, aucun non plus en Océanie, une foutaise glacée qui ne ressemble à rien. Et un mirage pour les millions de fans qui croient à la fable qu'on leur sert sur le tour de la Terre.

Messieurs de la Course autour du monde, ce n'est

pas qu'on veuille se mêler de vos affaires, mais si la prochaine fois vous organisiez une course autour du monde. Hein ? Juste pour essayer ?

pas qu'on veuille se mêler de vos affaires, mais si la prochaine fois vous organisez une course autour du monde. Hein ? Juste pour essayer ?

La stratégie de l'enrobage

Du temps de Louis XIV, les coquettes de la cour et les galants qui la leur faisaient puaient atrocement, car ils ne se lavaient jamais. Or, même en ces temps reculés, cela n'était point propice au batifolage. Aussi ces nobles ancêtres se vidaient-ils de pleines fioles de musc sur le crâne afin de masquer leurs miasmes. Le stratagème fonctionnait si bien qu'ils parvenaient à se désirer, et même, à ce qu'on a compris, à faire ensemble des enfants à sang bleu.

Avec l'arrivée de la douche et de la démocratie, la cosmétique des grands de ce monde a, certes, un peu évolué. Mais son esprit reste le même : parfumer pour tromper l'ennemi. L'armée des pubards et des conseillers en communication appointés qui s'emploient à enrubanner les actions non présentables des puissants usent cependant de techniques autrement diaboliques que le vaporisateur. Est-ce pour cela que nous gobons si facilement leurs craques ?

Pour raisons de santé ?

On en avait presque les yeux mouillés. Pour populariser sa tentative d'OPA sur Aventis, le groupe pharmaceutique Sanofi s'est fendu l'hiver dernier d'une campagne de pub à faire frissonner un chacal. L'a-t-on encore en tête ? Sur un fond bleu comme le ciel, on y découvre un petit garçon malade allongé dans son lit de souffrance, le regard tendu vers l'objectif en un appel au secours silencieux. Juste au-dessus, le slogan claque comme un traitement de choc : « Nous refusons l'idée de ne pas trouver plus vite le médicament qui va guérir Louis. » Bien dit, Sanofi ! C'est si rare, les sentiments purs, chez les multinationales. Et pour que les choses soient claires, un petit texte explique au grand public, qui n'y connaît que couic, comment la prise de contrôle sauvage d'Aventis par son concurrent direct va pouvoir tirer le pauvre Louis de son lit : « La complémentarité des deux groupes créera un leader capable de générer une croissance forte, durable et profitable au service de la vie », et ce leader « permettra à la recherche de faire un grand pas, de mettre plus vite à la disposition des patients de nouveaux médicaments. » Super ! Conclusion de la pub : c'est « pour raison de santé » que les dirigeants du numéro deux de la pharmacie française tentent d'avaler tout cru et sans son consentement le numéro un. Un bel exemple d'esprit de sacrifice dans la jungle des affaires...

S'est-il trouvé des gogos assez gogos pour avaler cette pilule ridicule ? Possible : il y en a bien qui croient que les impôts baisseront l'année prochaine. En tout cas, rarement les journaux auront ouvert leurs pages à une réclame aussi diabolique. À la différence de la plupart des créations des pubards, elle utilise en effet une technique de bidonnage assez sophistiquée, fondée sur la fabrication d'un faux bobard. Expliquons-nous. Lorsque telle chaîne d'hypermarché jure qu'elle se bat pour le développement durable, elle fait de la supercherie à trois sous : en un quart de seconde, tout le monde a compris que c'était du bidon, même si elle consacre quelques millions aux productions écolo pour donner le change. Idem avecles tarifs les plus bas des opérateurs de téléphonie mobile,valables seulement pour le premier mois. Mais où donc se trouve le mensonge dans la pub Sanofi ? Dans le fait d'affirmer que le regroupement de deux laboratoires en un seul peut favoriser le développement de la recherche ? Sûrement pas. Tous les experts en économie pharmaceutique confirment que c'est exact. Ainsi, contrairement à ce que l'on pense au premier abord, le petit Louis, pour autant qu'il existe, a bel et bien un intérêt à ce que Sanofi réussisse son OPA. Le bobard apparent n'en était pas un.

Alors ? Alors le mensonge est ailleurs, lové comme un serpent derrière le paravent de ce leurre, en sorte qu'il est très difficile de l'apercevoir. Il a pourtant la taille d'un boa. Car enfin, si l'objectif des dirigeants de Sanofi était vraiment, comme ils le laissent entendre, de faire progresser la recherche, ces bienfaiteurs de l'humanité ne s'embêteraient pas à passer de force la bague au doigt aux petits gars d'Aventis : ils uniraient en urgence leur société à un laboratoire encore plus gros, disposant de moyens encore plus considérables, afin de constituer un ensemble encore plus puissant de nature à trouver encore plus de nouveaux médicaments. Or c'est précisément pour éviter de se trouver contraints à pareille extrémité qu'ils ont monté leur OPA : ils craignaient comme la peste bubonique de se faire dévorer par l'un des géants anglo-saxons du secteur, Pfizer, Merck, Astra-Zénéca ou GlaxoSmithKline, pour lesquels ils constituaient une proie facile et délectable. Jean-François Dehecque, le patron à la carrure de boxeur de cette boîte de poltrons, l'a d'ailleurs un jour laissé entendre, au détour d'une interview.

En bonne logique, cet honnête homme aurait donc dû faire figurer, au-dessus de l'image du petit garçon malade, le slogan suivant : « Nous refusons l'idée de trouver plus vite le médicament qui va guérir Louis. » C'eût été moins vendeur, on ne le nie pas. Mais nettement plus approprié.

Bah ! Dehecque se consolera sans doute en apprenant que ses adversaires d'Aventis se sont montrés encore plus hypocrites que lui. Dans un communiqué, ces séraphins se sont dits choqués par « l'utilisation de l'émotion suscitée par la maladie d'un enfant pour vendre une opération financière ». Sans doute n'avaient-ils plus vu de pub aussi répugnante depuis le fameux « Bienvenue dans un monde de tendresse et d'amour » dont nous avait gratifiés en son temps Rhône-Poulenc, l'un des plus grands pollueurs de France. C'était avant qu'il ne se rebaptise Aventis.

Mauvais foie

À la différence des Français, qui s'empiffrent comme des porcs et rotent à l'ail en sortant de table, les Américains ont le palais fin et l'estomac fragile. S'en doutait-on ? Ces délicats n'absorbent qu'avec dégoût les mayonnaises industrielles, ils méprisent les frites grasses et délaissent le plus souvent possible les burritos suintants au profit de mets sains et vivifiants, tels que les artichauts bouillis et les carottes vapeur. Grâce à quoi, la grande majorité d'entre eux parvient à éviter la mauvaise humeur, la constipation ou encore l'obésité, qui reste un phénomène exceptionnel entre Baltimore et San Francisco, alors qu'elle court les plages de Normandie, les Yankees sont bien placés pour le savoir.

Naturellement, cette haute exigence diététique oblige les autorités de la première puissance économique mondiale à une vigilance de tous les instants. Ainsi se sont-elles vues contraintes d'interdire en catastrophe, le 25 février 2004, toute importation de foie gras, rosette, fritons, andouille, fromage de tête, hure et autres charcuteries aux alouettes en provenance de France, qui risquaient de mettre en péril la santé du peuple américain. Il faut dire que dans les semaines précédentes, les services vétérinaires du gouvernement fédéral s'étaient fendus d'une tournée d'inspection dans nos usines de salaisons, ainsi que dans les corps chargés de les contrôler. Que n'y ont-ils pas découvert ! Des « problèmes récurrents » dans l'application de certains alinéas de la réglementation relative à l'ergonomie des chaînes de production de confit d'oie ; des procédures d'accueil des canards pas tout à fait conformes aux normes établies ; des contrôles insuffisamment sévères, semble-t-il, au regard de ceux en vigueur dans leur pays, sans parler de plusieurs erreurs dans la rédaction de documents administratifs présentés par les directions d'usines. Autant de graves déviances qui, selon Steven Cohen, le chef de cette mission de salut public, ne permettaient pas d'assurer à nos produits « le même degré de sécurité sanitaire qu'à ceux fabriqués aux États-Unis ». On frémit à l'idée que des consommateurs californiens aient pu se taper des blocs de foie gras premier choix bidouillés dans des conditions aussi lamentables, susceptibles de mettre leur vie en danger...

On plaisante, mais les choses se sont vraiment passées comme ça. Quant à savoir pourquoi l'administration Bush est allée inventer de telles sornettes pour justifier son canardage douanier, c'est une autre histoire : en général, lorsqu'elles prennent des mesures de rétorsion contre la France en la frappant au cou farci, les autorités américaines ne se cachent pas derrière leur petit doigt. En 1999, par exemple, elles avaient avoué sans détour que l'instauration d'une taxe de 100 % sur nos salaisons de luxe était une basse vengeance contre l'interdiction par l'Europe du bœuf aux hormones yankee. De même, les appels au boycott de nos palmipèdes truffés lancés par moult responsables politiques de Washington juste avant la deuxième guerre d'Irak étaient clairement destinés à nous faire payer notre veto chiraquien au Conseil de sécurité. Est-ce parce qu'ils craignaient d'être accusés de harcèlement charcutier à l'encontre de l'Hexagone ? Ou, au contraire, que la perspective de nous cuisiner leur rétorsion avec une brassée de salades les amusait beaucoup ? En tout cas, cette fois-ci, ils s'en sont donné à cœur joie. Steve Cohen, le grand ordonnateur de cette farce commerciale s'est même payé le luxe d'affirmer haut et fort que cette nouvelle interdiction « n'avait aucun lien » avec la suspension des importations d'oiseaux vivants en provenance d'Amérique pour cause de grippe aviaire. Si cette décision n'avait été prise par Bruxelles à peine quelques heures avant le coup bas contre nos productions charcutières, on aurait presque pu le croire.

Quelle importance, du reste ? À force d'être torpillées à chaque crise diplomatique, nos ventes de salaisons et de volailles aux États-Unis sont devenues lilliputiennes : à peine si elles ont représenté l'année dernière cent cinquante tonnes, sur une production totale de dix-huit mille tonnes. On se passera de leur vendre ces miettes, voilà tout. Et on leur portera un toast au Montbazillac, parce qu'ils nous auront fait quand même bien rire.

Simagrées d'arrière-cuisine

Jacques Chirac est un homme qui tient ses promesses.

On sait, ça sonne bizarre comme phrase. Ça fait tout drôle à lire, même pour un dur à cuire de l'UMP. Et pourtant c'est vrai : Jacques Chirac est un homme qui tient ses promesses. D'ailleurs, nous le prouvons.

Entre les deux tours de la présidentielle, qu'avait annoncé le futur vainqueur aux hôteliers-restaurateurs ? Qu'une fois confirmé aux affaires, il sabrerait le taux de TVA qui assaisonne leurs additions, pour le porter de 19,6 % à 5,5 %. Or, qu'a fait notre honnête homme en février 2004 ? Il a décidé de sabrer le taux de TVA des restaurateurs, pour le porter, on s'en souvient, de 19,6 % à 5,5 %. Les taverniers mauvais coucheurs qui pensaient ne jamais voir la couleur de cette sucette électorale en sont restés comme deux ronds de flanc-caramel.

Jacques Chirac est un homme qui tient ses promesses.

Ajoutons, cela conforte la performance, que le chef de l'État s'est démené comme un perdu pour parvenir à tenir cet engagement-là. L'Allemagne, l'Autriche, le Danemark, la Suède et les Pays-Bas, pays peu recommandables, prétendaient en effet s'opposer à cette gratification au nom de l'uniformisation fiscale européenne. Après s'en être entretenu avec son chancelier pendant plusieurs jours, JacquesChirac est parvenu à faire basculer l'Allemagne. À l'heure où nous écrivons ces lignes, les autres nations résistent encore, mais l'hôte de l'Élysée ne devrait pas tarder à les faire plier à leur tour. En attendant d'y parvenir, il a fait accorder aux hôteliers-restaurateurs un cadeau fiscal de 1,5 milliard d'euros sous forme d'allègement de charges, ce qui est la moindre des choses.

Jacques Chirac est un homme qui tient ses promesses.

On passe au chapitre suivant ?

Hélas non ! Car sous les serviettes blanches de cette riante affaire, se cache une somme d'hypocrisies et de faux-semblants tellement incroyables qu'on se demande comment le pays a pu les gober sans broncher. Pour en prendre la mesure, il faut se replonger un instant dans la tambouille budgétaire de la fin de l'hiver 2004. Noyé sous les déficits, étranglé par la hausse mécanique des dépenses de santé, poursuivi par les censeurs de Bruxelles, le gouvernement gère alors le pays avec une ladrerie de charbonnier, soit dit sans offense pour cette corporation musclée. Tous les ministres, sans exception, en sont à gratter la terre avec les ongles pour dénicher quelques racines d'économies. En ce mois de février 2004, la France se bat sur les centimes.

Mais, pour les restaurateurs, elle flambe comme une crêpe Suzette. De l'avis même des experts de Bercy, la réduction du taux de TVA offerte à ces heureux, qui, si tout va bien, devrait intervenir à l'horizon 2006, coûtera trois milliards d'euros par an au budget de l'État, une somme babylonienne qui représente près de quatre fois le déficit annuel, prétendument insupportable, du régime des intermittents du spectacle, et plus de dix fois les économies réalisées en excluant les sans-papiers étrangers des soins hospitaliers. Diable ! Pour que l'Élysée et Matignon se laissent aller à claquer de telles fortunes au profit d'une corporation de deux cent mille âmes pas tellement dans le besoin, on imagine qu'ils possèdent une excellente raison.

La meilleure, tambourinent-ils de conserve : l'emploi ! À les en croire, la baisse de la pression fiscale sur les restaurants devrait en effet permettre à ce secteur clé d'embaucher rapidement quarante mille personnes, en majorité des jeunes. D'ailleurs ce n'est pas eux qui le disent mais André Daguin, le sympathique président du syndicat des hôteliers-restaurateurs (Umih), qui a fait tous les calculs pour nous et qui est un homme de confiance. N'est-il pas lui-même militant UMP et chef de l'opposition municipale à Auch ? Ne clame-t-il pas depuis des mois que sa profession, fragilisée par la conjoncture et plombée par un coût du travail exorbitant, est au bord de l'apoplexie économique ? Et que, même aménagée, une éventuelle mise en place des 35 heures dans ce secteur risquerait de s'avérer catastrophique ? Conquis par ces arguments, le gouvernement a repris sans en changer une virgule son argumentation et ses estimations de créations d'emploi dans un mémorandum adressé à Bruxelles, avant de les servir toutes crues aux Français.

Pas de chance, c'est du bidon. Et même du superbidon. D'abord parce que les hôteliers, cafetiers et restaurateurs, un accord a été trouvé sur ce point, ne sont pas soumis à l'impitoyable régime des 35 heures – beaucoup d'employés continuent plutôt d'y trimer cinquante heures hebdomadaires. Le petit numéro d'Alain Lambert, le ministre du Budget de l'époque, assurant à l'Assemblée nationale que la baisse de la TVA était indispensable « pour réparer les dégâts de la loi Aubry », relève à ce titre du Grand Guignol. Ensuite parce que le coût du travail ne grève que modérément la compétitivité des restaurateurs, pour la bonne raison qu'ils ne subissent aucune concurrence étrangère : en dépit de l'abaissement spectaculaire des tarifs du transport aérien, les petits malins qui prennent l'avion pour aller casser une graine moins cher au Vietnam demeurent encore relativement rares[1]. En somme, la prétendue apoplexie économique du secteur s'avère être, au mieux, une vue de l'esprit, au pire, une entourloupe de première classe.

Quant au chiffre magique de quarante mille créations d'emploi, il est encore plus faux qu'une truffe en conserve[2]. « Il ne faut pas le dire mais j'en espère au moins le double », sourit cependant Daguin[3]. Les économistes de l'OFCE (Observatoire français des conjonctures économiques), qui ont fait les comptes sérieusement, estiment eux, que l'opération pourrait, dans le meilleur des cas, générer trente et un mille postes de travail supplémentaires dans les hôtels-cafés-restaurants. Encore faudrait-il pour cela que les patrons répercutent la totalité du bonus de TVA sur les additions afin d'accroître la demande, une hypothèse hautement improbable. Et qu'ils parviennent à dénicher suffisamment de volontaires pour venir travailler jusqu'à pas d'heure dans leurs établissements, dans des conditions connues pour être parmi les plus mauvaises du salariat français, ce qui n'est pas non plus gagné d'avance : on estime entre soixante-dix mille et quatre-vingt mille le nombre de postes de travail actuellement offerts dans le secteur et qui ne trouvent pas preneurs ! Sans doute la décision salutaire, prise en juillet dernier, d'augmenter de 11 % le Smic hôtelier, contribuera-t-elle à redorer un peu l'image de la profession auprès des éventuels candidats. Mais, en gonflant d'autant leur masse salariale, elle réduira évidemment les possibilités d'embauche des restaurateurs. Si bien qu'en définitive les créations

1. Il est vrai qu'on peut aussi rester chez soi pour se faire des pâtes.

2. Comme d'habitude, on exagère. En réalité, en cherchant bien, il est tout à fait possible de trouver des boîtes de conserve contenant des truffes authentiques.

3. Entretien avec l'auteur.

d'emploi pourraient ne pas dépasser 23 000 selon l'OFCE, certains économistes parlant même d'à peine dix mille.

Rapporté à l'effort budgétaire consenti par le pays, un tel résultat frise le ridicule. Car, sauf à laisser filer le déficit, ce qui est impensable, il faudra bien compenser ces trois milliards d'euros de cadeau fiscal, en majorant d'autant d'autres impôts. Selon les espérances daguiniennes, le bilan de l'affaire n'était déjà pas terrible : 40 000 postes créés pour trois milliards d'euros, cela mettait le coût du nouvel emploi à75 000 euros d'argent public, une vraie fortune comparée aux 15 000 euros des emplois-jeunes de Martine Aubry, dispositif pourtant considéré comme atrocement budgétivore par l'ex-opposition daguino-chiraquienne. Si l'on applique une estimation plus réaliste (23 000 créations d'emploi), le rapport coût/avantage de la baisse de la TVA devient proprement démentiel pour les finances publiques : 140 000 euros de bel argent claqué pour chaque emploi créé. Plus de cinq fois le Smic charges comprises ! À ce prix-là, et si son souci était vraiment de relancer l'emploi comme il l'a laissé croire, Jacques Chirac eût été mille fois mieux inspiré de faire payer par l'État 40 000 cuistots, chefs de rang et autres personnels de restauration aux restaurateurs au bord de l'apoplexie. Même livrés avec uniforme brodé, sourire platine et plateau d'argent, ils eussent coûté infiniment moins cher aux contribuables.

Dès lors, on est en droit de se poser la question. Soit l'objectif des pouvoirs publics était réellement de combattre le chômage, et alors il convient de s'interroger d'urgence sur leur santé mentale. Soit, et l'hypothèse serait beaucoup plus rassurante, cette affaire d'emploi n'était qu'un paravent grossier pour masquer une opération nettement moins présentable. Alors ? « Si nous intervenons de façon exceptionnelle dans ce secteur, c'est parce que la politique de l'emploi le justifie », s'est exclamé Jean-Pierre Raffarin, en précisant avec indignation qu'il ne « s'agi(ssai)t en aucun cas de faire une faveur à telle ou telle profession ». Ah ! C'était donc ça ! Une opération de clientélisme masquée par un bon gros mensonge bien dodu ! Franchement, Jean-Pierre, on préfère ça. Du reste, il ne s'agissait pas de clientélisme romantique, de ce clientélisme tête en l'air et purement affectif, comme la Chiraquie se laisse aller de temps à autre à en pratiquer pour du beurre, mais de clientélisme sérieux, de clientélisme solide et concret, mené à seule fin de gagner des voix aux élections.

Quelques semaines avant les régionales, le rusé Daguin avait en effet clairement laissé entendre au sommet de l'État que, s'ils n'obtenaient pas satisfaction séance tenante, des milliers de bistrotiers, déçus par la politique de l'UMP,n'hésiteraient pas à voter Front national[1] ! Et que ces derniers envisageaient de passer la consigne à tous les poivrots échoués à leurs comptoirs, ce qui fait quand même pas mal de monde. L'information ayant été plus ou moins confirmée par les Renseignements généraux et Jean-Pierre Raffarin s'étant lui-même convaincu que cette petite affaire risquait de faire perdre plusieurs régions à son parti, Jacques Chirac a choisi de tenir en catastrophe sa promesse de 2002, avec le succès que l'on sait.

À noter, pour la petite histoire, qu'André Daguin a fini par se couper comme un garçon boucher. La réduction de TVA ne pouvant, au mieux, être opérationnelle avant le 1er juillet 2006, date bien trop tardive pour éviter la faillite de la plupart de nos hôtels-cafés-restaurants (actuellement au bord de l'apoplexie), le gouvernement s'est en effet empressé, on l'a dit, de proposer un dispositif transitoire. Nettement moins onéreux que la future baisse de la TVA pour les finances publiques – il coûtera

1. Entretien avec l'auteur.

seulement 1,5 milliard d’euros, à peine de quoi embaucher trente (bien trente) fois plus de chercheurs que n’en exigeait le collectif « Sauvons la recherche » –, ce cadeau a eu le mérite d’être applicable dès le 1er juillet 2004. L’ennui c’est que le gouvernement envisageait dans un premier temps de lui faire prendre la forme d’un allègement des charges sur les salaires. « Eh ! C’est pas d’jeu », s’est exclamé en substance Daguin, en expliquant, la sueur au front, que des dizaines de milliers « d’indépendants qui ne font pas travailler de salariés et qui n’en embaucheront aucun dans les mois à venir » se verraient alors privés de tout avantage. Or, où va-t-on si les fonds débloqués pour promouvoir la création d’cmploi ne bénéficient pas à ceux qui ne créent pas d’emploi ? Compréhensif, le gouvernement en a été quitte pour rebidouiller son système afin qu’il profite aussi aux restaurateurs qui n’emploient personne.

Les rapaces et l'effet de serre(s)

Non ! les industriels ne sont pas tous des monstres froids seulement préoccupés de gagner de l'argent : certains ont bel et bien la fibre morale chevillée au conseil d'administration. À preuve, huit grandes sociétés, sincèrement préoccupées par le respect de l'environnement, viennent de constituer un collectif baptisé « Isolons la terre contre le CO_2 ». Leur objectif ? « Contribuer à la lutte contre les modifications du climat de la planète en agissant de façon significative sur les émissions des gaz à effet de serre par les bâtiments. (...) » La cause est en effet intéressante, car peu connue du grand public, alors même qu'elle constitue « la seconde source de pollution après les transports, mais avant l'industrie ». Notre octuor de sympathiques entreprises précise du reste sur son site Internet (www.isolonslaterre.org) que son initiative « s'inscrit dans le cadre de l'objectif ambitieux énoncé par le Premier ministre, Jean-Pierre Raffarin, à l'occasion du débat national sur les énergies : conjuguer tous les efforts pour que la France réussisse à diviser par quatre ses émissions de gaz à effet de serre à l'horizon 2050 ».

Et pour une fois ce n'est pas du blabla, car les firmes concernées ont acheté au prix fort plusieurs pages de pub dans la presse quotidienne pour « alerter l'opinion publique » sur le danger qui nous guette. « Trente millions de bâtiments mal chauffés et mal isolés rejettent chaque année dans l'atmosphère quatre-vingt-quinze millions de tonnes de CO_2 », y dénoncent-elles, avant de proposer « l'application immédiate d'un plan d'action sur quarante ans », programme assez douloureux il faut le reconnaître, mais absolument indispensable à leurs yeux si l'on veut vraiment enrayer le mal. Il s'agirait : 1/ de réduire tous les cinq ans de 15 % la consommation d'énergie des bâtiments neufs ; 2 /de rénover à marche forcée pas moins de quatre cent mille logements par an pour les rendre moins goulus en chauffage, cela grâce à un dispositif de prêts bonifiés et de déductions fiscales accordées par le gouvernement ; et 3/ de rendre obligatoire l'utilisation de produits d'isolation thermique performants lors des travaux de construction et de rénovation. « C'est maintenant qu'il faut agir pour préserver l'avenir de nos enfants », concluent les sociétés anonymes du collectif.

Alors nous disons : bravo ! Ce n'est pas tous les jours que des entreprises industrielles se donnent la main pour défendre une grande cause, avec pour seule arrière-pensée de « préserver l'avenir de nos enfants ». Leur modestie dût-elle en souffrir, qu'elles nous permettent de les remercier en publiant ici leur identité, ce qui est quand même la moindre des choses. Il s'agit de Rockfon (matériaux d'isolation thermique), Eurocoustic (matériaux d'isolation thermique), Isover (matériaux d'isolation thermique), Ectophon (matériaux d'isolation acoustique et thermique), Knaufinsulation (façades isolantes), Rockwool (matériaux d'isolation thermique), Saint-Gobain Glass (vitrage d'isolation thermique) et Ursa (laine de verre, isolation thermique). Un grand coup de chapeau à toutes les huit !

Au fait, et pour les baleines, elles ne pourraient pas faire quelque chose ?

Dont au sujet duquel...

Évidemment, l'idéal, quand on prend des mesures peu glorieuses, c'est que personne ne s'en rende compte. À ce titre, nos députés ont presque réussi le coup parfait au début de l'année 2004. Car enfin, qui a entendu parler de la réforme de l'IRFM ? Conduite en douce par la questure de l'Assemblée nationale, cette faux dercherie parlementaire gagne cependant à être connue, car elle est assez piquante – mais sucrée au palais de nos élus, comme nous allons le voir.

L'IRFM, donc, signifie en abrégé « Indemnité représentative de frais de mandat ». Cette sorte de cagnotte, que le Parlement verse tous les mois à chacun de ses députés en plus de leurs 5 582,22 euros d'émoluments, est censée leur permettre de subvenir à leurs dépenses de fonction, essence pour la voiture, coups de fil, tournées de vins d'honneur, ou fourniture de chrysanthèmes lors des cérémonies mortuaires de la circonscription. Rien que de très normal, en somme, à ceci près que l'IRFM est distribuée sans contrôle, ses destinataires n'ayant à fournir aucun justificatif pour la recevoir. En 2004, elle était fixée à 6 082 euros bruts par mois, desquels il convient de défalquer 10 % de CSG.

Voilà pour l'IRFM.

Les élus du Palais-Bourbon disposent en plus d'un « crédit collaborateur », versé lui aussi par l'Assemblée, et dont le montant maximal est de 8 511 euros par mois.

Il s'agit, cette fois, de leur permettre de salarier un ou plusieurs assistants parlementaires, qui les aideront à préparer les dossiers, assureront le secrétariat, et, pour les plus vigoureux, rédigeront les discours et les amendements en lieu et place de leur patron. Étant donné l'extrême maigreur de la rémunération de ces demi-soldes (pas même mille euros par mois pour les plus esclavagisés), certains députés très actifs parviennent à en salarier jusqu'à cinq sur leur « crédit-collaborateur ». Les élus cumulards, qui ont la chance de tenir une mairie ou un conseil général, déjà pourvus en assistants corvéables, préfèrent en revanche ne s'en offrir qu'un ou deux. Ces derniers sont alors assez grassement payés, en particulier s'il s'agit de la propre épouse du député concerné ou de l'un(e) de ses bon(ne)s ami(e)s, comme le cas s'en présente de temps à autre. Seul ennui de cette formule très pratique : à la différence de l'IRFM, le crédit-collaborateur n'est pas distribué sans contrôle. Les fonds débloqués sont en effet directement versés par le Parlement aux assistants, en sorte que les élus qui n'utilisent pas la totalité de leur enveloppe ne voient jamais la couleur du reliquat. Celui-ci est alors perdu pour la cause, ce qui est bien ennuyeux.

C'est là qu'intervient la réforme de l'IRFM. Depuis janvier 2004, cette avancée sociale majeure, décidée dans la plus grande discrétion, permet en effet aux représentants de la Nation de transférer la partie non utilisée de leur crédit-collaborateur sur leur indemnité de frais de mandat. Grâce à quoi ils peuvent désormais piocher à leur gré dans ces fonds sans fournir de justification à personne, puisque telle est la règle avec l'IRFM. Malin. Inutile de dire qu'à peine connue cette nouvelle, la bande dépenaillée des prolétaires de l'assistanat parlementaire a commencé d'affûter les Opinel en hurlant d'indignation. « C'est un coup tordu absolument scandaleux ! » s'est ainsi offusquée Séverine Tessier, aide de camp du socialiste Christian Paul et l'une des leaders charismatiques de la corporation des grouillots du Palais-Bourbon. En précisant, mais on l'avait compris, que « la réforme va inciter les députés indélicats à nous payer moins encore ou à nous licencier pour se mettre la différence dans la poche ». Un député du groupe UMP ayant opportunément déclaré que, de toute façon, les assistants étaient des emmerdeurs et qu'il convenait par conséquent « d'en changer tous les six mois », l'ambiance a vite tourné vinaigre avec les huiles de l'hémicycle. Sans cela, la réforme aurait pu passer encore plus inaperçue, ce qui eût été formidable.

Au lieu de quoi Henri Cuq a quand même été contraint de s'expliquer. Ce pilier du Palais-Bourbon, qui est depuis lors devenu ministre des Relations avec le Parlement, était alors l'un des trois députés nommés à la questure de l'Assemblée et, à ce titre, l'un des principaux instigateurs de la réforme. Comment cet homme charmant la justifie-t-il ? « D'abord, ce n'était pas une réforme, mais le rétablissement d'une situation qui avait cours jusqu'en 2002 », fait-il valoir [1]. Exact. Une situation que les socialistes avaient fait modifier sous Lionel Jospin pour des raisons de morale politique évidente. Alors ? Pourquoi avoir remis en selle ces règles propices au grappillage, au gaspillage, et parfois même au pillage ? Cuq prend sa respiration. Prévient que ce sera peut-être un peu compliqué à comprendre. Et se lance dans une explication tellement alambiquée que Michel Rocard lui-même aurait du mal à en suivre le fil. « Nous nous sommes rendu compte que les députés utilisaient leur crédit-collaborateur pour financer de plus en plus souvent des intervenants extérieurs occasionnels et qu'ils faisaient cela au détriment de leurs propres assistants permanents. Il fallait mettre fin à cette pratique

1. Entretien avec l'auteur.

malsaine qui risquait, à terme, de nuire à la position des ces derniers. Nous avons donc décidé qu'à l'avenir ces crédits ne pourraient plus être détournés de leur usage : ils devront obligatoirement servir à rémunérer les assistants permanents. Dans ces conditions, il était naturel que les sommes qui n'y sont pas directement consacrées puissent être versées dans l'IRFM. Elles pourront dès lors être utilisées sans problème pour payer des intervenants extérieurs. » Conclusion du questeur : « En définitive, c'est une réforme en faveur des assistants parlementaires et de la transparence. Il n'y a point de malice là-dedans [1]. »

Combien d'heures Cuq a-t-il gambergées pour ciseler un bobard aussi pitoyable ? Qu'il prenne tout son temps pour répondre, il n'y a point de malice dans la question.

1. Entretien avec l'auteur.

Enfumage tabagique

Pour enfumer l'opinion, il n'y a pas mieux que Marlboro. Pendant des décennies, les dirigeants de Philip Morris International, qui roulent cette cigarette de légende avec leurs doigts de fée, ont tenté de nous faire avaler que : 1/ choisir leurs clopes donnait l'air d'un cow-boy et que 2/ si, malgré tout, on voulait pas crever d'un nénuphar avant le premier cactus, il suffisait de prendre la version « light », nettement moins néfaste que le modèle classique, et facilement repérable grâce à son paquet doré sur tranche. Pur bidonnage bien sûr, car, ayant personnellement tâté de cette tige, je puis facilement prouver qu'elle ne m'a jamais fait ressembler à John Wayne. Quant à la prétendue moindre nocivité des light, voilà bien longtemps que tous les pneumologues ont fait pièces à cette fable, certains d'entre eux assurant même au contraire que les « légères » sont plus dangereuses, car on en fume plus.

Mais tromper les consommateurs avec des boniments n'a rien de remarquable : les meilleurs commerciaux apprennent cela à HEC, les autres s'y forment sur le tas ou pratiquent la chose instinctivement, au même titre que le bidouillage de note de restau et le faux compte rendu de visite en clientèle. Dans la prédation économique moderne, la tromperie sur la marchandise constitue, en quelque sorte, une règle de vie. Beaucoup plus grave, en revanche, est de charlataner devant la justice.

D'abord parce que c'est interdit par la loi. Ensuite parce que les robes d'hermine détestent qu'on les prenne pour des poires. Or, c'est ce qu'ont tenté de faire indirectement les amis de chez Marlboro. Attaqués par des fumeurs malades qui estimaient avoir été trompés par la mention « light » – preuve, par parenthèse, que l'astuce fonctionne –, et condamnés par un tribunal à la mi-2003, ils ont fait appel de cette décision inique. Et fait savoir aux juges par la voix de leur porte-parole que, loin de souligner la moindre teneur en nicotine de leurs cigarettes et, par voie de conséquence, leur supposée moindre nocivité, « le terme "light" indiquait simplement un goût, un parfum moins prononcé, comme il existe des cigarettes au menthol[1] ».

Ils avaient fumé ou quoi ?

1. Cité par *Le Point*.

Déforestation bovine

Jadis, on revendiquait en lançant des pavés sur les CRS. C'était simple. Aujourd'hui les rues sont asphaltées, le climat social pacifié, et l'on fait valoir ses prétentions au pavé médiatique. C'est plus complexe. Enfin, lorsque les exigences affichées sont équitables et justifiées, ça va encore : il suffit de les exposer pour entraîner l'adhésion de l'opinion. Mais il arrive souvent que les appétits catégoriels soient égoïstes, pour ne pas dire sordides, et totalement contraires à l'intérêt général. En dehors du découpage des calicots et de la distribution de mégaphones, le principal travail des leaders syndicaux consiste alors à les rendre présentables, et si possible sympathiques, en sorte que les Français acceptent de les soutenir. Cette cosmétique de la Sociale confine parfois à la mystification absolue.

Se souvient-on par exemple de décembre 1995 ? En ce mois de pluie et de plomb, les cheminots et les agents de la RATP, qui bloquaient tout le pays pour défendre leurs régimes spéciaux de retraite, ont réussi à faire croire à la France entière qu'ils se battaient pour le bien commun, en l'occurrence la sauvegarde de la Sécu. En réalité, ils se fichaient de cette vieille dame comme de leur première loco à vapeur – ont-ils seulement bougé un ongle lorsque, neuf ans plus tard, Philippe Douste-Blazy a dégainé sa réforme sur le sujet ? –, mais il leur fallait un truc de ce calibre pour faire avaler à la France leur combat ultracorporatiste. De fait, conquis par cette noble cause, des centaines de milliers de citoyens sont descendus les épauler dans la rue, sans s'aviser qu'ils s'usaient les semelles pour la retraite à cinquante ans d'une poignée de bien lotis, privilège incroyable dont eux-mêmes seraient à jamais privés, mais qu'ils finançaient cependant de leur poche jusqu'au dernier centime par l'intermédiaire de leurs impôts – la contribution de l'État au régime des retraites de la SNCF représente environ quatre-vingts euros par foyer et par an. S'appuyer un République-Bastille pour exiger une augmentation immédiate et inconditionnelle du prix de l'essence n'eût pas été plus absurde. Bien entendu, ces pigeons n'eurent jamais droit au moindre remerciement pour leur généreux coup de main. Lorsque leurs retraites furent attaquées à leur tour par Jean-Pierre Raffarin, et avec succès cette fois, pas un cheminot ne stoppa son train pour les soutenir.

Afin d'éviter à l'avenir ce genre de quiproquo désagréable, voici un petit bréviaire des impostures les plus courantes de la comédie sociale. En gros et pour faire simple, les électriciens se battent toujours pour le service public (et jamais pour les avantages liés à leur statut), les aiguilleurs du ciel toujours pour notre sécurité (et jamais pour des points de retraite en plus), les médecins toujours contre le rationnement des soins (et jamais pour leurs propres fins de mois, au demeurant bien maltraitées par les gouvernements successifs), les partisans de la suppression de l'impôt sur la fortune toujours pour la relance de l'économie (et jamais pour les intérêts des très riches), les agents de Bercy toujours pour le bien des services fiscaux de l'État (et jamais pour le leur) et le patronat toujours en faveur de l'emploi car, pour parler avec franchise, l'argent n'a jamais intéressé les chefs d'entreprise, et les profits moins encore. Lointain prédécesseur du baron Seillière à la tête du CNPF, Yvon Gattaz, on s'en souvient peut-être, avait ainsi promis à la France dans les années 1980 de lui amener sur un plateau 471 000 emplois supplémentaires – c'était précis – à condition que le gouvernement accepte d'accorder aux entreprises la flexibilité qu'il demandait. Il n'en obtint certes qu'une partie, mais le pays ne vit jamais la couleur de la moitié du quart de ses 471 000 attrape-couillons – à la vérité, il n'en fut créé aucun.

Juste retour des choses, il arrive à l'inverse que les troupes prolétariennes de Bernard Thibault fassent semblant de marcher pour les riches. Ainsi, pas plus tard qu'en mars dernier, les postiers CGT du 16e arrondissement, très hostiles à la suppression de la deuxième tournée quotidienne de distribution du courrier à Paris (qui risque de nuire à leur emploi), n'ont pas hésité à faire pleurer jusque dans les rayons de chez Fauchon. Si cette réforme scélérate est adoptée, ont-ils fait valoir la main sur le cœur, « les professions libérales, cadres supérieurs et avocats qui habitent le quartier ne recevront leur courrier que de dix heures à douze heures trente », et cela risque fort de « les mécontenter ». Très remontée par cette perspective intolérable, la CGT a prévenu qu'elle ne « laisserait pas faire » un coup pareil. Les gros bras de Montreuil sur le pont pour défendre les poudrés de Passy-La Muette ? La mauvaise foi syndicale s'égare parfois sur des pistes audacieuses...

Mais la perle de la faux dercherie revendicative revient sans conteste aux producteurs de viande bovine. Fous de rage à l'idée qu'on puisse ouvrir toute grande la porte aux importations de bœuf sud-américain, ce qui, par parenthèse, leur pend au nez comme un anneau de taurillon, ces offensés ont lancé en mai dernier une « action d'alerte vis-à-vis des médias et de l'opinion publique » via leur syndicat FNSEA. Mais que raconter aux Français ? Qu'ils doivent absolument refuser l'entrée sur leur territoire de bœufs argentins au moins aussi savoureux que les leurs, élevés en plein air sans aucun produit chimique, vierges de la maladie de la vache folle, et probablement moins chers que nos charolais ? Autant se tirer une balle dans le gras !

Alors ? Alors, à force de s'essorer les méninges, les syndicalistes éleveurs ont fini par dénicher un argument un peu plus présentable, et de surcroît frappé au coin du bon sens. Car enfin, si on leur laisse vendre leur tournedos en Europe, que feront les éleveurs sud-américains ? Ils accroîtront leur production, n'est-ce pas. Et pour accroître leur production, que feront-ils ? Ils défricheront la forêt pour augmenter la surface de leurs pâtures, bien sûr. Les sagouins ! Aller jouer de la tronçonneuse alors que le monde crève sous la pollution et que les forêts équatoriales sont notre seul vrai poumon à tous ! Voilà comment, le 13 mai dernier, entre dix heures et quinze heures, les responsables de la FNSEA (section viande bovine uniquement) se sont retrouvés avec leurs troupes et leurs troupeaux sous la tour Eiffel à crier ce slogan formidable : « Une tonne de plus de viande exportée, c'est dix hectares de forêt en moins au Brésil ! » Afin de « sensibiliser l'opinion aux ravages de la déforestation », certains ont même planté symboliquement de jeunes arbres sur le Champ-de-Mars, en riant sous cape de la bonne blague.

Ce faisant, ces petits malins n'ont résolu qu'une partie du problème. Car, sauf à être démentis, le principal producteur de viande bovine d'Amérique latine, l'Argentine, est un pays de pampas, à peu près dépourvu de forêts, et par conséquent peu sensible à la cause de la déforestation. Il est regrettable que la FNSEA n'y ait pas songé, ni n'ait pris le temps d'inventer une autre fausse raison plus adaptée. Il suffisait pourtant d'invoquer les impossibles conditions de travail des matelots sur les navires à viande ou, mieux encore, le scandale de la séparation des familles bovines induit par l'importation sauvage de petits veaux.

« Avec la FNSEA, luttons tous ensemble contre la déforestation au Brésil et la séparation des familles en Argentine ! » Ça aurait eu une sacrée gueule, non ?

Les pieds dans le tapis

En dehors du fait qu'on n'a pas besoin d'acheter de billet, le principal avantage du pipeau sur le Loto est qu'il peut rapporter vraiment gros : une présidence de la République, par exemple. À l'inverse, il arrive qu'il fasse perdre vraiment beaucoup, José Maria Aznar, Alain Juppé, Jean-Marie Messier ou encore Bernard Tapie le confirmeront volontiers si on les interroge.

Ces retours de manivelle ne se font cependant pas toujours en proportion de la bidouille concernée. Une farce de calibre 15, comme la fable du Parti communiste financé par le muguet, n'a, par exemple, jamais eu de conséquences. À l'inverse, certains se prennent de vrais marrons dans la figure pour des cacahuètes. Ainsi, pour avoir payé une bande d'étudiants à lui faire la claque au cours d'un meeting dans les années 1990, Olivier Stirn, ministre de François Mitterrand surnommé l'andouille de Vire, a-t-il dû interrompre sa carrière politique, ce qui est quand même cher payé. *Sic transit gloria andouilli...*

Le bluff qui tue

Se sentait-il inférieur ce Turc de trente-sept ans ? Trop pauvre ? Pas assez grand ? Ou simplement un peu minable ? Toujours est-il qu'un beau matin, lui est venue une bonne idée, pour frimer devant ses copains : leur faire croire qu'il avait gagné au Loto. Et pas des queues de cerise ! Le gros lot, les gars, parfaitement, de quoi se payer une nouvelle maison avec un toit de tuile et une Mercedes toute neuve, la plus grosse de la gamme, juste pour commencer, bien sûr, ensuite il faudra réfléchir. C'est pas à vous que ça arriverait pareille chance, hein !

C'était au cours d'un dîner, et ça a tout de suite gâté l'ambiance. Le silence est tombé sur les assiettes, les copains ont lâché leurs kebabs, ils se sont tous levés et ont sauté sur leur camarade pour lui piquer son billet gagnant. « Arrêtez ! leur a-t-il crié en se débattant, j'ai rien gagné du tout, c'était juste un coup de bluff, un mensonge idiot, histoire de me rendre intéressant ! » Pour le faire taire, ils l'ont aspergé d'insecticide. Ensuite ils l'ont roué de coups pour le faire parler. Et comme il persistait à nier, et que ça les énervait beaucoup, ils l'ont étranglé, et enterré en cachette.

Il avait qu'à pas mentir.

Chypre, la Crète et le crétin

Bon d'accord, le dessinateur s'est trompé, on ne va pas en faire un plat. Si vous croyez que c'est facile de faire rentrer la carte de l'Europe sur un timbre-poste ! Surtout avec ces nouveaux arrivants, étalés n'importe comment dans le paysage, et dont, pour dire la vérité, cet illustrateur n'avait parfois jamais entendu parler.

Sait-on où se situe la Slovénie ? Malte ? La Lettonie ? Lui n'avait pas la moindre idée d'où se trouvait l'île de Chypre, au milieu de la mer sans doute, mais laquelle précisément, mystère. Alors il a regardé sur un atlas et il a habilement recopié, là, une île bien allongée, un peu découpée sur la côte nord, juste au-dessous de la Grèce. Comme les dix nouveaux États de l'Union, il l'a coloriée en jaune – les autres pays en bleu, ainsi qu'on le lui avait demandé – et il a rendu son dessin avec la satisfaction du devoir accompli.

Ce n'est qu'après avoir émis le timbre en grande pompe le jour de l'élargissement que les autorités irlandaises se sont rendu compte de la bévue : ce crétin avait confondu Chypre avec la Crète. Ça l'a fichu mal, d'autant que l'Irlande tenait alors la présidence de l'Union européenne, ce qui confère toute de même certaines responsabilités, et qu'entre insulaires, que diable ! on devrait quand même savoir se reconnaître. Naturellement, les Chypriotes ont commencé à tousser, tout comme d'ailleurs les vieux Crétois. Si l'on avait punaisé l'Hexagone au nord de la Finlande, nous l'aurions pareillement eu saumâtre.

En bonne logique diplomatique, la direction des Postes irlandaises aurait donc dû présenter ses plates excuses au peuple de Chypre et régler l'affaire avec son ambassadeur autour d'une rousse à faux col. Au lieu de quoi, trop honteuse sans doute pour avouer son erreur, elle s'est enfoncée plus encore dans le ridicule en servant un mensonge d'une incroyable stupidité. Si l'île de Chypre figure sur cette carte à cinq cents kilomètres à l'ouest de sa position réelle, a-t-elle fait savoir, ce n'est nullement parce qu'on s'est trompé d'endroit, mais simplement parce qu'on manquait de place : c'est tout petit, un timbre-poste. L'illustrateur s'est donc permis de la pousser un peu à gauche, exactement comme on demande à l'oncle de se rapprocher du premier communiant pour le faire tenir sur la photo. Outre qu'il est un peu cavalier de modifier l'emplacement d'un pays sans avoir engagé de concertation préalable avec ses autorités légales, cette explication revient à dire aux Chypriotes qu'ils sont à la fois trop excentrés pour figurer sur une carte normale de l'Europe et trop insignifiants pour qu'on envisage d'en changer l'échelle juste pour les y intégrer. En d'autres termes, que ce sont des insectes et qu'ils ennuient tout le monde avec leur chiure de mouche.

Fort heureusement, personne n'a cru à cette explication vaseuse. Car enfin, s'il s'agissait simplement de déplacer l'île pour la faire entrer sur le dessin, pourquoi lui avoir donné la forme exacte de la Crète ? La vérité, nous l'avons dit et nous le répétons, c'est que le dessinateur irlandais a confondu la république de Chypre avec la grande île du sud de la Grèce. En somme, le mal ne provient pas du fait que Chypre est excentrée et insignifiante. Juste de ce qu'elle est insignifiante. C'est moins grave.

Stratégie suicidaire

L'autre samedi, un homme a été enlevé en plein Medellin, la deuxième ville de Colombie. Cela n'a pris que quelques secondes. Des bandits ont embarqué le malheureux dans une voiture et se sont fondus dans la nuit. Plus tard, ils ont fait parvenir une demande de rançon à sa femme.

Mais la police veillait. Après une courte enquête, elle a retrouvé le kidnappé. Il était en pleine forme, en train de se faire une petite omelette dans la maison d'un de ses copains. Les policiers l'ont immédiatement collé au trou pour « simulation d'enlèvement ». Confus, il a expliqué qu'il avait monté ce cinéma pour voir si sa femme tenait encore un peu à lui. Après un coup pareil, ce n'est pas gagné.

Bretelle rebelle

On se souvient du scandale. À la mi-temps de la finale du Super Bowl, la compétition phare du football américain, Janet Jackson, sœur de son frère et chanteuse de son état, s'était bêtement laissé dénuder le sein par Justin Timberlake, ex de Britney Spears et chanteur de son état, sur une grande chaîne de télévision. Se sachant regardés par des dizaines de millions de footeux, dont une bonne proportion d'anabaptistes, de mormons, de pentecôtistes, d'amishs, d'adventistes du premier jour, de méthodistes, de presbytériens, de catholiques pratiquants, de prédicateurs peu portés sur la chose, et peut-être même d'un président républicain, ces deux oiseaux avaient trouvé marrant de leur émoustiller un peu la conscience avec un petit duo sexy-trash de leur composition. Pour cette bonne œuvre, Janet s'était affublée d'un justaucorps en cuir noir, boutonné métal façon sado-maso et agrémenté de trappes secrètes à manipuler avec précaution. Timberlake n'eut donc qu'à actionner le mécanisme entre deux borborygmes pour dégager le sein convoité et à faire l'intéressé en se tortillant autour à la façon d'un iguane dans le besoin.

Le résultat, on le sait, fut un tollé, une condamnation générale, la une de tous les journaux, des hurlements de ménagères outragées en boucle sur toutes les chaînes américaines et la honte des hontes pour les deux coupables, qui ne s'attendaient pas à la moitié du quart de cette réaction de rejet populaire. Janet Jackson, en particulier, devint tricarde à peu près partout, exclue pendant des semaines des plateaux télé, jetée des fêtes de patronage, et sa cote d'amour dans le pays baissa presque autant que celle de son frère. Humiliation suprême, sa statue, installée l'année précédente dans le parc de Disney World en Floride fut promptement déboulonnée, afin de maintenir ce lieu de détente en bon état de moralité.

Or, que fit Janeton ? Plutôt que d'écraser le coup et de s'en aller glaner aux champs, elle décida de plaider la thèse de l'accident. Seulement que raconter pour être à peu près crédible ? Accuser Timberlake de l'avoir dépoitraillée sans son consentement ? Tout le monde avait pu juger du contraire. Expliquer qu'elle avait une ligne de trop dans le nez au moment des faits ? C'eût été pire que le mal. Parler d'un pari stupide, d'une consultation à distance avec son chirurgien esthétique, d'un soudain coup de chaud dans le téton gauche ? Personne n'aurait cru à ces sornettes. Pas facile, hein, de mentir, quand on a un mauvais dossier et qu'on n'est pas un professionnel. Janet a donc fini par servir au peuple américain un bobard de seconde qualité, presque aussi médiocre que le forfait qu'il était censé couvrir : si son sein est subitement apparu à nu devant des millions de téléspectateurs indignés, a-t-elle bafouillé, c'est à cause d'un« accident de costume ». Le justaucorps aurait été mal conçu, ou mal porté, ou les deux à la fois, en sorte que le sein gauche, seulement retenu par une mince lanière de cuir, s'en serait abstrait quasiment de lui-même au premier effleurement de Justin. Le camarade Timberlake a d'ailleurs confirmé la chose en évoquant, on se pince pour le croire, le « mauvais fonctionnement » d'une bretelle.

Encore heureux que ça n'ait pas été la ceinture.

Les contes charmants de M. Muscle

Si l'on excepte celui de la langue, naturellement perverti, les muscles ne mentent jamais. En élisant une boule de muscles au poste de gouverneur de leur État, les Californiens pensaient donc en avoir fini avec les mensonges. Ils en avaient assez des fausses promesses, des palinodies et du double langage qui avaient pratiquement mené leurs finances publiques à la faillite et leur réseau électrique au bout du rouleau. Ils voulaient du franc, du concret, de l'honnête. Certes, nul n'est parfait, Arnold Schwarzenegger n'avait pas la finesse de Talleyrand. Mais au moins ce frappe-qu'un-coup n'allait-il pas leur jouer le jeu malsain de l'intox et de la manipulation. C'était déjà beaucoup.

Eh bien, ils se sont fourré le doigt dans le deltoïde, les surfeurs de Malibu et les petits génies de la Silicon Valley. En réalité, Arnold baratine autant que les autres : la seule différence c'est qu'il le fait avec moins de talent, si bien qu'on s'en rend compte plus vite et que ça fait plus mal. À peine élue, cette petite pointure de la politique [1] en a d'ailleurs donné une éclatante démonstration à ses concitoyens ébahis.

L'affaire, comme souvent, a commencé par une broutille. Éreinté par sa campagne électorale, Schwarzy

1. C'est parce que nous le savons de l'autre côté des mers que nous nous permettons de proférer ici des saletés sur ce mastard. S'il lui arrivait un jour de venir en visite à Paris, nous nierions farouchement avoir écrit ces lignes.

s'était simplement offert une petite escapade à Hawaï avec sa famille, histoire de se requinquer au soleil avant sa prise de fonction officielle. Rien de grave, en somme. Jugeant cependant la chose assez compromettante pour son image de bosseur, le musculeux décida de la dissimuler sous un supposé séminaire de boulot à Honolulu, un truc dur et pénible auquel il aurait bien aimé échapper, tu vois, mais, bon, le travail d'abord. Son bronzage éhonté et quelques aimables témoignages de mauvais coucheurs locaux ayant eu illico raison de ce bobard, et la presse commençant à en ricaner par-derrière, l'armoire à glace dut trouver sans délai une position de repli en rapport avec les exigences morales de la société américaine et suffisamment crédible pour effacer la tache de ce mensonge stupide. Il a donc expliqué à la caméra que oui, bon, son prétendu séminaire était en fait un week-end chaise longue sur la plage, mais qu'il l'avait organisé à seule fin de faire plaisir à son épouse, dont il était fou raide amoureux, et qu'il tenait à remercier tout à la fois pour son formidable soutien pendant la campagne électorale et pour sa si merveilleuse présence à ses côtés depuis tant d'années, et pour tant et tant d'autres années encore. À la suite de quoi le malheureux a été fort surpris que ce roman ridicule fasse pleurer de rire les millions de Californiens placés en urgence sous antidépresseurs, ceux qui font le siège de leur psy parce que ça va pas docteur, ceux qui se rasent en famille, ceux qui divorcent à Las Vegas, ceux qui se font refaire successivement le nez, les seins, les oreilles et le nombril pour avoir une chance d'enfin décrocher un mec (ou une nana) digne d'eux-mêmes, sans compter les quelques millions de déshérités des ghettos qui règlent leurs problèmes de couple au couteau de cuisine ou qui regardent *Les Feux de l'amour* en crachant sur leur écran, c'est-à-dire, en gros, toute la population de Californie, y compris les VRP de passage et les crotales de la vallée de la Mort.

Plutôt que d'aller chercher midi à quatorze heures, Schwarzy aurait dû nous expliquer qu'il avait un compte à régler au lance-grenades avec un salopard d'Hawaïen qui commençait à lui chauffer le citron et une demi-compagnie de survivants japonais à massacrer à la barre à mine sur la plage de Pearl Harbor. Ç'aurait été plus drôle, et, en plus, on l'aurait cru.

Coquetterie pulmonaire

En plus de celle des armes de destruction massive et de la mort de Lady Diana (assassinée comme on sait d'un coup de Fiat Uno dans le dos, mais par qui ? pourquoi ? et dans quelles conditions ? on se le demande encore), le Royaume-Uniest taraudé par une troisième interrogation fondamentale : Mlle Victoria Beckham s'est-elle oui ou non fait bistouriser les seins dans le sens de la rondeur ? Question au demeurant assez formelle puisqu'une rapide inspection clinique de ses avantages actuels, à peu près deux fois plus plantureux que ceux de l'année dernière, permet de répondre que oui, ou alors on ne s'y connaît pas. Appelés à donner leur opinion sur le sujet, 72 % des lecteurs du *Daily Star* ont d'ailleurs confirmé sans hésitation cette hypothèse, permettant de chiffrer au passage à environ 28 % la proportion de Britanniques souffrant de problèmes de vue. Au reste, le travail de rapiéçage de l'ex-Spice Girl a été assez joliment exécuté, en sorte qu'elle est aujourd'hui encore plus ravissante que par le passé – et que l'on en déteste plus encore certain tireur de coups francs blondinet de son proche entourage. Mais ne nous égarons pas, car il s'agit d'une affaire sérieuse.

Mlle Victoria Beckham conteste en effet cette version des faits. Selon elle, aucun élément siliconé n'a jamais été introduit dans sa poitrine, par quelque moyen ni quelque médecin que ce soit : elle s'en serait rendu compte, peut-être ! Les courbes des seins de cette mère de deux enfants ne devraient donc leur impeccable modelé qu'à la nature, ainsi qu'à quelques exercices de gymnastique quotidiens et à une alimentation parfaitement dosée. « Si je me les étais fait refaire, je les aurais choisis plus gros », a-t-elle ricané en guise de poudre aux yeux. Outre qu'elle aurait eu bien tort, elle a eu raison de préférer les restyler à taille humaine [1].

Allez, ne jetons pas la pierre à cette cachottière : elle est loin d'être la seule à nous prendre pour des pommes. Pour une Meg Ryan ou une Cher qui remercient publiquement les blouses blanches de les avoir remasterisées à souhait, combien de stars planétaires, de présidents du Conseil italiens et de présentateurs télé parisiens s'obstinent à nier être jamais passés sur le billard de la beauté ? Sans doute leurs petits mensonges, teintés de pudeur et d'orgueil, sont-ils compréhensibles, on pourrait même dire touchants. Ils n'en demeurent pas moins absurdes. Car enfin de deux choses l'une : ou bien le travail du plasticien ne se remarque pas à l'œil nu, et l'on se demande bien pourquoi l'avoir entrepris. Ou bien il améliore visiblement les choses, et alors comment parvenir à en contester l'existence sans sombrer dans le ridicule ? Certaines comédiennes bien de chez nous, dont le visage a subitement gagné en joliesse l'année dernière, et qui préféreraient se faire épiler le maillot à l'albuplast plutôt que d'avouer la vérité, feraient bien de réfléchir à cette grave question.

1. La lecture de cette phrase nécessite une certaine concentration.

La menteuse et le nobliot

Le monde se divise en deux parties inégales : ceux qui sont au courant, et ceux qui ne sont pas au courant. Copine de Jacques Chirac, égérie de l'UMP, ministresse de la Défense et prétendante à Matignon, Michèle Alliot-Marie se place résolument dans la première catégorie – le camp des gagnants. C'est donc avec naturel et décontraction qu'elle a assuré, le 21 décembre 2003 sur RTL, avoir été « parfaitement informée » des négociations secrètes menées entre Washington et Tripoli sur la résorption des armes de destruction massive en Libye. À l'en croire, Paris suivait l'affaire « depuis des mois » en puisant ses infos à meilleure source, puisque de la propre bouche de ses amis « américains et britanniques ». Aussi « la France » n'a-t-elle pas été surprise lorsque, deux jours plus tôt, le colonel Kadhafi a annoncé son intention de démanteler son arsenal nucléaire et de stopper tous ses programmes d'armements biologiques et chimiques.

Ce qui a stupéfié la France, en revanche, c'est de découvrir que « la France » était au courant. Quelle France ? L'Élysée n'avait jamais entendu parler de rien ; Matignon, comme d'habitude, débarquait de la lune. Quant au Quai d'Orsay... Éberlué par l'annonce de Mam, Dominique de Villepin, alors ministre des Affaires étrangères, réunit dès le lendemain ses principaux collaborateurs, pour s'entendre confirmer ce qu'il supputait : aucun d'entre eux n'avait la moindre idée de ce qui se tramait entre les capitales libyenne et américaine. Pas même le directeur de la zone Afrique du Nord-Moyen-Orient, à qui la DGSE n'a jamais communiqué la moindre information sur la question. Les « services » auraient-ils pu affranchir Alliot-Marie en douce et pas le Quai ? Impensable ! Par tradition républicaine et obligation administrative, les barbouzes dispensent systématiquement leurs notes aux deux ministères, et l'on ne voit pas pourquoi ils auraient subitement décidé d'ostraciser les Affaires étrangères. Dès lors, une évidence s'impose : Mam a tout inventé.

Il n'est pas très difficile de comprendre pourquoi. Voilà des mois qu'en marge du conflit irakien, la France et les États-Unis se frottent les épaules sur le dossier libyen. Les deux pays partagent en effet l'infortune d'avoir vu l'un de leurs avions de ligne descendu par les hommes de main de Kadhafi : le Boeing 747 de la Pan Am réduit en miettes à Lockerbie (270 morts le 21 décembre 1988) et le fameux DC 10 d'UTA pulvérisé au-dessus du Sahara (170 morts dont 54 Français, le 19 septembre 1989). Or, alors que Washington a obtenu de Tripoli une indemnisation de nabab, la France peine encore à cet instant à récupérer trois sous de dédommagement[1]. Seif al-Islam, le fils de Muammar Kadhafi, lui a bien fait miroiter des millions afin qu'elle laisse le Conseil de sécurité lever les sanctions économiques antilibyennes sans opposer son veto – ce que l'Élysée a gentiment accepté de faire. Mais au moment de payer, ce fennec a brutalement changé d'avis et il refuse désormais de lâcher un liard. Pour la diplomatie française, le bilan est grandiose : des familles de victimes hors d'elles, SOS Attentats aux cent coups, aucun atout en poche pour faire plier le Raïs et des gloussements de rire dans toutes les chancelleries.

1. Un accord a finalement été trouvé depuis pour l'indemnisation des familles des victimes.

Et voilà maintenant que les États-Unis annoncent leur réconciliation spectaculaire avec le Judas des sables ! Et, plus humiliant encore, qu'ils parviennent à lui faire lâcher son arsenal et à le faire rentrer dans le rang des nations ! Tout pour eux et rien pour nous, en somme ! Lorsque, quinze ans plus tôt, ces mêmes Yankees avaient dépêché une escadrille sur Tripoli pour traiter à la bombe à laser leur différend avec le dictateur local, François Mitterrand n'avait-il pas refusé de leur ouvrir notre espace aérien ? N'avait-il pas bravé la folle colère de Washington et enduré des dizaines d'appels au boycott des exportations tricolores pour les beaux yeux du colonel ? Ah ! elle est payée en retour, la France !

Alors, aller avouer qu'en plus la réconciliation des traîtres s'est faite derrière son dos, sans qu'elle en perçoive même un murmure, franchement, Mam n'en avait pas le cœur. Elle a préféré bidonner en espérant que l'opinion n'y verrait que du feu. Et elle aurait peut-être réussi son coup si un cafteur infâme– décidément, que d'infamie ! – n'avait vendu la mèche. Oh, pas directement, bien sûr, Dominique de Villepin est trop malin pour cela. Mais par l'intermédiaire d'un ou deux conseillers bavards, que voulez-vous, on ne peut pas les empêcher de parler ces types-là, ils causent ils causent et une fois la presse alertée, une fois les soupçons instillés, que faire d'autre sinon révéler la vérité ? « Non, la France n'a pas été tenue informée des négociations secrètes entre la Libye et les États-Unis », a donc été forcé de jubiler le ministre des Affaires étrangères sur France Inter, dès le 22 décembre. Prends ça dans les gencives, vieille pie ! C'est plus fort que lui, Villepin est allergique à Mme Alliot-Marie. Toujours à rôder sur ses terres, celle-là. Toujours à faire des ronds de jambe à Chirac. Et à rêver de Matignon, s'il vous plaît, alors que la place lui est destinée à lui, Villepin, car c'est lui, Villepin, le lieutenant préféré du patron. Joie suprême, quelques heures plus tard, l'Élysée confirmait sèchement la version du ministre des Affaires étrangères, et le gouvernement aussi, via une courte phrase de son porte-parole Jean-François Copé : « Les négociations entre les États-Unis et la Libye avaient, chacun le sait, un caractère secret. » Il y a dans ce « chacun le sait » un délectable goût de poison mortel.

La malheureuse Michèle Alliot-Marie en a été quitte pour se bricoler en catastrophe une explication alambiquée. « Comme l'a rappelé Dominique de Villepin, nous sommes régulièrement informés de tout ce qui peut toucher à la lutte contre le terrorisme et la prolifération, a-t-elle avancé. En revanche, Dominique de Villepin n'a pas été informé dans le détail par Colin Powell du contenu de l'accord avec la Libye. Par conséquent, il n'y a pas de contradiction entre ce que j'ai dit et ce qu'a dit le ministre des Affaires étrangères : cela dépend du contenu. » Comme les pots de confiture, en somme.

Pauvre Mam.

La valse des fausses promesses

« Je ne ferai jamais de fausses promesses », a promis en mars dernier André Santini. Fallait-il croire à cette promesse ? La réponse des électeurs fut très mitigée car le candidat UDF aux régionales en Île-de-France arriva bon troisième derrière Jean-Paul Huchon (PS) et Jean-François Copé (UMP), deux finauds qui n'avaient rien promis de tel. Santini n'aura qu'à faire comme eux la prochaine fois...

Étonnant ? Bof ! Le foulage aux pieds de ses propres engagements est devenu une pratique tellement courante dans nos sociétés bidonnantes qu'il ne fait plus s'émouvoir personne. Dans ces conditions, pourquoi se priver ?

Demain on vole gratis...

Évidemment, la direction de Ryanair aurait pu leur promettre la lune. Mais pour attirer près de lui des milliers d'admirateurs, Michaël O'Leavy, le PDG de cette compagnie aérienne *low cost*, a préféré leur laisser espérer quelque chose de plus terrestre : un billet d'avion gratuit Strasbourg-Londres offert aux mille premiers arrivés. Un aller-retour s'entend, la pub passée dans les journaux du coin était claire sur ce point. Ils étaient donc une pleine volière, ce mardi9 décembre 2003, à l'attendre devant la cour d'appel de Nancy, où le rendez-vous avait été fixé. Une pleine volière de pigeons, bruyants, sympathiques, joyeux, pour la plupart des jeunes, sans compter quelques amoureux roucoulants. Tous voulaient leur billet. O'Leary, lui, souhaitait juste les avoir là. Pour faire masse autour de lui. Pour montrer qu'il était soutenu. Traîné devant la justice par Air France pour concurrence déloyale, menacé par les juges lorrains de se voir privé de subventions publiques, il jouait ce matin-là une partie difficile. Il lui fallait tous les atouts de son côté.

Pour Ryanair, en effet, les subventions sont aussi indispensables que les ailes aux moucherons : sans elles, point de vol à bas prix, et donc point de vol du tout puisque, comme on sait, le principal attrait de cette compagnie *low cost* est précisément de proposer des tarifs lilliputiens à ses clients – pour un service stylé, mieux vaut opter pour Singapour Airlines. Depuis des années, Michaël O'Leary court donc l'Europe afin de grappiller des coups de pouce aux collectivités locales un peu enclavées qui rêvent de nouvelles lignes aériennes. C'est ainsi qu'il a décroché un pont d'or de la chambre de commerce et d'industrie de Strasbourg, lui permettant de faire décoller pour trois fois rien ses avions depuis la capitale alsacienne.

L'ennui c'est que la réglementation européenne proscrit ce genre de petits arrangements, de nature à fausser la libre concurrence. Et qu'Air France, délogé de ses terres par ce flibustier des airs, n'a pas hésité à le lui rappeler avec du papier bleu. Dès avant le procès, qui menaçait d'être retentissant, les PDG des deux compagnies s'étaient lancé des noms d'oiseau, O'Leary éructant qu'il « préférerait avoir le sida » que de travailler à Air France, dont, par parenthèse, le PDG n'avait « pas de couilles » et, plus grave encore, pratiquait des tarifs « quarante fois plus élevés » que les siens, Jean-Cyril Spinetta lui répliquant virilement, en dépit de son absence de parties, qu'il était lui-même un « arnaqueur », un« compétiteur déloyal pratiquant en permanence la désinformation » et le faisant, qui plus est, de façon « grotesque ».

Mais voilà un long moment déjà que notre volière de pigeons fait le pied de grue devant le tribunal de Nancy. Va-t-on finir par distribuer les billets promis ? Arrive enfin un officiel de la compagnie. Il porte un gros carton ! ! Il l'ouvre ! ! ! Il en sort... des tracts. Des tracts sur lesquels on peut lire : « Ryanair.com, la compagnie la moins chère, mille billets gratuits, mille billets d'avion aller-retour vers Londres-Stansted, au départ de l'aéroport de Karlsruhe-Baden-Baden. Réservez jusqu'au 10 décembre 2003. Pour réserver vos billets, veuillez taper www.ryanair.com/member/strasbourg/html ». Eh eh eh.

Après avoir clamé leur indignation, les naïfs sont repartis les mains vides, outrés d'avoir perdu une matinée pour du beurre. Il paraît que certains d'entre eux riaient quand même de la bonne blague.

Tous les chemins mènent à Lyon...

Pour écarter Charles Millon de ses plates-bandes lyonnaises, car il s'agit d'un rebelle doublé d'un sycophante de la pire espèce, l'UMP avait, on s'en souvient peut-être, échafaudé un stratagème de la plus haute finesse : lui proposer de représenter la France à la FAO, la branche de l'ONU qui s'occupe de la faim dans le monde, en échange de sa promesse de déguerpir pour toujours de la capitale des Gaules. Prestigieuse, pas mal payée et tout à fait dans ses cordes, cette agréable place au soleil avait de surcroît le mérite d'être vraiment au soleil, puisqu'elle se trouvait à Rome, cité suffisamment éloignée de Lyon pour dissuader l'animal de rentrer tous les soirs, et assez excitante, espérait-on, pour qu'il lui en passe à jamais l'envie. Après des mois de tractations avec l'Élysée, ce pacte diabolique fut scellé en septembre 2003 par l'intermédiaire de Dominique Perben, ministre de la Justice et grand ami du petit Charles. La presse ricana, bien sûr – mais la presse ricane toujours. Et Millon partit pour jamais.

Ce qu'il y a de merveilleux avec les faiseurs de coups tordus, c'est qu'ils n'imaginent jamais pouvoir eux-mêmes en subir. Aussi prennent-ils invariablement une expression de total effarement lorsqu'il leur arrive à leur tour de se faire berner, à la manière d'un hibou surpris dans la lueur d'une torche électrique le soir au fond des bois. Abasourdis, les oiseaux de proie de l'UMP lyonnaise ont ainsi fait une telle figure en apprenant la nouvelle qu'on est en droit de se poser la question : n'est-ce pas uniquement pour se payer leur tête que Charles Millon a annoncé en mai dernier sa ferme intention de se représenter aux prochaines municipales dans sa ville fétiche, en dépit de ses promesses passées, présentes et à venir ? La réponse est probablement non, car cet exilé romain ne se serait quand même pas donné la peine de rédiger un programme électoral de cinquante-cinq pages pour si peu...

Comme la bleusaille...

On dira ce qu'on voudra, les responsables de la CFDT savent se tenir en société. Le dos encore sanguinolent de ce coup de poignard asséné par François Fillon, ils ont publiquement « regretté que le gouvernement use de pratiques de nature à décourager les plus fervents partisans de sa réforme », phrase extrêmement audacieuse, qui représente le point ultime de l'agressivité dans l'échelle de Richter du langage cédétiste. En privé, certains militants ont cependant ramené le débat à une plus simple équation : « On s'est fait baiser. »

Mais de quoi s'agit-il au fait ? Oh, de trois fois rien. D'une trahison perfide, comme le jeu social en connaît tous les quatre jeudis, et qui passe en général inaperçue du grand public. Pour la comprendre, il faut se reporter un instant au printemps 2003, au moment de la préparation de la réforme des retraites. Le ministre des Affaires sociales de l'époque, François Fillon, donc, est alors en pleine tourmente. Pilonné par la CGT, agoni par Force ouvrière, traîné plus bas que terre par les trotskistes de SUD, il quête avec anxiété un coup de main secourable de la CFDT, l'un des rares syndicats à n'être pas totalement fermé sur ce dossier. Que demande-t-elle en échange de son soutien ? Quelques modifications de détail dans le projet, et surtout un aménagement des conditions de départ à la retraite pour les carrières longues. Il s'agit de permettre aux salariés ayant commencé de trimer avant dix-sept ans de raccrocher avant l'âge de soixante ans. Un peu embêtant, car cette mesure sociale est coûteuse. Mais puisque c'est le prix à payer pour se rallier un syndicat d'importance, tope là ! Le 15 mai, la CFDT, ravie d'avoir fait plier Fillon, signe un « relevé de décision » et donne officiellement son accord à la réforme des retraites.

Elle va le payer très cher. Outré par cette « capitulation » face aux projets rétrogrades d'une droite réactionnaire, ses militants issus de l'ultragauche entrent illico en rébellion et, après avoir fait un foin du diable, claquent la porte de la Confédération. Plusieurs milliers d'entre eux rejoindront bruyamment la CGT (à qui, par parenthèse, nous souhaitons bien du plaisir avec ces oiseaux-là). Mais François Chérèque, le patron de la maison, tient bon. Qu'ont obtenu les autres syndicats avec leur opposition stérile dans ce dossier des retraites ? Rien. Lui a engrangé une avancée sociale d'envergure. Et il est le seul à avoir fait reculer le gouvernement, l'histoire finira par lui en donner acte.

En découvrant les décrets d'application publiés par le gouvernement quelques mois plus tard, une fois la tension retombée, le naïf a failli faire une attaque. Certes, le principe du droit à la retraite anticipée pour les salariés ayant effectué une très longue carrière y est confirmé. Mais, contrairement aux promesses de François Fillon, les conditions posées pour en bénéficier sont drastiques. Entre autres joyeusetés, le décret précise ainsi que les périodes de chômage et d'invalidité ne seront pas comptabilisées pour le calcul de la durée de cotisation ; que les arrêts maladie le seront partiellement seulement, tout comme le temps passé sous les drapeaux ; que les bonifications pour enfants à charge accordées aux mères de famille seront sucrées ; et que, pour obtenir le droit à un départ anticipé, les salariés devront justifier d'au moins cinq trimestres de cotisation avant leur seizième ou dix-septième anniversaire, autant dire qu'ils aient commencé à travailler à quatorze ou quinze ans.

Moyennant quoi un tiers des trois cent mille bénéficiaires potentiels de cette « avancée sociale d'envergure » qui, chauffés par la CFDT, attendaient avec impatience de pouvoir chausser leurs charentaises, ne pourront pas en goûter les charmes. Bah ! François Chérèque n'aura qu'à leur expliquer qu'il s'est fait avoir comme de la bleusaille.

« Vous entendez : jamais ! ! »

S'il est quelque chose que l'on ne peut pas reprocher à Antoine Rufenacht, soit dit sans mauvais jeu de mots, c'est son manque de fermeté. Le maire du Havre a beau être normand, copain de Chirac et homme politique, ce qui fait trois raisons de passer sa vie à biaiser, il tient l'hésitation pour de la faiblesse et le va-et-vient pour de la trahison. Aussi a-t-il martialement énoncé sa décision, le 20 janvier dernier, à l'approche des élections régionales : quoi qu'il arrive et quoi qu'il en soit, la liste UMP qu'il conduirait en Haute-Normandie ne fusionnerait jamais – vous entendez bien : jamais ! – entre les deux tours avec celle de Hervé Morin, son concurrent UDF.

Il faut dire que ce freluquet (Morin) avait un sacré toupet de venir lui chercher des noises sur ses terres laitières. En quoi la Haute-Normandie avait-elle besoin d'une liste UDF aux élections régionales ? La sienne, regroupant de nombreuses personnalités formidables issues d'horizons formidables tels que l'UMP, la société civile, le divers droitisme et même l'UDF, puisque certains transfuges du groupuscule de Bayrou acceptaient d'y figurer, sa liste de « large rassemblement » baptisée « Unis pour la Normandie » ne suffisait-elle pas à représenter la droite entre Rouen et Le Havre ? Et lui-même, Antoine Rufenacht, grand leader du néogaullisme local, ex-directeur de campagne de Jacques

Chirac aux présidentielles avec le succès que l'on sait, homme d'expérience (soixante-cinq ans) et de succès (maire du Havre), ne suffisait-il pas à mener la majorité à la victoire ? La vérité, c'est que Morin emmerdait le monde, pardon pour l'expression mais on ne pouvait trouver meilleur vocable, il emmerdait le monde et il allait payer pour ça.

D'ailleurs, cette affaire était aussi une question de principe, Antoine Rufenacht l'avait seriné pendant toute la durée de la campagne avec une conviction de grand prêtre. « Quand on parle fusion, on pense addition, alors qu'il faudrait plutôt parler de soustraction puisqu'on demande à des membres de sa liste de se retirer pour laisser la place à d'autres » (20 janvier 2004, vœux à la presse). « Ma liste est un exercice d'équilibre politique et géographique. Il faudrait que je dise à des gens de mon groupe que je les remplace par d'autres qui pensent la même chose qu'eux ? C'est absurde ! » (*Le Point*, 12 février 2004). « L'idée même de la fusion n'est pas acceptable. La seule chose que l'on puisse envisager est un désistement sans état d'âme et avec enthousiasme pour la liste arrivée en tête dans la même famille » (Le Havre, 1er mars). « Si nous ne sommes pas parvenus à nous entendre au premier tour, il n'y a pas de raison pour que nous y arrivions au second » (*La Croix*, 18 mars). On en passe.

Pressé par les états-majors parisiens d'assouplir sa position, qualifié de « sectaire » par François Bayrou, harcelé par les « pressions amicales » de Jean-Claude Gaudin, le coprésident de la commission d'investiture de l'UMP, notre buté s'agrippera jusqu'au bout à la barre du refus hautain : « Si on nous oblige à l'union ou à la fusion, ce sera sans moi », prévient-il le 19 mars, à deux jours du scrutin.

Le 23 mars, après avoir recueilli 21,15 % des suffrages au premier tour, Antoine Rufenacht fusionnait sa liste avec celle de l'UDF Hervé Morin.

Règlements de comptes à Air Littoral

Si les salariés d'Air Littoral, ou plus exactement les anciens salariés d'Air Littoral, car leur entreprise a été liquidée l'hiver dernier après des mois d'agonie et des semaines de douche écossaise, si les ex-salariés d'Air Littoral, donc, se mettaient à jouer à pigeon-vole, sûr qu'ils formeraient une superbe escadrille à plume. Ces malheureux ont subi une telle avalanche de fausses promesses, un tel assaut d'engagements foulés aux pieds, que leur histoire mériterait de figurer dans un livre sur le mensonge. D'ailleurs, elle y figure.

Au début, tout se passait très bien. Air Littoral était une petite compagnie montpelliéraine honorablement connue, exploitant trois dizaines d'aéronefs de bonne tenue et assurant essentiellement des liaisons régionales dans le sud de la France. Personne n'y mentait, ou alors très peu, comme on ment dans les affaires aériennes, c'est-à-dire gentiment, de-ci, de-là, avec la retenue qui sied aux gens bien élevés et aux uniformes à boutons dorés. Et puis la crise est arrivée avec le nouveau millénaire. L'entreprise a commencé à perdre de l'altitude, blessée par la concurrence et la baisse du trafic, puis à plonger carrément dans les dettes et le déficit. Le 21 août 2003, alourdie par soixante-sept millions d'euros d'impayés à l'Urssaf et aux collectivités locales, elle est contrainte de déposer son bilan.

Marc Dufour, le patron, ne se montre pourtant pas

trop inquiet : un financier américain lui a fait part de sa volonté de reprendre la société et d'en relancer l'activité. Il envisage, certes, de supprimer six cents emplois sur neuf cents, une terrible saignée dans une région déjà très marquée par le sous-emploi. Mais c'est le prix à payer pour le retour à la compétitivité. Et au moins les couleurs d'Air Littoral continueront-elles de flotter sur le Languedoc.

D'ailleurs, voici nos sauveurs qui se présentent. Il s'agit du groupe US Wexford, inconnu au bataillon du transport aérien, mais riche et, paraît-il, plein de bonnes intentions. Début septembre, ces Yankees s'engagent devant le tribunal de commerce à injecter immédiatement plusieurs millions d'euros dans l'affaire et se font remettre en échange les clés de la compagnie. Ces types-là sont durs mais solides, estiment les juges, ils appartiennent à cette race de businessmen à qui l'on peut faire confiance sans hésiter. Quinze jours plus tard, après avoir fait espérer toute une région, ces hommes solides disparaîtront comme ils étaient venus, sans avoir lâché un sou ni accordé un mot d'explication.

Eh bien, qu'ils aillent au diable ! Air Littoral n'a que faire d'une bande de menteurs : elle possède d'autres atouts en poche. Et notamment cette société financière italienne, du nom de « Seven Group », qui se dit très intéressée par le transporteur français. Bonne nouvelle, elle possède déjà des parts dans une petite compagnie aérienne transalpine, ce qui laisse supposer qu'elle s'y connaît en coucous. Surtout, son plan de relance prévoit nettement moins de suppressions d'emploi (trois cent cinquante) que celui des baratineurs américains. Le 5 novembre, après que ses patrons se sont engagés sur l'honneur à apporter immédiatement onze millions d'euros (et quatre de plus dans les six mois), Seven Group est officiellement désigné repreneur d'Air Littoral par le tribunal de commerce. Montpellier revit. Le conseil régional sable le champagne. Les salariés, eux, se demandent anxieusement en aparté si leur nom figurera sur la liste des sacrifiés. Ils ignorent encore qu'ils n'auront pas l'occasion de le vérifier.

Le 15 novembre, en dépit de leurs engagements, les dirigeants de Seven Group n'ont toujours pas versé un centime dans les caisses de la société. S'apprêteraient-ils, par hasard, à nous refaire le coup des Américains ? Certainement pas ! s'indignent-ils devant le tribunal en soulignant que, dans la finance, il est indispensable de n'avoir qu'une parole – autrement on court à la catastrophe. Le 22 novembre, leur virement se fait toujours attendre. Des ennuis ? Une anicroche de trésorerie ? Un simple contretemps, rassurent encore les Italiens, qui promettent d'envoyer l'argent avant le 27 novembre. Le 27, rien. Le 30, rien. Le 2 décembre, ultime délai accordé par les juges pour le paiement, encore et toujours rien. Et les jours suivants non plus. À bout de patience, pressé parles créanciers en colère, le tribunal finit par constater le 18 décembre « la défaillance » de Seven Group. Les dirigeants transalpins n'ayant plus réapparu à Montpellier depuis des semaines, personne ne connaîtra jamais les raisons de ce reniement en rase campagne.

Air Littoral, dont les comptes se creusent un peu plus chaque jour, est désormais presque en perdition. Serait-il victime d'un mauvais sort ? Non, car un troisième larron se présente à sa passerelle. Et cette fois pas d'histoires, il s'agit d'un Français, un Français plein aux as et de surcroît bien connu dans les allées de la Bourse parisienne. Certes, Alain Dumesnil (c'est le nom de cet envoyé de la Providence) envisage de ne conserver que dix appareils sur trente, et il parle de guillotiner pas loin de la moitié des effectifs. Mais au moins son offre est-elle sérieuse, cohérente et digne de foi. Dumesnil n'en a-t-il pas longuement négocié les détails avec le ministère des Transports ? Affiné les contours avec Jacques

Blanc, le président du conseil régional ? Le 5 février, le tribunal accueille avec un large sourire les propositions financières de cet homme de confiance, onze millions d'euros d'argent frais injectés dans la compagnie, dont quatre apportés par la région Languedoc-Roussillon sous forme d'avance remboursable. Cela devrait amplement suffire à faire redécoller la machine. Rassuré, le déjà ancien PDG Marc Dufour lâche le manche, souhaite bonne chance à son successeur et s'en va conduire la liste UDF aux élections régionales, plantant du même coup un poignard dans le dos du candidat UMP Jacques Blanc, un ami de trente ans, et démontrant au passage qu'à Montpellier, même en dehors de l'aéroport, le coup fourré est une méthode de gestion et la traîtrise un art de vivre.

Mais ne nous égarons pas. Nous attendons maintenant qu'Alain Dumesnil apporte les premiers millions d'euros qu'il a promis à Air Littoral. Il ne dispose pour cela que d'une semaine, jusqu'au 13 février exactement, selon le délai fixé par le tribunal de commerce. Les jours passent. Montpellier se ronge les sangs car le nouveau repreneur ne paie pas. Serait-il, lui aussi, une planche pourrie ?

Disons plutôt qu'à Paris les responsables de la DGAC (Direction générale de l'aviation civile) la lui savonnent de bon cœur. Ces hauts fonctionnaires qui, à la ville, font mine de se désespérer pour Air Littoral et jurent souhaiter ardemment son redémarrage, exigent en effet en coulisse de Dumesnil un million d'euros supplémentaire pour lui laisser les clés de la boutique. Pourquoi ? « Ils trouvaient que le tribunal de commerce ne m'avait pas fait payer l'affaire assez cher », raconte le financier, encore estomaqué par cette exigence peu commune [1]. Le vendredi 13, après une semaine de négociations houleuses, il finit cependant par céder à leur demande. Trop

1. Entretien avec l'auteur.

tard ! répondent alors les pontes de la DGAC. Et, « pour des raisons de sécurité », ils décident dans la foulée de clouer au sol le temps du week-end les avions de la compagnie – dépôt de bilan ou pas, ces derniers n'avaient jamais cessé de voler –, lui faisant perdre au passage trois millions d'euros de recettes et le peu qu'il lui restait de sa réputation. « S'ils avaient voulu couler Air Littoral et empêcher sa reprise, ils ne s'y seraient pas pris autrement », résume Dumesnil, en précisant que deux jours plus tôt, au cours d'une réunion au ministère des Transports, tout le monde était convenu qu'il n'y avait « aucun problème de sécurité ».

Inutile d'aller chercher bien loin les causes de ce canardage administratif. Les pontes de la DGAC, habitués aux bonnes compagnies, n'avaient aucune envie de confier le destin de celle du Languedoc à un financier inconnu des tours de contrôle.

Le 15 février, dégoûté par ces manœuvres, Alain Dumesnil jettera l'éponge. Trois jours plus tard, Air Littoral, trois fois noyé sous le mensonge, sera mis en liquidation, autrement dit à la poubelle.

Se trouvera-t-il un financier (de confiance) pour faire revivre sa mémoire ?

Ministre martyr

Francis Mer qui, à en croire ses détracteurs, fut un ministre des Finances lamentable, doté d'une faible capacité d'analyse et du sens politique d'un souriceau, a annoncé un jour de janvier 2004 qu'à l'issue de sa grande réforme, il faudrait sans doute se résoudre à augmenter la CSG pour sortir la Sécurité sociale de l'impasse. Cette déclaration mensongère et irresponsable lui a aussitôt valu une volée de bois vert bien méritée, car on ne peut tout de même pas diriger la France en racontant n'importe quoi.

« Il n'est en rien question d'augmenter les prélèvements ! » s'est énervé dès le lendemain Jean-François Copé, alors porte-parole du gouvernement, en précisant que « l'objectif de la prochaine réforme de l'assurance maladie était justement d'apporter des réponses permettant de ne pas avoir recours à une hausse de la CSG ». Credo de bon sens confirmé quelques heures plus tard avec irritation par le cabinet du Premier ministre : « Le gouvernement n'envisage aucun relèvement de taux de CSG, qu'il s'agisse du taux normal (7,5 %) ou du taux réduit (6,2 %) appliqué aux retraités. » À la suite de quoi Francis Mer a été prié de se taire, puis débarqué sans ménagement du gouvernement à quelques semaines de là, car ce n'est pas en mentant aux gens qu'on fait avancer les choses, il aurait dû le savoir.

En annonçant, quatre mois plus tard, que le gouvernement avait décidé de relever le taux de CSG frappant les retraités, en préalable à toute réforme de la Sécurité sociale, Philippe Douste-Blazy a-t-il eu une pensée pour ce martyr du mensonge ?

Grattée au grattage

Ce qu'il y a d'assommant lorsqu'on gagne au Loto, lorsqu'on gagne de grosses sommes s'entend (pour les petites on fait son affaire en trois minutes avec la guichetière du bureau de tabac), ce sont toutes les formalités administratives imposées par ces messieurs de Paris : il faut faire valider son bulletin, donner son identité, traverser la France pour toucher son chèque, sans compter le risque de se faire piquer son billet en chemin, il y a tant de brigands sur les routes, rien que des ennuis en somme et rien que des trucs de pauvres. Lassée d'avance par d'aussi pesantes perspectives, la cliente du bar-tabac de Sainte-Marie-du-Mont, dans la Manche, âgée de soixante-douze ans, dont nous tairons le nom pour lui éviter des soucis et qui, ayant gratté un ticket de Millionnaire avec beaucoup de savoir-faire, avait gagné d'un coup 60 980 euros, se préparait déjà au pire, lorsque les buralistes, Jean-Louis Dumont et Sandrine Lerendu, lui proposèrent de s'occuper de tout à sa place. Comme quoi, une bonne nouvelle n'arrive jamais seule. Elle leur confia son ticket gagnant.

À en croire cette pauvre dame, ils s'occupèrent de tout. Tinrent conseil le soir même. Vendirent leur affaire dans la semaine. Et disparurent avec le billet pour une destination inconnue. En dépit de la somme colossale de formalités administratives imposées par les prétoires, et bien qu'ils aient réfuté mordicus devant le tribunal cette version des faits, accusant au contraire leur vieille cliente de chercher à les

dépouiller, la gagnante déchue et déçue les a fait condamner à un an de prison avec sursis assorti d'un an de mise à l'épreuve, le temps pour eux de lui rendre ses sous.

Moralité : si la justice ne s'est pas trompée, Sandrine Lerendu porte mal son nom.

Merveilleuse omerta

Dans un monde contaminé jusqu'à la folie par le culte de la « communication » et la tyrannie de la transparence, la vieille stratégie du secret absolu aurait dû, en bonne logique, abandonner peu à peu le terrain. Sans doute l'omerta se joue-t-elle de la logique, car elle n'en a pas cédé un pouce. Non seulement l'industrie des pelles à enterrer les rapports ne s'est jamais aussi bien portée, mais les opinions publiques ne semblent guère s'en offusquer. Qui a sauté de joie lorsqu'en mai dernier, après des années de supplication judiciaire, le gouvernement s'est enfin décidé à lever le « secret défense » sur l'affaire des frégates de Taiwan, probablement l'une des plus terrifiantes carambouilles politiques de ces vingt dernières années ? Personne, ou presque. Il est vrai que certains soupçonnent le pouvoir d'avoir escamoté des documents de ce dossier ultrasensible avant de le livrer aux juges.

Pas un pouce de terrain, on vous dit...

Agapes privées

Eu égard à son nom et à ses qualités de comédien, Tony Blair ferait bien de prendre garde à son nez : le Premier ministre anglais raconte tellement de bobards qu'il va finir par se prendre les pieds dedans. Passons sur l'existence des armes de destruction massive irakiennes, dont, sauf erreur de notre part, il détient toujours « la preuve formelle », glissons sur l'affaire Kelly, où il a nié l'évidence comme au pire temps du stalinisme, oublions la querelle avec la BBC, qu'il a gérée avec une mauvaise foi de classe internationale, et écoutons un peu Mrs Ann Abraham, *the parlementiary ombudsman*, autrement dit la médiatrice du Royaume. Mrs Ann Abraham est très remontée contre Tony Blair à cause de ses petits déjeuners.

Il y a quelques mois, l'opinion britannique avait en effet été fort étonnée que la société PowderJect se fasse attribuer par les autorités de Londres un marché de vaccins de trente-deux millions de livres (quarante-cinq millions d'euros), sans aucun appel d'offre ni la moindre forme de mise en concurrence. D'autant plus troublant que ladite société s'était fendue, quelques années plus tôt, d'un don de cent mille livres au profit du Parti travailliste pour l'aider à faire campagne, une pratique au demeurant parfaitement légale en Angleterre. Y avait-il un lien entre ce présent-ci et ce cadeau-là ? Les services de Tony Blair s'en étaient toujours farouchement défendus, et l'on était passé à autre chose. Mais pas Mrs Ann Abraham.

Pendant des mois, cette femme tenace a continué à faire le siège du gouvernement afin d'obtenir des explications. Et, en mars dernier, elle a fini par découvrir que, quelques jours avant de lui octroyer ce marché royal, le Premier ministre avait invité Paul Drayson, le patron de PowderJect, à partager ses pancakes du matin à Downing Street. Les deux hommes n'étaient d'ailleurs pas seuls à table. Outre le ministre du Commerce, Patricia Hewitt, quatorze autres chefs d'entreprise s'y beurraient les scones, dont pas mal de « donateurs » travaillistes. Or, tous étaient justement engagés dans de puissantes actions de lobbying. Paul Carvell, le PDG de Business Post Group, voulait que Tony Blair libéralise le marché du courrier, Frank Chapman, patron du groupe gazier BG, souhaitait l'ouverture de son secteur à la concurrence, Alan Parker, boss des hôtels Whitbread, poussait pour des subventions à l'industrie touristique. Présents aussi les numéros un de Marks and Spencer, Easy Jet ou encore d'Alstom, y allaient pareillement de leur demande de faveur. En somme, il s'agissait d'un breakfast de business-influence, organisé dans les salons mêmes du 10, Downing Street, avec les théières de Sa Majesté et en présence de Tony Blair en personne. Le genre d'épisode scabreux qui vous lacère une image d'honnêteté politique en moins de temps qu'il n'en faut pour l'écrire. Voilà pourquoi le Premier ministre s'était bien gardé d'en publier les bans. Et avait même délibérément menti pour égarer les soupçons des journalistes du *Guardian*, qui reniflaient d'un peu trop près les fumets de cette mauvaise marmelade.

Selon Mrs Ann Abraham, au moins six eggs-and-bacon parties de cette espèce auraient été données en moins de deux ans. Comme ses pouvoirs le lui autorisent, elle a donc sommé Tony Blair de s'expliquer devant l'opinion. À la suite de quoi le chef du gouvernement a répondu qu'il s'agissait d'agapes privées, sur lesquelles il n'avait à fournir aucune explication ni à Mrs Ann Abraham ni à ses électeurs, ni même à la reine d'Angleterre. C'est vrai quoi, on a tout de même le droit de boire un thé avec de vieux copains. Conscient de la faiblesse de l'argumentation, Blair a fait cependant préciser par son entourage que ces petits déjeuner patronaux faisaient partie de sa politique de rencontre avec le peuple britannique, au même titre que ses rendez-vous avec les syndicats de travailleurs ou les responsables d'associations caritatives. Et qu'en dévoiler le contenu risquait de gêner l'action du gouvernement de Sa Très Grâcieuse Majesté.

De la flûte ! s'est offusquée Ann Abraham en martelant que « le culte du secret n'était pas admissible en démocratie ». Reste à espérer que cette lave-plus-blanc ne vienne jamais s'installer en France. Entre les grandes lessives permanentes des parquets-étouffoirs, les pleines armoires de rapports jamais publiés, le silence radio sur le vrai budget de l'Élysée et le secret défense invoqué à tout bout de champ, elle nous ferait un infarctus en moins d'une semaine.

Double intox au Pentagone

À George Bush, le réchauffement climatique ne fait ni chaud ni froid. La fonte des glaces ? La montée des eaux ? Le dérèglement annoncé de l'agriculture mondiale ? Un homme de sa trempe n'a que faire de sujets aussi minuscules. Aussi, bien que son pays soit à l'origine d'au moins 25 % des rejets de composés carboniques, s'obstine-t-il à refuser de ratifier le protocole de Kyoto sur la réduction des émissions de gaz à effets de serre, que tous les autres pays occidentaux ont paraphé depuis belle lurette. L'économie des États-Unis d'Amérique ne se remettrait pas d'un coup pareil, fait-il valoir face à la pression mondiale. Ses amis pétroliers, qui financent sa campagne et lui fournissent à la demande des vice-présidents de qualité – avant d'entrer à la Maison Blanche, Dick Cheney, on le sait, dirigeait le groupe Halliburton, spécialisé dans l'extraction de l'or noir – soutiennent cette position courageuse.

Alors, quand il a appris que les experts du Pentagones'apprêtaient à publier un rapport catastrophiste sur les effets du réchauffement de la planète, son sang de président s'est mis à bouillir. Quoi ? Chercheraient-ils à lui savonner la planche, ces crétins de militaires ? Un rapport sur les dangers de la montée des eaux ? Et pourquoi pas un mémorandum sur ses relations extraconjugales, tant qu'ils y étaient ! Horrifié à l'idée que ce brûlot d'écolos en uniforme puisse être communiqué un jour à l'opinion, il a illico ordonné son enfouissement dans un tiroir à grande profondeur. Qu'il dorme là et qu'on n'en parle plus jamais !

Il faut dire que les militaires en question n'y allaient pas avec le dos du stylo-plume. Établi sous la houlette d'un conseiller pentagonique nommé Andrew Marshall, leur document ferait un excellent scénario pour un film d'apocalypse, à cela près qu'il ne s'agit pas d'un film. Pense-t-on que les effets terrifiants de l'élévation de la température seront très progressifs, que les enfants de nos enfants en percevront à peine les prémices ? Eh bien, c'est une grossière erreur, répondent les galonnés US. En réalité, le ciel risque de nous tomber sur la tête dès demain matin. Il suffirait pour cela– l'hypothèse est présentée comme crédible à l'horizon 2010-2020 – que ce bon vieux Gulf Stream s'affaiblisse et s'enfonce sous l'Atlantique, pour que le globe perde la boule. En gros, et pour faire court : l'Europe occidentale serait plongée en quelques années dans un froid sibérien, des icebergs se promèneraient au large de la pointe du Raz, Amsterdam serait noyée sous les eaux, l'Amérique balayée par de terribles tempêtes, l'hémisphère sud brûlé par un soleil de plomb, le Bengladesh (cent vingt-cinq millions d'habitants) rayé de la carte des terres immergées, une partie de nos réserves d'eau douce salinisées par la montée des océans, l'agriculture sens dessus dessous, la moitié du monde guettée par la famine et le périph verglacé même le 14 juillet.

Mais tout cela n'est rien en comparaison du cataclysme géopolitique qui ne manquerait pas de se produire. Toujours pour faire court, et toujours selon le rapport enterré du Pentagone, des centaines de millions de « réfugiés climatiques » organiseraient le siège des pays riches encore habitables, les États grelottants se feraient la guerre pour le contrôle des sources d'énergie, ceux du Sud pour celui des terres encore cultivables et tout le monde pour les rares ressources d'eau douce. Ajoutons à cela que la multiplication des centrales civiles rendrait la prolifération nucléaire inévitable, que le Japon, la Corée, l'Iran, l'Allemagne, l'Égypte et d'autres encore se doteraient sans tarder d'un arsenal thermonucléaire et qu'ils hésiteraient de moins en moins à s'en servir, que la Chine, l'Inde et le Pakistan se frotteraient eux aussi les ogives pour les eaux de leurs fleuves communs, que le Mexique presserait cent fois plus qu'aujourd'hui la fron-tière sud des États-Unis et que l'Espagne en découdrait avec le Portugal pour le contrôle des zones de pêche, et l'on aura une petite idée du capharnaüm ambiant. « Le nombre de victimes croîtra par millions jusqu'à ce que la populationse stabilise à un niveau supportable pour la planète », résume le Pentagone. On comprend que George Bush, toujours pas décidé à signer les accords de Kyoto, ait préféré planquer tout ça.

Dommage pour lui, en février 2004 de bonnes âmes se sont fait un plaisir de communiquer ce rapport interdit à un journal britannique, en n'omettant pas de raconter comment le président des États-Unis en personne avait tenté de le censurer. À la suite de quoi plusieurs commentateurs ont sorti les trompettes pour saluer, ce n'est pas tous les jours, la victoire de la vérité sur la dissimulation. Les naïfs ! Sans doute ignoraient-ils que, comme aux chemins de fer, un mensonge peut en cacher un autre. Et qu'en fait de vérité, ce document capital sur l'avenir de la Terre se trouvait lui-même être une intox. Afin de pousser le Congrès à leur accorder au plus vite des budgets militaires supplémentaires, les dignitaires du Pentagone y ont en effet délibérément dramatisé les conséquences du réchauffement de la planète. « Il y a peu de risques que les choses se passent aussi mal et aussi rapidement que cela », rassure-t-on chez Greenpeace, organisme a priori peu suspect de faire le jeu de l'effet de serre.

On respire.

Cachotteries téléphoniques

Lorsqu'ils ont découvert les conclusions de ce brûlot, les hommes de l'ART [1] ont eu un coup au cœur. Oh, ils se doutaient bien que les choses tournaient de travers dans le petit monde du portable, autrement jamais ils n'auraient commandé eux-mêmes un tel rapport. Mais que nos opérateurs de téléphonie mobile, Bouygues, Orange et SFR en soient arrivés à ce point de complicité, du diable s'ils l'imaginaient ! Font-ils mine de batailler à mort sur les prix avec leurs placards de pub, ces trois-là ? Eh bien, c'est de la pure comédie. En fait de guerre commerciale, nos téléphonistes s'entendent comme larrons en ligne, ils torpillent de conserve les amendements scélérats qui grignotent leurs avantages, s'unissent en douce contre leurs ennemis communs, signent des pactes de non-agression informels, quand ils ne se mettent pas carrément d'accord pour assaisonner la clientèle avec des abonnements massues et des SMS à prix d'émir. Bref, ils se font si peu concurrence que, question sans-fil, la France vit quasiment en situation de monopole de fait, au grand détriment des consommateurs.

Voilà ce qu'en quatre-vingt-quartoze pages, annexes comprises, les experts de l'Omsyc (Observatoire mondial des systèmes de communication), un cabinet spécialisé sur ces questions, avaient indiqué dans leur

1. Autorité de régulation des télécommunications.

rapport bourré de chiffres et de tableaux. Quand on est soi-même membre de l'Autorité de régulation des télécommunications, chargé, précisément de veiller au respect de la concurrence dans le secteur des télécoms français, publier un tel constat équivaut, en gros, à se faire hara-kiri avec une coque de Nokia bien aiguisée. Les représentants de cette haute autorité très digne ont donc logiquement décidé d'enterrer ce rapport débridé lors d'une réunion de salut public le 5 février dernier, comme l'a raconté le mensuel *Management*[1]. Hélas ! La rumeur de son existence commençant à percer dans le milieu, ils ont dû se résoudre à le livrer à l'opinion quelques semaines plus tard. Afin d'en limiter les effets négatifs, ces petits cachottiers ont cependant pris le temps de l'expurger des passages les plus compromettants.

Ainsi, à l'exception d'eux-mêmes et du ministre de l'Industrie, personne n'a pu prendre connaissance de la comparaison internationale établie par les experts de l'Omsyc. C'est bien dommage. Après avoir étudié minutieusement la situation de la téléphonie mobile en France, en Allemagne, en Espagne, en Italie, en Finlande, en Suède et au Royaume-Uni, observé la structure des marchés, jaugé les comportements des opérateurs, analysé les grilles tarifaires et calculé toute une série d'indices ultracomplexes, les auteurs sont en effet parvenus à déterminer qu'en matière de concurrence et, ce qui revient au même, de respect des consommateurs, le cancre de la classe Europe s'appelle la France.

Bof ! Puisque personne ne le sait, ce n'est pas trop grave.

1. *Management*, n° 108, avril 2004.

« La sono était trop forte »

Après avoir juré de dire toute la vérité, rien que la vérité et dit je le jure, les témoins au procès Sbraggia ont parlé. Il s'agissait, rappelons-le, de faire la lumière sur l'assassinat de Christophe Garelli, un militant nationaliste corse, commis le 21 mai 1998 lors de la fête du village de Lucciana, en Haute-Corse. Le malheureux ayant été criblé de onze balles dans le dos en plein milieu de la foule (deux cent cinquante personnes assistaient à la fête), les témoins du drame étaient évidemment nombreux et la vérité a priori assez facile à faire. Or il s'avère que, par un malencontreux hasard, les spectateurs de ce règlement de comptes entre bandes nationalistes rivales étaient tous atteints de troubles sensoriels aigus et qu'ils n'ont par conséquent rien remarqué.

Ange Riu, qui a vu mourir son ami sous ses yeux, n'a « rien vu », ni avant, ni pendant, ni après. Problèmes de myopie. Il n'a d'ailleurs pas cherché à savoir qui avait tiré car cela ne le concernait pas et qu'il n'est pas poli de s'occuper des affaires des autres. « Je n'en ai parlé à personne », a-t-il expliqué au juge.

Charles Pieri, le leader indépendantiste qui assistait lui aussi à la fête, et qui a été emprisonné depuis pour d'autres affaires, n'a pour sa part « rien remarqué, ni arme, ni altercation ». Tout juste s'il a pu observer à un certain moment un « mouvement de foule ». « Quand on a voulu s'approcher, les organisateurs nous ont refoulés en nous disant qu'un drame s'était passé. » Docile, Pieri a alors immédiatement quitté la fête sans poser de questions, car lui non plus « n'a pas de curiosité malsaine ». C'est tout à son honneur.

Marc Ventura n'a absolument rien remarqué non plus. Il était juste à côté de la victime au moment où elle a été transpercée par les balles, il semble même qu'il la tenait par le bras, mais il n'a rien vu, un instant d'inattention, ça peut arriver, il est désolé de ne pouvoir en dire plus. C'est d'ailleurs miracle qu'il ait pu apporter ce témoignage capital au procès, car le malheureux, « ne trouvant pas l'entrée » du palais de justice de Lyon où se tenait l'audience, avait décidé, la mort dans l'âme, de rentrer chez lui sans déposer à la barre. Dépêchées par la cour, les forces de l'ordre l'ont interpellé *in extremis* alors qu'il venait d'embarquer dans l'avion de Bastia et lui ont montré le chemin. « Aviez-vous peur de venir témoigner », lui a demandé le juge ? « De quoi auraisje eu peur ? ? » a sursauté Ventura.

François Lavillegrand, un comptable de Marseille alors en vacances en Corse, et qui se trouvait tout près du centre de l'action, n'a rien vu ni entendu, à part un « mouvement de foule ».

Régine Bastin, qui avait affirmé dans un premier temps avoir vu – incroyable ! – Stéphane Sbraggia quitter les lieux du drame avec une arme à la main, ne s'est pas présentée à l'audience car elle était « traumatisée par cette affaire » (certificat médical).

Monem Sekka, témoin oculaire dont on attendait avec impatience la déposition n'est pas venu en dépit d'un mandat d'amener délivré par la cour.

Alain Viola, le DJ de la soirée, n'a entraperçu qu'une « altercation », au loin et dans la brume.

Antony Bozzy aurait adoré venir dire qui était le coupable, mais il avait une lombalgie (certificat médical).

Christophe Pieri, coaccusé, ne s'est pas présenté au procès, ce qui est bien normal, a expliqué son père Charles, car il était « contrarié ».

Quant à Stéphane Sbraggia, accusé lui aussi de ce meurtre par quantité de témoignages aussi précis qu'anonymes, il est tombé littéralement de la lune face à la cour. « La sono était trop forte. J'ai peut-être entendu parler d'une bagarre, mais pas de drame, de violence ou de coups de feu », a-t-il déclaré au juge, en précisant tout sourires qu'il avait appris l'assassinat le lendemain matin « par la radio ou la télévision » (il ne se souvient plus bien laquelle des deux).

L'avocat général Jean-Pierre Dages-Desgrange s'est beaucoup énervé. Il a dénoncé le scandale de « l'omerta » dans l'île de Beauté, pourfendu la « tradition de la vendetta », estimé que la culpabilité de l'accusé « ne faisait aucun doute » et requis dix-huit ans de réclusion criminelle contre Sbraggia.

Le 18 mai 2004, Stéphane Sbraggia a été acquitté faute de preuves matérielles et en l'absence de tout témoignage officiel le mettant directement en cause.

Vive la Corse !

Remerciements

Merci à Anne Rosencher pour sa relecture attentive et attentionnée.

Merci à Sylvie Delassus pour sa confiance.

Comme la course du soleil, la valse des mensonges ne s'arrête jamais. Les lecteurs qui seraient amenés à en croiser quelques-uns sur leur route peuvent nous les faire connaître sur le site www.laffont.fr. Ils nourriront la prochaine édition de ce livre-vérité.

TABLE

Introduction 11

Le Bal des faux derches 35
Masochisme télévisuel 37
Bronchite aviaire 40
Ombre chinoise 42
Mascarades japonaises 44
Comédie new-yorkaise 47
Craques à la Banque de France ! 49
Opération « Planquage du désert » 54
Triche autrichienne 60
Charité bien ordonnée 63
Le tartuffe des polders 66
Droit comme un socialiste 68
Pas comme le baron ! 72

Les trésors cachés de la langue de bois 77
Démentons, démentons... 79
Distinctions chiraquiennes 84
(Gas)conneries bayraldiennes 88
Déjantage à la Réunion 93
« Une forme de traite... » 94

Ces chiffres qui ne mentent jamais 97
Manifs voilées 99
Barils bidon 103
Marchands de tapis 106
Le plus sûr du monde ? 109
« Eu égard à la quantité... » 113

Les arracheurs de dents 125
Plus menteur, tumeur ! 127
Number one 129
Sarko président ! 130
Les perversions de sainte Angèle 134
Flémingite corsée 136
Le cauchemar de Mme Saddam 137
Pas de couronne pour le mort-vivant 139
À la foire de Strasbourg 141
La pigeonne et les deux poulets 144
Pigeon voyageur 145

La tartufferie érigée en système 147
Indépendance syndicale ? 149
Supercheries de supermarché 155
Les bons tours du Tour 168
Entourloupes paysannes 172

Au pays du n'importe quouïsme 185
Un génocide ? ? ? Quel génocide ? 187
In vino veritas 190
Delirium trotskiste 197
Autodestruction créatrice 198
Éden social 201
« Un homme calme et tranquille... » 203
Salade russe 205
Fiction botanique 209
Gousses d'ail et peau de citron 210
30 millions de chômeurs 212

Intox et mascarades 215
Génie baladeur 217
Faussaires et vrais gogos 219
« Tu ne mentiras point » 220
Rien à cirer ! 221
Osmose inversée 223
Géométrie variable 226
Foutaise glacée 231

La stratégie de l'enrobage 235
Pour raisons de santé ? 237

Mauvais foie 240
Simagrées d'arrière-cuisine 243
Les rapaces et l'effet de serre(s) 250
Dont au sujet duquel... 252
Enfumage tabagique 256
Déforestation bovine 258

Les pieds dans le tapis 263
Le bluff qui tue 265
Chypre, la Crète et le crétin 266
Stratégie suicidaire 268
Bretelle rebelle 269
Les contes charmants de M. Muscle 271
Coquetterie pulmonaire 274
La menteuse et le nobliot 276
La valse des fausses promesses 280
Demain on vole gratis... 281
Tous les chemins mènent à Lyon... 283
Comme la bleusaille... 285
« Vous entendez : jamais ! ! » 288
Règlements de comptes à Air Littoral 290
Ministre martyr 295
Grattée au grattage 297

Merveilleuse omerta 299
Agapes privées 301
Double intox au Pentagone 304
Cachotteries téléphoniques 307
« La sono était trop forte » 309

Remerciements 313

Achevé d'imprimer sur les presses de

BUSSIÈRE
GROUPE CPI

à Saint-Amand-Montrond (Cher)
en janvier 2006

POCKET - 12, avenue d'Italie - 75627 Paris Cedex 13
Tél. : 01-44-16-05-00

— N° d'imp. : 60033. —
Dépôt légal : février 2006.

Imprimé en France